國家社會科學基金重大招標項目
國家社會科學基金冷門絕學研究專項

湖北省公益学术著作
Hubei Special Funds 出版专项资金
for Academic and Public-interest
Publications

魯小俊 主編

清代書院

課藝選刊

滇秀集初編

[清] 許印芳 編次 顧瑞雪 整理

經正書院課藝二集

[清] 陳榮昌 選定 顧瑞雪 整理

長江出版傳媒 崇文書局

前　言

　　雲南書院制度的創設，始於元明之際，至清代而大盛。元朝設立雲南行省後，在白族聚居的地區建孔子廟，置學舍，"勸土人子弟以學，擇蜀士之賢者迎以爲子弟師"①。洪武十四年（1381），大將軍藍玉、傅友德、沐英定滇，明太祖即上諭雲南："府、州、縣學校，宜加興舉，本處有司選保民間儒士堪爲師範者，舉充學官，教養子弟，使知禮義，以美風俗。"②於是各地紛紛建立學校。府有教授，州有學正，縣有教諭，管理教育有關事宜。至明代後期，雲南當地的文化教育效果顯著："衣冠禮法，言語習尚，大率類建業。二百年來，薰陶漸染，彬彬文獻，與中州埒矣。"③清代書院大興，然統被納之於官府，圍繞科舉考試開展教學活動，教讀八股文，作五言八韻詩。這種情形一直延續到嘉慶六年（1801），阮元在杭州創立詁經精舍，提倡以經史辭章教授生徒，書院才開始發生新變。"經古"書院陸續在各地建立，昆明經正書院即其中的卓越成果之一。

　　雲南全省共有書院二百餘所，其中規模最爲宏大、品類出群者，首推省垣昆明城内五華、經正兩大書院。經正書院創建於光緒十七年（1891），由雲貴總督王文韶、雲南巡撫譚鈞培奏請朝廷批准

---

　　①［清］阮元、王崧、李誠纂修，劉大偉、趙文紅主持：《道光雲南通志稿》（點校本）卷七九《學校志》，雲南美術出版社，2020年，第2頁。

　　②張統：《雲南機務鈔黃》，方國瑜主編，徐文德、木芹、鄭志惠纂録校訂，《雲南史料叢刊》卷四，雲南大學出版社，1999年，第559頁。

　　③謝肇淛《滇略》卷四《俗略》。

1

開辦設立,以經古課士。光緒二十三年(1897)增設算學館,二十九年(1903)改爲校士館,三十二年(1906)改爲師範傳習所。書院位於九龍池(今翠湖)湖畔,最初由火藥局房舍改建而成,創建經費主要來自鹽法道陳昆山劃撥出的一部分積存的款項。書齋宿舍大都以"經""正"二字命名,如"傳經舍""拜經舍""守正舍"等,意在使書院在讀士子以此爲準則,修養砥礪德行文章。書院生員除一般士子外,還設有24名高材生,住院肄業,每人每月給膏火銀六兩,專攻一經,平日學習須有札記,月終呈送山長批閱。書院每月對入學士子課試一次,題目涉及經、史、策論及詩賦。官課、堂課的考試成績,年終列榜張貼,進行公布,成績優秀者獎給筆資。書院對24名高材生要求較高,學、行兩方面絕不允許有濫竽充數者。書院山長也是由總督與巡撫選聘,比如第一屆山長許印芳和繼任的陳榮昌,即皆爲滇中名宿。

甲午戰後,新學之風大熾,書院亦提倡經世致用,"既又購書於滬、於粵、於楚、於金陵,先後凡數十萬卷,櫛庋之樓,縱人往觀"(李坤《經正書院藏書記》),由上海、廣州、南京、武漢等地購進如《萬國史記》《海國圖志》等經濟致世之書,使書院成爲培養實用優秀人才的搖籃。清末經濟特科狀元袁嘉穀,即書院肄業的高材生。李坤、秦光玉、錢用中、熊廷權等,皆是書院高材生中的佼佼者。這些優秀學子在晚清民國時期爲振興雲南的文教事業作出了卓越貢獻。爲勉勵學子勤於琢磨,書院將學子的課藝習作匯刻成集,版行於世。今所存《滇秀集初編》《經正書院課藝集》(一、二、三、四),即此類課藝集的代表。

《滇秀集初編》題"光緒丁酉(1897)冬十二月開雕","石屏許印芳辮篆編次",李學仁、丁庶凝校刊。許印芳(1832—1901),字茚山、麟篆,別號五塘山人,石屏人。肄業五華書院。同治九年(1870)舉人。歷官昆陽學正,永善、恩安教諭,昭通、大理教授,主講經正書院凡六年。著有《五塘詩草》《五塘雜俎》《詩法萃編》《詩譜詳說》《律髓輯要》《陶詩匯注》，又曾輯刊《滇詩重光集》。李學仁，字勉齊，昆明人，光緒十七年(1891)舉人，任雲南高等學堂教習，由保送官主事。民國間以行醫爲生。丁庶凝，字辰五，石屏人，諸生。四十餘以巡檢分發湖北候補。

　《滇秀集初編》共分五卷，其内容分設爲經學、史學、雜文三類，卷一經學，卷二、三、四爲史學，卷五爲雜文，共 58 題，78 篇。該編共匯集 29 位學子的課藝之作，所録多寡不一，如收録最多者李坤，共 15 篇；其餘收録較多者有錢用中 10 篇，熊廷權 8 篇，秦光玉 6 篇，袁嘉穀 5 篇。更多則是 1 篇入選，如馬騰驤、李慶霖、趙永鑫等。

　第一卷"經學"中，既有對十三經中字、句、地名的考證辨析，如李坤《鷹熊字形聲辨》《流火解》《百濮疆域考》，馬燦奎《〈禹貢〉"三黑水"説》，姚長壽《沈氏〈周官禄田考〉"古步""今步"正誤》等文；也有對歷史事件或學術思想的評價，如錢用中《盤庚遷殷論》、秦光玉《書〈漢學師承記〉後》、楊觀東《周西伯受命稱王辨》等文。該部分主要考察學子們對經典的熟悉程度和考據、訓詁的能力，以及他們對於經籍的理解。

　"史學"是《滇秀集》的重要部分，占據整部課藝選作的 3/5。它囊括廣泛，從堯舜禹時期直至宋元史事名人，皆在論説評判的範圍之内。如 6 篇同題的《趙苞論》、2 篇同題的《伍員論》《温陶優劣論》《駁蘇氏〈范增論〉》，以及《介之推論》《伊吕優劣論》《韓范優劣論》《張良、李泌優劣論》等，是論歷史名人；《和戎論》《趙孟頫許衡仕元論》《郭李治軍寬嚴不同論》《事君幾諫論》《舜五臣皆有天下辨》《東漢黨錮論》等，是論史事；《屈子從祀孔廟議》《〈綱目〉荆軻書盗論》等，是論史學。這些題目大氣包舉，可以較爲全面地窺見士子的史才、史筆、史識。值得注意的是張學智《西學切要論》一文，從内容上看，這是一篇非常典型的經世致用類文字。聯繫該集出版時間是丁酉年,即 1897 年,此時距甲午戰敗已三年有餘,西方列強掀起了瓜分中國的狂潮。突破傳統經古局限而主動學習西方,已成爲當時有識之士與造就人才之所的大勢所趨,"中學爲體,西學爲用"雖然并非當時國人的共識,然而它却能表明即便遠在內地邊陲,讀書士子仍會秉持傳統士人關心國家時局的參政議政意識和歷史的擔當情懷。

"雜文"部分即指策論、議、説等,既有各種治策之論,也有擬作的各種文體,如錢用中《治河策》、李學仁《讀書不求甚解説》、熊廷權《學貴變化氣質説》、李坤《擬經正書院藏書記》、朱維清《擬樸學齋銘》等。熊廷權《漢以前五言詩章句考》、吳遑《僞物亂真考》等文爲純學術研究,既然無法劃歸爲"經""史",則只能劃入"雜文"類。

《滇秀集初編》各篇皆有眉批(旁批)和末評,均爲選編者許印芳親手點評。如評劉昌奎《趙苞論》一文中對比趙苞救母和徐庶救母之别一段,眉批曰:"後生誦此等文,當知讀史貴具隻眼,勿徒作前人應聲蟲也。"熊廷權所寫《趙苞論》,末評道:"逐層翻駁,純以理勝。合上、下篇,義始完足。此題頗多佳篇,大都慮事周詳,析理精當,足以刊定前人謬説,有功史學,實有功名教,其裨益於世道人心者,非淺鮮也。"對石潤藻《韓范優劣論》一文,"末評"則直接跟文章作者進行了一番關於歷史事實的對話:

> 北宋兵力弱於漢唐,將材又少於南宋。南宋多良將,足以滅金興宋。高宗志在苟安,不能用也。開國之年,已不能取燕雲十六州地,以故外夷常侵侮之。仁宗朝,夏人入寇,猖獗特甚。當時良將僅王德用、狄青二人。帝皆未能授以討夏節鉞,將兵不得其人,何可輕議征伐?儒帥謀國,惟范希文守險招攜,觀釁收散爲上策。韓稚圭發憤討賊,亦未知舉用狄。漢臣徒以任福驍勇,信心委任。而福恃勇粗疎,好水川之大敗,即伏於白豹

城之小勝也。俗儒不識時務,是非瞀亂,謂范主守爲失機,而
夸韓主戰爲得計,直忘其有好水川之敗,何異矇瞍道黑白耶?
此文據事洗刷,得失是非,明若觀火,俗儒謬説不攻自破矣!

洋洋近二百餘字,深入淺出,鞭辟入里,可謂深諳史情,契洽於
心。通過這些眉批和末評,讀者可以深味這些課藝作品的價值和
亮點;而對於書院生徒再接再厲精進學藝,也能够起到積極的勉勵
作用。

《經正書院課藝集》(二、三、四)均刻於 1903 年,《二集》首題
"陳小圃院長選定,監院張督刊","光緒二十九年癸卯六月開雕"。
陳小圃即陳榮昌(1860—1935),字桐村,號小圃、虚齋,晚號困叟,
昆明人。光緒五年(1879)優貢第一名,八年(1882)解元,九年
(1883)會試中式第九十四名,覆試一等六名,殿試二甲二十一名,
朝考一等五十五名,選庶吉士。歷官編修、貴州學政、國史館纂修、
武英殿協修、昆明經正書院山長、雲南高等學堂總教習、雲南教育
總會會長、山東提學使。民國初回滇,任雲南國學專修館館長、《雲
南叢書》名譽總纂。門人私謚"文貞"。著有《虚齋文集》《虚齋詩
集》,輯有《滇詩拾遺》(收入《叢書集成續編》)。張姓督刊者即書院
監院張竹軒。

《二集》開篇有三序,分別是魏光燾撰《續選〈經正課藝〉序》、陳
燦撰《〈經正書院課藝〉序》和普津撰《續選〈經正書院課藝〉序》。魏
光燾(1837—1916),字午莊,湖南邵陽人。歷官平慶涇固化兵備
道,甘肅按察使、布政使,新疆布政使,新疆、雲南、陝西巡撫,陝甘、
兩江、閩浙總督。著有《勘定新疆記》(收入《西北史地文獻》第三
卷)、《慎微堂詩稿》、《慎微堂文稿》、《慎微堂奏議》、《慎微堂箋啟》、
《新疆志略十四年》。陳燦,字昆山,貴州貴陽人,同治八年(1869)
舉人,光緒三年(1877)進士。歷官吏部主事,雲南澄江、雄楚、順

寧、雲南知府，迤南道、糧儲道、按察使、布政使，甘肅按察使、布政使。辛亥後解組歸里。著有《宦滇存稿》五卷。普津（1847—?），鑲白旗滿洲存壽佐領下人。歷官刑部員外郎、郎中，湖南鹽法長寶道、雲南鹽法道。

　　這三部課藝集體例和安排完全相同，其中卷一經學，卷二史學，卷三雜文，卷四賦，卷五古近體詩，卷六經文。但三部選集篇幅長短不一，《二集》共 10 萬餘字，《三集》共 17 萬餘字，《四集》共 16 萬餘字。三部課藝集從選文的數量上遠遠超過《滇秀集》。通過這些作品，可以比較全面地把握就讀於經正書院的優秀學子的數量之多，還可以對他們的思想發展情況有更加全面的整體性瞭解。

　　經學從“四書”和“十三經”中出題。題目有的比較簡潔精煉，如《讀〈禮運〉》《周有八士攷》《〈左氏〉浮誇辨》《〈月令〉“五祀”與〈王制〉“五祀”異同考》《“括囊无咎无譽”解》《〈孝經·廣揚名章〉說》《讀〈明堂位〉》《讀〈下泉〉》《讀〈酒誥〉》《〈春秋〉“赦許止”“誅趙盾”說》等。有的卻比較長，如《問:〈泉水〉詩〈序〉以爲衛女思歸所作。衛女究係何人？詩中“于沚”“于禰”“于干”“于言”究係何地？試詳考而確陳之》《問:〈桑中〉詩自〈小序〉及朱子皆引〈樂記〉“濮上”“桑間”之音之義定爲淫詞，謂“桑間”即“桑中”也。然前人有辨〈桑間〉紂樂，非指〈桑中〉詩者。近人有謂〈桑中〉爲戴嬀答莊姜〈燕燕〉之詩者。各出所見以對》《問:李鼎祚〈周易集解〉一書，唐以前解經諸說賴此篇猶傳於世。惟與孔穎達〈正義〉多有不同。其中異字異義，能詳引而縷陳其得失歟?》《問:〈詩〉非〈序〉不明。漢唐諸儒無不遵〈序〉者。自鄭夾漈〈詩傳辨妄〉始，力詆〈小序〉，〈書序〉亦不謂然。朱子如〈序〉言美刺者，必責其詩有其人其事以爲徵，否則斥爲無理，將“文外曲致”之謂。何也？〈雅〉有大小之別。沈歸愚謂音體有大小，非政事有大小，然歟？否歟？諸生學〈詩〉有年，可各言所心得無隱》等，不一而足。題目長短大概與課考者的喜愛偏好有關。這類"給材料申述"的題目,與科舉八股文的考題已差不多可以等量齊觀了。

史學類課藝,二集有 19 題 36 篇,三集有 28 題 65 篇,四集有 23 題 51 篇,考察大致集中在歷史人物、歷史事件、歷史學術思想、制度辨析以及續寫史論名篇等幾個方向。範圍也是上至上古,下至明代,除清代人物制度史事不予涉及外,其他均在課考之列。這種對士子廣博淵雅的要求比較真實地體現了當時的科舉選才的閱讀範疇,能夠有說服力地匡正民間故事或小說作品中對傳統讀書士子所作的夸張失實的"黑化"表述。①

當然,課考題目中所關涉的歷史人物絕大多數是對歷史發展起過重要作用的賢臣名將,比如商鞅、李斯、周亞夫、陶侃、王猛、狄仁傑、姚崇、宋璟、陸贄、劉晏、趙普、寇準、徐階、于謙、熊廷弼、戚繼光、孫承宗等人。還有一些名標青史的思想家和道德君子,如魯仲連、范滂、孔融、賈誼、晁錯、王通等,也都是對政治或文化思想起到過推動作用的人物,皆可作爲學子進入仕途後所崇尚的榜樣。

考課的方式有獨論、合論兩種形式。獨論史學題目中占了較大比例,如《信陵君論》《富弼論》《衛鞅論》《張九齡論》《藺相如論》等,通過對某一歷史人物的詳盡評述考察士子知人的能力。以楊壽昌《汲黯論》爲例,可以窺其一端。文章開頭即對汲黯其人其事表明了自己的觀點和態度:"孔子稱諫有五義,而獨從其諷諫。良以五諫之中,戇諫至難,而直批逆鱗,往往取禍,終不如諷諫之爲愈

---

① 比如清初徐靈胎就曾作過一首《道情》來譏刺讀書人的腹空無學:"讀書人,最不濟;背時文,爛如泥。國家本爲求才計,誰知道變作了欺人技!兩句破題,三句承題,搖頭擺尾,便道是聖門高第。可知道三通、四史是何等樣文章?漢祖、唐宗是哪一朝皇帝?案頭放高頭講章,店裏買新科利器。讀得來肩背高低、口角唏嘘!甘蔗渣兒嚼了又嚼,有何滋味?辜負光陰,白白昏迷一世。就教他騙得高官,也是百姓朝廷的晦氣!"(轉引自金諍:《科舉制度與中國文化》,上海人民出版社,1990 年,第 318 頁)吳敬梓《儒林外史》中更有范進、張靜齋和湯知縣諸人連蘇軾、李清照等著名詞人都不知道的故事情節。

也。漢之汲黯,非孔子所謂戇諫者哉!"然後文章娓娓道來,評說汲黯"戇諫"的效果:"且帝雖不納黯言,而所敬憚者惟黯;故既稱其戇,又許爲社稷臣,至不冠可見丞相,而特不可見黯。黯性倨少禮,帝獨不敢以無禮加於黯。由此觀之,則縱欲敗度之事,必更有畏黯而不敢逞者,則明雖拒黯而陰受黯之匡救者,亦不少矣。"然後又言汲黯吏才之不足:"觀其尚黃老而毀儒生,專以清淨無爲爲治,豈真明於治體哉!當此之時,天下困於張湯輩文網之密,故黯得以簡易見長耳。"最後得出結論説:"許爲社稷臣,過矣。""汲黯之戇,美也,而未善也。"通篇貫徹了儒家的"言諫觀",指出"人臣之事君,屢諫不行則當退"的道理,表達了作者自己的態度和立場。

合論則著眼於評判所論人物的同中有異,比如《陶侃溫嶠論》《陳平周勃優劣論》《韓非李斯論》《王通李泌合論》《申包胥伍員合論》《伍員王哀嵇紹合論》等。這類題目比獨論類題目的難度稍大,它要求考生不僅要熟悉評述對象,而且還能分出孰優孰劣,結論不能含混,必須給出比較明確的價值評判。比如同爲戍邊名將,薛仁貴、戚繼光有何不同?袁嘉穀説:"論戚繼光才,豈薛仁貴所能及?然仁貴驍將,時亦有大將之識,如恤賀魯之疏,新城之治,寓仁於勇,何遽出繼光下哉?特繼光百戰百勝;仁貴則烏海大挫,乞和吐蕃,始得脱歸。其故何也?愚竊推仁貴生平其失三,因益以爲繼光服。"先給出論斷,繼言二人高下之別,開門見山,言簡意賅,頗具老吏斷獄之風範。結尾又説二人事功之憾恨:"是二國(高麗、日本)者,可省之以杜萬世患。乃中國淺識,務不勤遠略之虛名,但事羈縻,不乘時收爲内地,縱仁貴、繼光,亦僅功在一時。夫仁貴、繼光,而乃令其功僅在一時哉?"一句反問,一語雙關,餘音裊裊,既言薛仁貴、戚繼光之至功未就,又諷滿清之顛頇疲弱,無力戍邊,堪爲誅心之論。張儒瀾則認爲"二子才同而志異",歸納其文曰:"觀繼光《練兵實紀》《紀效新書》,其將才當不在仁貴下。向令其鎮薊門之時，能請命於朝，率衆北征……以繼光用兵之精，乘俺答衰弱之日，必能掃穴犁庭，比績仁貴。而惜乎繼光志不及此，僅求自守之策。亦猶仁貴之志不在著書，而僅求以邊功顯耳。"兩篇文章題同而論異，可謂見仁見智，各臻其至。課藝集中此類文例甚多，無須一一例舉。又有論名人名言者，如《"文臣不愛錢，武將不惜死"論》《匈奴未滅何以家爲論》等。爲何要讓學子們對這些歷史人物做出自己的評價？其考慮無外乎兩點：一、爲了讓學子樹立以忠臣名臣爲榜樣的高遠志向，學習爲人臣子治國安民的方略以及與國君處事的態度，異日位登榮顯，亦能替國君分憂，爲百姓施惠；二、藉以考察學子的"三觀"及其史識，非徒以文選人而已。能夠從歷史人物或事件中得到鑒誡，體察人性，也就充分體現了讀史的價值和意義。

　　史學類題目比較集中於被稱爲"前四史"的《史記》《漢書》《後漢書》《三國志》和《資治通鑒》《通鑒綱目》等史籍中。評價史學家的史學、史識和史才，會出諸如《〈太史公自序〉書後》《書〈史記·滑稽傳〉後》《班范書優劣論》《歐陽〈五代史〉與薛居正舊史異同得失論》《〈通鑒〉帝魏〈綱目〉帝蜀論》等一類的題目。有的是用問答題的形式，如《班〈書〉惠帝、高后皆有紀，而遷〈史〉不紀惠帝，其旨安在？》《問：〈綱目〉於荆軻書盜書劫，於張良書韓人書狙擊。許良爲韓復仇而不許軻爲燕復仇，其義安在？ 衡以史法，是歟非歟？》，這類題目既考察細節又考察史識史論，一舉多得。其中辨析《三國志》和《資治通鑒》《通鑒綱目》何者爲正統的話題是自明代以來考官們十分偏愛的一個內容，如《四集》即出題目如《問：陳承祚〈三國志〉以魏爲正統，涑水〈通鑒〉因之帝魏寇蜀矣。習彥威〈漢晉春秋〉以蜀爲正統，紫陽〈綱目〉因之帝蜀伐魏矣。説者謂承祚仕西晉，温公仕北宋，晉宋之受禪，等於曹魏，僞魏是僞晉、僞宋也。彥威生於東晉，考亭生於南宋，皆偏安之世，以正統歸蜀，而東晉、南宋均爲正統，無疑義矣。夫修史，是非係

《春秋》名教之防,而予奪各因所處之世,於義何居?豈後人以私意度前賢歟?抑史法當然歟?六朝之劉宋,漢氏之後也,非南唐李氏託於唐後者比。以帝蜀之史例推之,亦可爲正統否歟?各出心裁以對》。

不管是以何種方式發問,萬變不離其宗,皆是論何者爲正統才更加符合道統的認知。有的題目則長篇大套,所問甚繁,如《問:自史遷立〈儒林傳〉,後代史家因之。獨〈宋史〉別立〈道學傳〉,以尊二程、張、邵、朱、周六子。呂東萊、陸子靜、張南軒皆朱子友也,東萊、子靜不入,而南軒則與焉;朱子門人蔡元定父子不入,而黃幹等六人則與焉。去取之旨是否持平?況"儒林"之名,歷代所同,周、程、張、朱爲有宋真儒,可矣。馬樞〈道學傳〉二十卷係道家書,何必以正史而襲此名?能衡其得失而暢言之?》。想要答好此類題目,必須對整個學術史有較深入透徹的瞭解方能做到,這當然就對士子生徒提出了更高的要求。

對史事的考察中,以邊境、外交爲主,這大概與晚清以來在外交上的各種疲弱無能相關。所涉題目有《維州棄取牛李優劣論》《韋皋招南詔以攻吐蕃論》《金元侵宋分兵所出之道形勢利便説》等。鑒於庚子事變中慈禧、光緒避往西安逾一年半之久,於是遷都的題目也被設計進來:《婁敬説高帝都關中論》《歷代遷都得失考》等。借評論歷史上的遷都史實,來表達對於當下遷都之論的看法,不爲無的放矢。

在制度層面,主要考察歷代兵制,如《唐府兵考》《問:三代而下,兵制之善,史稱唐之府兵,今可仿行否?試詳言之》《問:韓信將兵,多多益善,其行兵之法若何?試詳考之》《管子之"連鄉軌里"與古法"計井出車"同異若何辨》。還有關於戰爭方面的論題,如《春秋晉楚弭兵盟論》《陳琳諫召外兵論》《宣和會金攻燕、端平會蒙古入蔡論》等題目。這樣的題目設計,委婉而又充分地表現出書院士子面對異族逼凌局勢日促的當下,想要努力探求一切可能的方法挽救國家民族於危亡之際的焦灼切迫的心理。也許只能紙上談兵,向老祖宗求方問藥,然而其精神可嘉,其心志可勉。

此外還有對地理方位的考察,這大致與雲南的地形地貌地志有關,如《武侯"五月渡瀘"在今何處考》。還有一類是續寫名家史論名篇,如《續蘇明允論六國》《續蘇子由唐論》《續袁子才宋論》等。此類題目不再以提問回答的形式來考察,而是讓士子直接續寫,通過續寫,士子生徒的史才、史筆和議論的能力便可比較全面地得以呈現。

卷三爲雜文。此處所謂雜,是指各體兼收、包容并蓄之意。《經正書院課藝集》(二、三、四)每集卷三中,都收錄了各類文體,舉凡論、説、辨、疏、策、書、記、銘、序、啟、墓志等,悉數包含其中。内容方面,則廣泛涉獵。有關時事(時務)類有《緬越畫界善後事宜論》《擬請南北洋復設海軍,簡選將領,講求操防疏》《遷都西京還都北京得失辨》《籌滇理財疏》《雲南西南兩防戰守策》《問:古之謀人國以兵,今之謀人國以商,故講求時務者謂宜振興商務;或又謂商務爲舍本逐末。其道果何從之善歟?》等題,甚至還有通過續寫的方式探討該如何才能得到真正的人才(如《續曾滌生〈原才〉》)。昆明經正書院以經古時務教學,這些緊跟時政的題目,正體現了書院及士子們"家事國事天下事,事事關心"的可貴情懷。有關於學術思想類的,如《永嘉學派流弊論》《問:近儒謂"先天無極""主一無適""虛靈不昧"皆出二氏書。究出二氏何書? 宋儒博通篤實,豈肯以二氏書説經者? 試詳證之》《駁黃梨洲〈明夷待訪録·原君〉》等。對王陽明"心學"的辯爭,直至清末仍未止息,如有的撫憲即擬出《王陽明以良知爲聖學宗旨辨》《問:近代理學家夏峰、潛庵遵程朱,而不攻陸王。若熊孝感、陸平湖則攻陸,而尤集矢於王,不遺餘力矣。夫陸子、陽明非如異端害道也,儒者本躬行,以著書爲明道計,何暇分門別户,爭勝負乎? 能揭其宗旨而暢言得失否?》一類的題目。通過這些題目,可以讓我們深切感受到清代學術思潮進展的真實情形。

卷三擬作、續作頗多,如《擬〈甘露白烏頌〉》《擬杜牧之〈守論〉》

《擬新刻滇〈文略〉序》《擬新刻滇〈詩略〉序》《續東坡〈策別訓兵旅三篇〉》《廣師説》《書謝肇淛〈滇略〉後》等。此外還有游記、祈願文等類的贊頌文字，如《游華亭寺記》《乞巧文》《冬至祈雪文》《金馬碧雞銘》等。當然，考官們也不會忘記考察生徒士子關於文字考據方面的能力，如《滇中五嶽四瀆考》《問：六書轉注古義，前人論者最繁。究以何説爲折衷至當？試舉其詳而明辨之》等題目，即屬此類。不過從考據文獻類考題在整個課藝中所占的比重，即可見出這樣一個事實：即便考據是清代的“國朝之學”，逢晚清時局動蕩國難民危之際，士子們也無法躲進小樓成一統，憂心時務、求富求强已成爲書院和士子的時代課題，考據之學遭到相對冷落也就成爲必然。

作爲昆明著名的書院，經正書院課藝也一定少不了對雲南地方鄉賢、風土人情的關注和頌美，如《滇水倒流説》《續修〈雲南通志〉序》《擬求鄉先輩遺書啟》《謁薛爾望墓文》等。也有一些要求考生考證雲南地名史事者，如查考“關索嶺”的由來，考證武定獅子山、鶴慶、白龍庵等古迹之所以論析建文帝的下落等。[①] 這類主題更爲普遍地體現在《課藝集》卷四的賦作中，或贊美雲南地方景勝，或稱頌雲南名士英豪，體現出强烈的地方特色，如《盤江賦》《翠湖柳色賦》《天女城賦》《昆明湖賦》《龍泉觀補唐梅賦》《卜式願輸家財助邊賦》《楊升庵高嶢別墅賦》《松涼月坐華亭寺賦》等。在這種贊美與褒揚中，愛家鄉、愛雲南的主題也就得到了彰顯。

賦作中還有其他題材如詠物、飲宴、詠史、慶吊、試律賦等類，

---

①《經正書院課藝集（四集）》卷三，題目爲：“問：滇中關索嶺，地志以爲蜀漢關壯繆子關索，從武侯征南，駐兵於此，故名。考《蜀志》壯繆子二，曰平，曰興，並無關索，其人果何所據歟？武定獅子山、鶴慶、白龍庵，皆建文行遯之所。庵外有從亡諸臣楊應能、葉希賢之墓，與《致身錄》合。國初毛西河、朱竹垞諸人力謂建文無出亡事，《明史》則斷爲帝崩於火。乾隆中，續修《明鑑》，則書‘帝不知所終’。豈古蹟出於附會歟？抑史氏不足憑歟？其博考而折衷詳陳之。”

如《蠟梅賦》《白秋海棠賦》《初菊賦》《菖蒲生日賦》《賜新及第舉人宴賦》《宴桃花園賦》《十八學士登瀛洲賦》《諸葛武侯上〈出師表〉賦》《魏徵直諫賦》《班超投筆賦》《漢文帝歎不得廉頗李牧爲將賦》《秦中自古帝王州賦》《寸地尺天皆入貢賦》等。學子們又想要與古人一較高下，因此課藝中還有諸多擬作，如《擬庾子山〈春賦〉》《蘭亭修褉賦》《張九齡〈進金鏡錄賦〉》等。最難得的是賦題中也涉及了最新世界科技訊息如《火輪車賦》，使課藝考試具有了一定的時代感。

　　卷五爲古近體詩。舉凡詠物、詠史、寫景、抒懷、酬唱、擬作、民生諸類題材，無不納入書院學子們的課藝考試與寫作訓練中。擬古作與詠古類詩作最多，諸如《擬陳元孝懷古詩五首》（咸陽懷古、鄴中懷古、燕臺懷古、洛陽懷古、金陵懷古）、《擬昌黎〈秋懷詩〉十一首》、《擬白狼王樂詩三章》、《擬尤西堂〈明史新樂府〉二首》、《滇中懷古七律四首》、《詠史詩樂府八首》（太史簡、張良椎、蘇武節、遼東帽、董狐筆、出師表、渡江楫、擊賊笏）、《詠史樂府四首》（信陵君竊符救趙、班定遠投筆從戎、李元直雪夜入蔡、虞允文江上誓師）等。其中像《擬元遺山〈出都二首〉》《仿李太白〈上皇西巡南京歌十首〉》《擬杜少陵〈喜達行在所三首〉》《擬杜少陵〈收京三首〉》等，皆是據庚子事變慈禧、光緒西逃事有所闡發。還有一些步古人韻所作的詩，如《圓通寺觀石刻吳道子畫大士像》《〈春秋〉新樂府八首》（繻葛戰、召陵盟、息嬀怨、齊姜遣、縣田封、繞朝策、祈招詩、夾谷會）、《讀〈漢書〉新樂府八首》（垓下歌、雲夢游、細柳營、東陵瓜、霸陵尉、棄繻生、式牧羊、光驂乘）等，與唱和古人的篇章（如《和東坡趙閱道高齋》《和吳梅村〈圓圓曲〉》），頗有與古人一争高下的意味。另外還有模仿前人寫作的論詩詩，如《論詩絕句三十首》，也頗能見出作者的詩歌體認水準。

　　其他詩題多涉及日常生活、高情雅致，如《中秋夕西山日室玩月放歌》《秋郊觀稼行》《五華山晚眺》《大觀樓歌》《讀〈桃花源記〉感賦一首》《五華山謁武侯祠》《二月十九日雪中看龍泉觀海棠花》《雨中華亭寺看杏花》等。雲南地方名勝古迹屢屢在詩題中出現，如《九龍池八景詩》（春樹曉鶯、秋窗夜月、精舍書聲、酒樓燈影、柳營洗馬、蓮寺觀魚、緑楊息陰、翠荷聽雨）中所説的"九龍池"，即雲南玉溪市著名的佳景勝地之一。《滇中詠懷古迹五首》中的天威徑、安阜園、天女城、白龍庵、金蟬寺更是滇中馳名的文化古迹。詠物寫景類題材往往具有象徵之意，如《翠湖秋柳》《唐梅》《宋柏》《昆明池神馬歌》《古劍行》等，皆可讓士子生徒縱横馳騁其文思藻繪，抒情述志。

卷六是經文，即解經，要求士子著文以闡明經書義理。課考題目於"十三經"中均有涉及，如有出自《詩》的《靈雨既零，命彼倌人。星言夙駕，説於桑田》《風雨如晦，雞鳴不已》《四月秀葽》《稱彼兕觥，萬壽無疆》，有出自《易》的《雲行雨施，品物流行》《黄裳元吉文在中也》《〈易〉曰："窮則變，變則通，通則久。是以自天祐之，吉無不利。"》《君子以自彊不息》《君子以慎言語，節飲食》，有出自《書》的《彊弗友剛克，燮友柔克》《厥貢璆鐵》《厥貢惟金三品》《曰雨，曰霽，曰蒙，曰驛，曰克，曰貞，曰悔》《不寶遠物，則遠人格；所守惟賢，則邇人安》，有出自《禮》的《天子乃命將帥選士厲兵，簡練傑俊，專任有功，以征不義。詰誅暴慢，以明好惡，順彼遠方》《是月也，天子乃教於田獵，以習五戎，班馬政》等，範圍之廣，不容士子躐等而進。這些對經籍的考察，一則可以檢驗士子記誦能力，二則可看出士子平日閱讀所涉獵之廣度，均著意於學子將來用世時須仁民安物，撫遠綏近，使百姓安居樂業，使天下太平的仁人情懷。

每篇課藝皆注明考官姓氏、官職，以及生徒的等級、名次，如《〈月令〉"五祀"與〈王制〉"五祀"異同考》後注明"崧督憲課正取一名　李堃"；第二篇《周有八士攷》後注明"裕撫憲課正取五名　李

楷材";《孔融論》後注明"堂課一名　蔣谷;二名　李楷材;六名
路安衢"等字樣,以示區別。其中"憲課"即官課,即由總督、巡撫、
司道以及府、州、縣輪流命題,考核學生的科舉制藝(或古文寫作)
及律詩各一,每月兩次考試;"堂課"即每月考試一次學子的詩文寫
作,由書院負責人主持考核,成績優異者獎給筆資。經正書院以經
古課士,主張學子讀書應通經致用,以經古教育爲主,因此"官課"
和"堂課"所考核者,即以經、史、策論、詩、賦創作爲主的幾種文體。

　　季嘯風主編《中國書院辭典》載:"(陳榮昌《經正書院課藝》)清
光緒末,昆明經正書院山長陳榮昌編,共四集,各六卷。選院内外
教學之詩文編成一、二、三、四集,分別爲光緒二十三、二十四、二十
五、二十六 4 年之教材,當即刊行,版存後來的昆華圖書館。可與
《滇秀集》(五卷)相輝映。藏於雲南省圖書館。"①據此可知,《經正
書院課藝》有四集。云南省圖書館藏有《滇秀集》和《經正書院課藝
集》(一、二、三、四)共五部;國家圖書館藏有《滇秀集》一部和《經正
書院課藝集》(二、三、四)共四部。《初集》刻印於光緒二十四年
(1898),刻本現藏於雲南省圖書館(因該部尚未有整理本,故暫且
付之闕如)。《二集》《三集》《四集》皆刻印於五年之後。鄧洪波主
編的《中國書院文獻叢刊》(國家圖書館出版社、上海科學技術文獻
出版社,2018 年版)和魯小俊主編的《清代書院課藝總集叢刊》(北
京燕山出版社,2021 年版),亦均收錄《滇秀集》一部和《經正書院課
藝集》(二、三、四)。本書以鄧洪波《中國書院文獻叢刊》(第一輯)
第 91、92、93、94、95 册爲整理底本,同時參校魯小俊《清代書院課
藝總集叢刊》(第 138、139、140、141、142 册)的影印本,尽量保持课
艺集原貌,以便展現晚清末造學者行文的習慣及特点。

　　光緒二十九年(1903),《經正書院課藝集》二、三、四集付梓雕

①季嘯風主編:《中國書院辭典》,浙江教育出版社,1996 年,第 618 頁。

印。此時清政府的"新政"正如火如荼地籌措實施中。一面是大厦將傾,山雨欲來風滿樓;一面是殫精竭慮,仍希冀挽狂瀾於既倒。1905年科舉制被廢除,昆明經正書院停辦,提學使葉爾愷應秦璞安等人的請求,彙集五華、經正、育才三家書院藏書,成立雲南圖書館。《滇秀集》《經正書院課藝集》也就成爲記載書院學子生徒日常習學砥礪的文獻絕響。

顧瑞雪　撰於三峽大學

二〇二四年十月二日

總目錄

滇秀集初編

［清］許印芳 編次

光緒丁酉冬十二月開雕

目　録

卷一　經學

3

卷一　經學

鷹熊字形聲辨

李　坤

"鷹""熊"字聲以形誤，故欲辨聲，必先辨形。

《説文・隹部》云："雁，鳥也，从隹，从人，瘖省聲。"朱氏駿聲曰："徐氏鍇曰鷹隨人所指撝，故从人。俗从籀文又加鳥。隹、鳥並从，必是俗字。"《熊部》云："熊，獸似豕，山居，冬蟄，从能，炎省聲。"段氏玉裁曰："《春秋左氏》'敬''嬴'，《公》《穀》作'頃''熊'。"蓋"炎""熊""嬴"三字雙聲。

蒙按：鷹果从"隹"，籀文必不下加"鳥"字。觀《隹部》雞、雛、雕、鷗、唯、雝等字，籀文祇作"鷄""鶵""鵰""鷗""鶲"，不更从隹。朱氏以"鷹"爲俗字，誠俗字也。然謂"鷹隨人所指撝，故从人"，獨不思犬亦隨人指撝，何以不从人乎？許君以从厂爲从瘖之省聲，故解《心部》應字，曰："从心，雁聲。"何以孔子傳《易》，於蒙比未濟卦皆用之？而皆與東、冬部之中，功從窮、終字韻乎？以上用苗氏夔説，而申之者非用原文，故未用"按苗氏"字。

熊或叚借，重言形況。《史記・天官書》："歲星熊熊，赤色有光。"《山海經・槐江之山》："南望崑崙，其光熊熊。"注曰："光氣炎盛，相焜耀之皃。"夫曰"赤色"，曰"炎盛"，皆狀其光之如火，則熊之从火固然。許君謂："从炎，省聲。"段氏謂："炎、熊、嬴雙聲。"則當收"侵""覃"，否則收"耕""清""青"。"何以雛誥？火始燄燄。"《漢書》作"庸庸"，《左氏》文十八年傳"仲熊"，《潛夫論・五德志》作"仲雄"，皆讀羽弓切，而收"東""冬"乎？

苗氏夔曰："雁，从厂，□省聲。炎迆□譌，後人□作大，故譌成雙火。""熊"與"雁"所省之聲迆□，本東、冬部中字也。故其爲《説文》聲讀表也，繫□於□聲下，繫□於□聲下，繫熊於□省聲下，繫雁於□省聲下。正籀作鴈形既昭，聲自定矣。

蓋許君《説解》，多爲後人所增改，且又多佚字。自□字佚，而後之學者，無從辨雁从瘖省，熊从炎省之譌。而徐氏復師心自用，於《人部》□从人夸聲下，直謂夸不成字，當從舝省，於《舟部》□下曰闕。豈知舝亦夸聲，與《弅部》□、《木部》桍同一音乎？段氏心知其意，故於桍下注曰："許佽、舝字，皆夸聲。"是本有□篆而佚之，不敢直謂不成字。特不及苗氏悟及雁从佽省膌人，鴈从佽譌佳，熊从夸膌火省廾也。朱氏《説文通訓定聲》收鷹入《臨部》，衍音聲，猶沿二徐本《説文》之舊。而收熊入《豐部》，衍共聲，謂當從夸省聲。

又據《玉篇》收夸入《升部》，自爲一聲，以統从夯之字。與《集韻》收熊入十六蒸者，同一精審。惜不知雁乃佽省膌人，收入《豐部》。又因二徐本《説文》"厂从佳，瘖省聲"之譌，補書雁作小篆，謂即古文，書鴈於下，謂或體；又書一篆，作□，謂爲籀文。豈知唐石經作鴈，已非籀文作□之舊矣。況又並人而省之，則此字究從何得聲耶？是皆不若苗説之精磍諦當也。

　　苗説的當，文亦能發明意怡。小學六藝中，書藝即是字學。儒家學業識字爲先，故説經篇什以小學題文冠首，初學宜知之。

8

參天兩地説

王啓文

《易·系辭》云："參天兩地而倚數。"朱子《本義》謂："陽之象圓。圓者，徑一而圍三。陰之象方。方者，徑一而圍四。"竊有疑焉。

夫天地之數，均起於一，而成於五。五爲數之祖，而一爲數之始也。故土主於四行則寄王，而水、火、金、木賴以成質，此生數自然之妙也。即以自然之數論之，"參"之者，三之也，天一、天三、天五之位也；"兩"之者，二之也，地二、地四之二位也。故天一倚天三，天三倚天五，而爲九；地二倚地四，而爲六。聖人用著以起數，九變皆三畫之陽，三其三而爲九，九之母也；過揲之策，四九三十六，九之子也。以畫數論而參之，非三分十二乎？六變皆三畫之陰，二其三而爲六，六之母也。過揲之策，四六二十四，六之子也。以畫數論而兩之，非兩分十二乎？即推而至其極，則凡乾策六千九百有十二，乃三分二千三百四之數而合之；坤策四千六百有八，乃兩分二千三百四之數而合。均之二千三百四，參之則三分，兩之則兩分，固自然之妙數也。聖人豈有心參兩之哉？

其所以必依此五以起數者，蓋以天一、地二少其五，天三、地四多其五。惟天三、地二合其五，而特倚之耳。故曰"參天兩地而倚數"也。若執前説圍三、圍四之義，是參天四地矣，是有心以參兩之矣，豈聖人之心哉？亦豈天地自然之數哉？

精微奧衍，曲暢旁通，詁"倚"字亦有著落，且證之"天一地二"節，即大衍揲著之策。既與天地自然之數相準，更與上文幽贊生著融貫，可謂能抉經心，不爲眾説所迷者。

《禹貢》冀、揚二州島夷解

錢用中

中土地學，莫精於《禹貢》，莫疏於解《禹貢》之經生。

禹以十三年之憂勤，躬親游歷，見聞較確。又明於句股算法，能測遠近高下。本《周髀算經》。實有所得，乃作《禹貢》，故其書足據。雖地名與後世異，而後世地學家必奉此爲準繩。解《禹貢》者反是，所解只憑管窺臆說，與一切陳篇，漫然成書，故多模糊影響。即近在海内，且有不能盡得禹迹者，矧遠在海外如冀、揚兩島夷哉？此漢唐以來經學家通患。近代胡氏渭作《禹貢錐指》，尤多荒謬，不足置辨者也。

然則冀、揚島夷宜何解？曰："島，海中山也。夷居其上，故曰島夷。"繫島夷於冀州，惟今東北洋海中庫頁一作"薩噶連"、蝦夷一作"北海道"二島足當之。其繫揚州者，即今東南洋海中琉球、吕宋、婆羅洲一作"般鳥"諸島是也。

請證之經文。"冀州"曰"島夷皮服"，"揚州"曰"島夷卉服"。今庫頁、蝦夷西鄰吉林、黑龍江，皆畜牧爲生，尚皮服。而《瀛寰志略》亦云："琉球諸島無麻絮，以蕉爲布。"蕉卉屬，即"卉服"之說，此證之經文而合，其無疑一也。

又證之興圖。近人陳兆桐譯《萬國興圖》極精審，浙中袁祖志盛稱之。愚閱其亞洲一圖，庫頁即薩噶連、蝦夷於吉林、黑龍江之東北，地望適與冀州直。圖琉球、吕宋、婆羅洲即般鳥於江、浙、閩、廣之東南，地望又適與揚州直。此證之興圖而準，其無疑二也。

而或猶疑其遠也，則請更證以堯封。堯命羲和東宅暘谷，暘谷爲青州嵎夷，即今日之日本東京。中國人早至其地，故日本人寬文中作《日本通鉴》，自称为"吴泰伯后"。说者谓越灭吴，吴泰伯子孙东渡，王日本。使尧时无人先往，泰伯子孙何由东渡乎？南宅南交，即今越南，实控南海。故越裳氏《贡周》曰："海不扬波。"使尧时无人至彼，彼何由入贡乎？至其宅西曰昧谷，为雍州渠搜。据《隋书》在葱岭西，即今亚洲西境。宅朔方曰幽都。幽者，不明也，今北冰海岁率六月不见日，实即尧时幽都。

尧封固如此其广也，则库页、虾夷及琉球、吕宋、婆罗洲尚在尧封内可知已。禹平水土，正在尧时，必仍其旧。后王德薄，不能远有四海，而九州之内恒为外夷所侵割。儒者生当叔季，习见夫号中国者祗此区区，遂并《禹贡》疆域亦狭小之。呜乎，何其陋也！

兹解岛夷，愚窃以不解解之，即请断为今日之各岛也可。

　　地学必参稽时务，始得的解。作者读有用书，研穷经济，故能言之凿凿如此。与徒作考古空谈者，有上、下牀之别。

舒而脱脱兮解

袁嘉毂

说《野有死麕》诗，最正者两汉经师之旧；而惟卒章"舒而脱脱兮"则旧说犹未至当。

毛《传》："舒，徐也。脱脱，舒貌。"孔氏《正义》本作："脱脱，舒迟也。"谨案：传若果为"舒迟"，谓经言"舒而舒迟兮"，文义未安，不若颜氏《定本》、陆氏《释文》作"脱脱，舒貌"。盖观笺言："脱脱然舒。"知传必无"迟"字也。故戴东原《诗经补注》、段若膺《说文注》皆作"舒貌"，今从之。日本山井鼎《考文》古本作"舒迟貌"。阮芸台《校勘记》谓其采《正义》《释文》合而一之，断非原本。

郑笺："贞女欲吉士以礼来，脱脱然舒也。"夫使传果为当耶，则古籍中重文皆以状上下文之貌，顾未有嵌"而"字于重文上者。传蓋實有未安，抑箋之申毛爲當耶？則經言"舒而脱脱"未嘗倒其文而云"脱脱然舒"。箋又可塙守乎？《左》昭元年，鄭子皮賦《野有死麕》之卒章，杜注："脱脱，安舒。"詞雖小變，義仍傅箋。推詳其失，皆誤以"而"爲語助，故"舒也，脱脱也"説多窒礙，可知其非文從字順也。

　　嘉穀謹案：舒，展也本《廣雅・釋詁》《小爾雅・廣言十》，伸也本《説文》。按《説文》："舒，伸也，一曰緩也。"知"伸"爲本義，"緩"爲餘義。"徐"即"緩"也，非舒本義。而，汝也，爾也。經傳中不可勝計，其在《詩》，則《桑柔》篇"予豈不知而作"，箋："'而'猶'女'也。"脱脱，疏略也。經傳中亦多，見下所引，大都本《説文》"消肉癯也"之解而引申之。而對下文"我"字言"脱脱"，指無禮求昏。言"舒而脱脱兮"，言當舒展汝疏略之禮。"無感我帨，無使尨吠"云爾，占之文字，四聲通一義，義不必隨聲而殊。

　　脱，徒活反，木音也。《詩》以韻"帨""吠"，讀勑外反，借音也。借音殊本音，而義終當準疏略之本義，如"好好惡惡"之類。前人屢明辨之，何獨於"脱"而不然耶？況"脱"屬無禮，古籍尤信而有徵。《左》僖三十三年《傳》："無禮則脱。"杜預注："脱，易也。"《國語・周語》："無禮則脱。"韋昭注："脱，簡脱也。"《史記・禮書》："凡禮始乎脱。"司馬貞《索隱》："脱，猶疏略也。"綜諸説觀之，脱訓"疏略"無疑。《詩》意謂展汝疏略之禮，庶幾可信。

　　而傳箋而外，未當之説叢興，請摘其尤。戴東原《詩經補注》云："此承'有女如玉'，而因言其度之安舒。"既與箋指"吉士"謬，而下文"女子自言"語氣遠隔。戴謂："我者，自人我之女也。"尤迂晦。本一詩章也，而人言與自言二之，其説拙而舛。朱子《集傳》以此章乃述女子拒之之辭，發毛、鄭所未發，極爲精當。特謂"脱脱"爲"姑徐徐而來"。漢學家之詬，有由來矣。段若膺《説文注》云："脱，即'娧'之叚借字，謂舒徐之好也。"娧，好也。《方言》《説文》《廣雅》皆然。《集韻》《玉篇》則曰"好貌"。夫傳箋言"舒徐"謂吉士貌也，"脱脱"又舒徐之貌也。其形容已太複。若復謂"脱脱"爲"娧娧"叚借,是又當以"好貌"釋"脱脱",真不勝其形容也!其説巧而迂。陳碩甫《詩毛氏傳疏》云:"'而'者,狀物之詞。'舒而',猶舒如也。'舒如',即舒然也。"夫以"而"爲狀物詞,是較段若膺又添一形容也。即云"而"如"然",一聲之轉,非不可通;然謂經言"舒如脱脱""舒然脱脱",終不若"而汝""而爾"之直截。其説新而鑿,非斷衆説而衷一是,其何以文從字順乎?然或疑其棄古訓也,是未知"展而疏略"之解,實本《小序》而闡之。《序》云:"野有死麕,惡無禮也。"無禮,言無幣聘禮。正以明脱脱無禮之意。舒而脱脱之意明,兩漢後説此詩爲淫詩者,益得以是説正之矣。

博稽衆説,折衷至當,説經大法如是,如是!

周西伯受命稱王辨

楊覲東

嗚乎,吾讀"受命稱王"之説,而歎周西伯受誣於崇侯虎者,復受誣於後儒也。

《書傳》載:"文王受命一年,質虞芮訟。"孔氏言虞芮質成,爲文王受命改元之年。鄭注言文王囚於羑里,在四年末。五年初猶未稱王。六年,伐崇,則稱王。《易緯》又言:"文王改正朔,布王號於天下。"按:紂十有三祀,釋西伯,賜弓矢鈇鉞,使專征伐。越八祀,西伯薨,周有天下,乃追謚曰"文王"。而當年受命稱王之文獨闕焉。諸儒各逞臆説,聚訟紛紜,固不足道。所怪者,太史公《史記·周本紀》亦從而録其文耳。

西伯事見之經者,莫詳於《詩》。《詩》曰:"文王受命,有此武功。"武功者,泛言伐密伐崇之功。受命者,泛言伐暴安民之命也。繼又曰:"既伐于崇,作邑于豐。"若西伯果稱王,則豐當名"京",何以云作"邑"？鎬名"京"，豐不名"京"，見文王臣節之終也。總之，西伯受命稱王，命以天言；王由後追，而西伯及身，則仍率商之叛國以事紂。孔子不云乎："三分天下有其二，以服事殷，周之德可謂至德也已。"若西伯果稱王，是與紂並王矣，何云"服事"？且西伯嘗自言曰："父有不慈，子不可以不孝；君有不明，臣不可以不忠。"若西伯果稱王，是前則詐爲紂之忠臣，繼且竊紂神器，此曹孟德、司馬仲達之僞託則然，西伯豈其人乎？

況天下歸西伯者六州，加以呂尚爲輔，陰謀善兵，一反手天下可定。西伯不於此時取天下，而乃徒稱王號以損其純一之德耶？君子於獻地除刑，猶疑非聖人所爲；受命稱王，而謂聖人爲之，豈理也哉？後儒"稱王"之誣，與崇侯虎"叛王"之誣，厥罪維均。

事理詳審，下筆不苟。

前　題

夏瑞庚

周西伯遵后稷、公劉之業，守公季之法，惠政仁聲，昭於天下，而天命早歸之。故就其時勢言之，不惟宜膺王者之號，且宜居王者之位。至就其德，言之不惟無稱王之事，亦並無稱王之心。

孔子曰："三分天下有其二，以服事殷，周之德可謂至德。"由孔子之言思之，西伯之受命稱王，可斷爲必無之事。乃《史記》云"詩人蓋道西伯受命之年稱王"，是西伯儼然以王者自處也。然考之"文王在上""文王受命"諸詩，皆周公及成王追述之詞。《史記》以後曰追述之詞，目爲當時稱道之語，遂舉以證稱王之説，此一誤也。

鄭注西伯六年伐崇則稱王，是類是禡，行天子禮也。信如鄭説，是西伯不但稱王，且布王者之令也。然紂自釋西伯，賜之弓矢斧鉞，得專征伐，《詩》稱"是類是禡"乃西伯承天命，行天子禮，遵王之意在焉。鄭注不解尊王之意，且引爲稱王之證，此又一誤也。

至赤雀丹書之命，天既屬之西伯，西伯不敢不受；受之而改元，所以敬天也。《元命苞》云："西伯既得丹書，於是稱王，改正朔。"《易緯》更謂其布王號於天下，以實其稱王之事，此又一誤也。

然則西伯之受命稱王當何説乎？曰：西伯之宜稱王，自天命之也；西伯之不忍稱王，雖自天命之，而身不敢受之也。嗚乎！使無孔子之説，則諸説紛紜，幾至厚誣西伯矣。然所以誣西伯者，非諸儒之説誣之，實周人自誣之也。昔周之伐紂也，載西伯木主以行，凡一事一言，皆曰："仰承文考之志。"史官迎合其旨，遂以西伯受書改元之事目爲稱王之始。諸儒之説，要皆附和史官之説。不然，諸儒雖欲厚誣西伯，豈未一思西伯之德與孔子之言哉？

　　周人尚文，喜夸飾；過夸之詞，適以自誣。《詩》《書》所稱，不一而足。此文拈出，遂爲確論。

前　題

馬騰驤

先儒解經，有周西伯受命稱王之説。使不深察而明辨之，將沿訛襲謬，後世滋疑，而聖人且重受其誣，其貽害於世道人心，豈淺鮮哉！是不可以不辨。

且夫西伯之稱王，非稱於生前，乃武王既有天下，祀其父以天子之祀，而追王之也。姬氏積德累仁，侯封世守。至於西伯，能新其德，以及於民，始受天命。此特追溯受命之由，非西伯佻然以受命自詡而僭稱爲王也。我觀商紂之時，虐威殺戮，王室如燬。幸西伯發政施仁，救民水火。獻洛西，除炮烙，六州景附，兆姓歸懷，得天下易如反掌。乃西伯終守臣節無貳心,雖羑里被囚,猶懍然於聖明之戴,而念臣罪之當誅。故三分有二,以服事殷,孔子稱至德焉。初何嘗有覬覦之私萌於方寸哉!由是觀之,則"受命稱王"之說,荒誕不經甚矣。

雖然,是說也,創於公羊,踵於康成。無識者和之,眾口一辭。遂使聖如西伯,猶有遺議,良可慨也!自朱紫陽駁正,而西伯之心迹始昭然其白於萬世。吾故曰:西伯之受命稱王,非受於生前也。使及身稱王,則是闖干天位,僭擬至尊。鄉黨自好者不爲,而聖人爲之乎?儻不爲辨析,將操、莽之徒皆得援西伯爲口實,橫議流行,大道廢墜,孰非是言作之俑哉!

大處落墨,筆亦老到。

鬼方考

李　坤

"鬼方"見於《易》者二:"既濟,高宗伐鬼方。""未濟,震用伐鬼方。"虞氏翻注曰:"坤,鬼方也。"其見於《詩》者:"覃及鬼方。"毛氏《傳》曰:"遠方也。"蓋泛指遠方。言猶今謂外洋爲鬼國,非即殷高宗之所伐也。

殷高宗伐鬼方事,惟殷武詠之。其詈曰:"撻彼殷武,奮伐荊楚。罙入其阻,裒荊之旅。有截其所,湯孫之緒。"傳曰:"荊楚,荊州之楚國也。罙,深。裒,聚也。"經意蓋謂聚荊之旅,往截治其所。"所"即鬼方,非如箋謂"俘荊之旅,整齊其地"也。故《竹書紀年》曰:"武丁三十有二祀,伐鬼方,次于荊。"其詩下章云:"惟汝荊楚,居國南鄉。昔有成湯,自彼氐羌。莫敢不來享,莫敢不來王,曰商是常。"《呂覽·異用篇》曰:"湯見祝網者置四面,收其三面,置一面。漢南之國聞之曰：'湯之德及禽獸矣。'四十國歸之。"夫曰"四十國"，則氐羌在其中。經意蓋謂在昔成湯時，自氐羌訖漢南諸國，莫不來享來王。今又見來享來王，明武丁之能紹先烈也。第"鬼方"一地，"氐羌"又一地。觀《竹書紀年》："三十有四祀，王師克鬼方。氐羌來賓。"可知鬼方自鬼方，氐羌自氐羌也。

自《世本》陸終氏娶于鬼方氏。宋衷注云："鬼方，西落鬼戎。于漢則先零戎。"於是范蔚宗遂謂《易》"既濟，高宗伐鬼方"，即《詩》之氐羌。其傳"西羌"也，則曰："殷室中衰，諸侯皆叛。武丁征西戎鬼方，三年乃克。"李善注《文選·趙充國頌》亦引《世本》注語，謂鬼方于漢則先零戎。先零，西羌也。司馬貞《史記·五帝紀》"北逐葷粥"《索隱》曰："匈奴別名也。唐虞以上曰'山戎'，亦曰'熏粥'。夏曰'淳維'，殷曰'鬼方'，周曰'玁狁'。"孟子釋文亦然。或北或西，迄無定論。宋黃氏震謂："荊楚即鬼方。"後儒多不謂然。近代陳氏啓源《毛詩稽古編》曰："或又謂今貴州本羅施鬼國地，即古鬼方，未可知也。"朱氏右曾《詩地理徵》曰："《詩經類考》云：'今貴州有羅鬼夷。'未詳。"

蒙按：愛必達氏《黔南識略》曰："平遠州有苗，曰羅鬼。其州東北接黔西州。黔西州有地曰'十萬溪大箐'，又有地曰'杓裏箐'，又有地曰'莫隴法地坉'，又有地曰'比嚙箐'。皆四面山勢峻險，中平廣，可容萬人，相傳爲羅鬼昔日負嵎處。平遠西南百餘里，爲永寧州。州之東六十里，紅巖曬甲山，摩崖有碑，新化鄒氏漢勛定爲高宗伐鬼方，還經其地，紀功之，刻其文曰：'佳踣秋，尊齒荊威虣虐。王迺還西方西旅。竭齒東蹈，義旛南由由。'"按："秋""酉"同聲，"秋"迺"酉"之叚借，"佳踣秋"即"維踣酉"，言克鬼方也。"尊齒荊威虣虐"即《詩》有截其所之事也。"王迺還西方酉旅"，《漢書·地理志·武陵郡》有酉陽縣，顏師古注曰："屬荊州。酉古文作丣，碑文作丣。"正用古文而省。鄒氏譯爲肉，非也。酉方，即酉陽也。高宗來時，哀荆之旅以從，故荆旅亦謂之酉旅。"從征三年，今乃得還"，故"竭餂東蹈"。竭，盡。餂，稽首。蹈，行也。荆楚在鬼方東，故曰"東蹈"。"義旛南由由"，"旛"迺"播"之叚借字。"由由"與"闒闒"通，亦作狒狒。《爾雅》注謂之"梟羊"，出交廣。言既克鬼方，義刑義殺之聲南播於出闒闒之地，猶成湯解網，而氐羌來賓也。

鄒氏譯字頗精，而訓詁嫌鑿。因就所譯者，據《漢書》、《説文》、薛尚功《鐘鼎款識》重絶字讀而更訓之，覺文與《詩》《易》皆互相發明。碻爲高宗克鬼方，將還師紀功之刻，而鬼方之即羅施鬼國、羅鬼夷，復何疑哉！

夫商都亳，即今河南歸德府，如伐先零，當道陝西、甘肅，今曰次於湖南，復由湖南而黔、而滇、而喀木西藏，乃至其地。事竣，仍從此道還河南。意古必無是事。武丁伐貴州，羅鬼□□□次湖南。貴州地處西南，故虞氏曰："坤爲鬼方。"古羅鬼夷蔓□□□羅平、尋甸，尚多遺種，則滇之邊徼亦有屬商之鬼方者也。

百濮疆域考

李　坤

百濮，南蠻之國也。《春秋‧文公十六年》，始見《左氏傳》，即《周書》王會解之"卜人"，《牧誓》之"濮人"，《爾雅‧釋地》之"濮鉛"，《國語‧鄭語》叔熊之所逃，蚡冒之所啓，皆是也。

攷之者，漢孔氏安國曰："庸濮，在江漢之南。"吳韋氏昭曰："濮，蠻邑。"又曰："濮，南蠻之國也。"晉孔氏晁曰："卜人，西南之蠻，丹沙所出。"唐張氏守節引劉伯莊曰："濮在楚西南。"宋王氏應麟曰："卜人，即濮人。"自漢迄宋，皆以濮爲楚西南之蠻，無有指爲西南夷者。獨國朝顧氏棟高曰："西南夷，在今雲南曲靖府境。"或曰："湖南常德、辰州二府境。"蒙讀訖,披圖按籍,復思之竟一畫,乃言曰:唯唯,否否,不然。顧氏以曲靖爲濮者,以杜氏預《春秋釋例》有"在建寧郡南"語耳。晉建寧郡,爲今雲南雲南①、澂江二府境,曲靖在其東南,謂之爲濮,亦似之矣。顧其地不産丹沙。則曲靖之非濮者,其證一。

《左氏傳》昭十九年,楚子爲舟師以伐濮。曲靖自古不通舟楫,則曲靖之非濮者,其證二。

率師以伐楚者,麇人也。麇爲今陝西興安州白河縣。曲靖去白河,中隔四川一省,出境數千里外,徵師伐人之國,意古無是事。則曲靖之非濮者,其證三。

《華陽國志》楚威王遣將軍莊蹻泝沅水,出且蘭,以伐夜郎。植牂柯繫船,於是且蘭既尅,夜郎又降。而秦奪楚黔中地,無路得反,遂留王滇。此楚通滇之始。《國語》蚡冒始啓濮。《史記·十二諸侯年表》蚡冒立當周平王十四年。《六國表》楚威王立當周顯王三十年,平去顯三百餘年。曲靖果濮,蚡冒既啓,則且蘭、夜郎皆楚有也,何以更三百餘年威王遣蹻來伐,史家稱爲通滇之始乎?則曲靖之非濮者,其證四。

或曰:曲靖既不得爲濮,《路史·國名紀》:"濮熊姓。"《書》彭、濮,彭、濮皆峽外,爲楚害,楚滅之。預云:"建寧郡,南濮夷地。"今爲鎮,隸石首。以多曰"百濮",其説信諸?

曰:否。《路史》羅泌譔。泌,趙宋人。宋之石首即今之石首,亦即晉之石首,無異稱也。特宋之建寧爲縣,隸江陵,在今湖北荆州府石首縣東南七十里。泌誤以宋之建寧縣爲晉之建寧郡,豈知晉之建寧郡至宋稱大理國,爲段氏據乎?且濮,熊姓,爲楚害,楚滅之。攷之《左氏傳》《國語》無征。彭爲今四川眉州彭山縣,在峽内,

---

①此處重複,疑有誤,或爲某郡縣名。

19

石首在峽外，何得謂彭、濮皆峽外？於此見泌説皆不足信也。

然則濮果何在？曰：在湖南常德、辰州二府境。常德有武溪蠻，泝沅水而上，有五溪洞蠻，與韋氏"蠻邑""蠻國"之説合。沅水流經辰州，過常德，入洞庭，合江漢入海，與孔氏在江漢之南之説合。杜佑《通典》："辰州貢光明沙。"與孔氏"丹沙"所出之説合。或曰辰州在晉屬武陵郡，其西北爲晉平夷夜郎郡。杜氏何不曰"平夷夜郎郡東南"，而曰"建寧郡"耶？曰：杜氏以晉之"濮"釋周之"濮"，以滇之"濮"釋楚之"濮"，宜乎其云"建寧東南"也。夫自亳社奉珍商郊劾命，凡越在南服者咸樂被"濮人"之名，以見稱於上國。故閲時愈多，種類愈繁，疆亦愈廣。如尾濮、木緜濮、文面濮、折腰濮、赤口濮、黑僰濮，此以形判之者也；如巴濮、滇濮、閩濮、夷濮，此以地別之者也。其疆則北極郢，西連蜀，南盡滇、黔、楚、粤，而東漸於閩。凡蠻夷雜處之地，謂之非濮不可。然必謂皆奉伊尹之令，隨武王之師，從麇人之旅，地當正南，爲叔熊、蚡冒所經歷而開辟之者，蒙雖耳食目論，竊不敢以衆可爲可也。

《七月》之詩，四時皆備，獨無三月。或謂生物之時舉日，成物之時舉月解

李　坤

孔沖遠因"四月秀葽"箋，有"物成，自秀葽始"語。於是傳"一之至寒氣"下《正義》云："稱月者，由於物成，知稱日由其物生也。"王介甫踵之，因亦有"陽生言日，陰生言月"之説。毛西河寫《官記》，力主是説。有以"四月秀葽"難者，毛對以："四月，巳月也。巳者，承陽而首陰，故稱日可始於子而迄於巳；稱月，則又可始於巳而迄於亥。"又有以不言五之日難者，毛對曰："偶不及之耳。惟其然，

故亦無稱三月者。"近世俞蔭甫欲申其説，謂：蠶月者，夏之三月。以周正數之，則五之日也。不言五之日者，以篇中有五月也。不言三月者，以篇中有三之日也。因取物候之有定者紀之，而曰蠶月。

蒙以爲皆非也。箋以"秀葽"爲物成，獨不思祭韭非物成乎！何以"四之日"不稱"二月"也？箋説已不合經恉而何論《正義》陰陽日月之説？介甫亦聞之沖遠，然折以四月稱月，"五之日"不言日。雖辯如西河，已不免其辭之遁，彼曲園者又安能説焉？而極其精語焉？而致其詳乎？

不觀經言"四之日"，原不嫌篇中有"四月"也。然則不言三月者何？曰：文公以周人而詠夏事，不惟三正不敢怠棄，即紀人事物候，亦必以《夏小正》爲準。故有與《小正》同者，直舉某月如"秀葽""剥棗"是也；有與《小正》異者，亦紀一二端，以志晚寒晚煖，如"鳴鳩""祭韭"是也。既欲以"祭韭"志晚煖，而《豳風》"采蘩""倉庚鳴"，皆在求柔桑時。《小正》在二月，是《小正》二月之事。《豳風》三月始見，紀之以志晚煖，則與"祭韭"複。故變文言"春日"，不必定其爲二月、爲三月也。《小正》三月，"攝桑""妾子始蠶"，《豳風》"條桑"雖亦在三月，然桑有□種，蠶有再三，月有奇閏，且"采蘩"亦所以飼蠶。而事至鳴鳩始畢，斷非建辰之一月所能竣。既難專系諸建辰之月，因變文言"蠶月"，以《小正》言之，則自二月采蘩，至五月鳩則鳴，皆治蠶之月，皆蠶月也。

以《豳風》言之，則自"春日遲遲"至"七月鳴鳩"，皆治蠶之月，皆蠶月也。《豳風》蠶事止七月者，蓋"八月載績"，績事起，蠶事乃終耳。所以特稱"蠶月"者，穀、蠶，衣食本。人每忽視蠶事，故於蠶月繫月，以蠶三月之事莫亟於蠶，而又非一月所能畢，故不言三月也。生物成物之説，未敢信以爲然矣。

21

流火解

李　坤

《詩》"七月流火"，《傳》曰："火，大火也。流，下也。"長州陳氏奐疏曰："火，東方心星，亦曰'大火'。"《四月》篇"六月徂暑"，毛《傳》云："六月火星中，暑盛而往矣。"本《月令》及昭三年《左傳》文，攷《堯典》曰："永星火以正仲夏。"《夏小正》："五月，初昏大火中。"與《詩》《月令》《左傳》皆不合。蓋"大火"在唐虞。夏以五月昏中，六月西流；周以六月昏中，七月西流，其候逐歲漸差。《詩》雖作於周初，然公劉在夏末，或已"七月流火"也。

蒙按：《左氏傳》心爲大火。朱子《集傳》："大火，心也。"則陳氏謂"火東方心星，亦曰大火"者，不爲無據。第《爾雅·釋天》："大辰，房心尾也。"大火謂之大辰，則房尾亦得謂之大火。《周禮》鄭氏注曰："正歲季冬，火星中。"按：季冬旦中之星，氐也。則氐亦得謂之大火。《春秋繁露·奉本篇》："大火二十六星。"王氏夫之曰："二十六星者，氐四、房四、心三、尾九、箕四，與鉤鈐二也。"則箕、鉤、鈐亦得謂之大火。

"大火"豈獨言"心"哉？鄭志答孫皓問，以《堯典》"星火"謂"大火"之次，是不可引以證《詩》。《禮記·月令》蔡邕、王肅以爲周公作，然中多秦制，經不韋竄入者，決非元公之舊，亦不可以證《詩》。可引者，惟《夏小正》。

陳氏謂與《春秋》《毛詩傳》均不合，蒙竊不謂然。《春秋左氏傳》引張趯曰："譬之火焉，火中，寒暑乃退。"《毛詩傳》曰："六月，火星中，暑盛而往矣。"校《夏小正》"五月初昏，大火中"實差一月。然"大火"二十六星，房心尾，皆得謂之"中星"。《小正》曰"初昏"，安

22

知非昏房末度,心初度?且《小正》"六月初昏",斗柄正在上。《傳》曰:"五月大火中,六月斗柄正在上,用此見斗柄之不在當心也,蓋當依依尾也。按:尾亦爲"大火",是六月仍昏大火中也。《小正》:"八月,辰則伏。"九月内火,必七月流,而後八月伏;九月内如云"大火",在唐虞夏,以五月昏中,六月西流,則七月即伏,八月即内矣。故蒙謂《夏小正》與《左傳、毛《傳》均合,周公作詩用《夏正》也。

公劉平西戎事,見毛《傳》,而《史記·周本紀》不載。能據他書以證之否?

李 坤

平戎之事,其難稽諸渾渾噩噩之書乎?然旁徵史傳,有可得其梗概者。

《後漢書·西羌傳》:"后桀之亂,畎夷入居邠岐之間。成湯既興,伐而攘之。"此可以證毛《傳》,補《史記》之闕。

難者曰:毛公言公劉,子言成湯,何其誣也?

曰:不然。史稱湯即位,告羣后曰:"后稷降播,農殖百穀。"三公咸有功于民,故後有立。又稱周再封稷之後,公劉居豳。《尚書大傳》曰:"公爵,劉名也。"攷《史記·周本紀》公劉先世自稷至鞠,無稱公者,則劉之稱公,爲爵無疑。劉爲公,故得張弓矢,秉鈇鉞。成湯攘戎,劉或在行間乎?范史言成湯,善則歸其君也。毛《傳》言:"《公劉》,紀實也。"史公之闕,何不可補之有?

難者又曰:毛《傳》云:夏人亂,迫逐公劉。公劉乃辟中國之難。《正義》謂當在太康之後,少康之前,未能定其年世。子以爲辟桀而仕商,果何據而云然乎?

曰:據《史記·婁敬傳》,周之先,自后稷、堯封之邰,積德累善,十有餘世。公劉避桀居豳，此即公劉辟桀之碻證。不獨此也，《匈奴傳》夏道衰而公劉失其稷官，變於西戎，邑於豳。其後三百有餘歲，戎狄攻太王亶父。亶父亡走岐下。計商祀六百，公劉至太王，三百有餘歲，則公劉爲夏末商初人。《漢書》人表列於夏末，良有以也。

難者又曰：子據《史記》列傳以證毛《傳》，胡不據《史記》本紀以駮毛《傳》乎？

曰：《史記》本紀疏漏過甚。他不具論，以周之世次言，本紀"泥太子""晉十五王""衛彪傒十五世"之語，謂不窋后稷子，鞠后稷孫，公劉后稷曾孫。而考《水經注·呂梁碑》及《路史》並云帝嚳生稷，稷生台璽，台璽生叔均，則不窋非稷子，鞠非孫，劉非曾明甚。且又有自相矛盾者。《匈奴傳》稱"失稷官者劉"，本紀云"不窋"，舛漏如此，可據以駮毛《傳》乎？惟擇其合毛者引之，其與毛異而失載者，據《傳》補之可也。

前　題

袁嘉穀

西戎爲中國患，舊矣。有聖人出，平而遠之，非黷武也，理勢不得不然也。

公劉當夏末商初，嘗平西戎，事見毛公《詩傳》。孔氏穎達《正義》誤釋"平"爲"平和"之平，證以宋人及楚人平，不惟失《傳》意，即按之本詩"弓矢干戈"諸語，亦齟齬而不合。故陳氏奂《毛氏傳疏》歷以"平亂"爲說，識過孔氏遠甚。然陳氏引《後漢·西羌傳》，言湯攘夷，即公劉平戎，不免遷就。而於《史記·匈奴傳》漫無檢察，則猶有遺憾也。

　　夫三代下人，言三代時事，惟《史記》詳，亦惟《史記》足信。而後人輒疑公劉平戎，《周本紀》不載一字，非《史記》疏，即毛《傳》誣。不知毛《傳》乃篤守古訓之書，而《史記》多互見之詞。《匈奴傳》曰："夏道衰而公劉失其稷官。變于西戎，邑于豳。""變"之云者，即毛《傳》所謂"平"也。證之經史，如《古文尚書·堯典》"平章百姓"，今文作"辯章"，《史記》作"便章"。《索隱》註："平，讀蒲耕反，字亦作'便'，音婢緣反。""便"則訓"辯"，遂爲"辯章"。又《戴記·禮運》："大夫死宗廟謂之'變'。"鄭註："'變'當爲'辯'，聲之誤也。辯猶正也。"《廣韻》釋"平"爲正，義同鄭註。合而勘之，"平"與"便""辯""變"皆一聲之轉，可證"變"之即"平"矣。則夫"公劉平西戎"，豈猶疑毛《傳》之誣，《史記》之疏哉？

　　嘗論三代聖人，其德厚，故夷人雜處中國不爲患。又其威甚嚴，故夷人不恭，亂必平。西戎乘夏之衰，入居豳岐。公劉率十八諸侯平而遠之，《詩》所詠"思戢用光，張弓矢，裹餱糧"，其籌略可想見一二。故雖失稷官而避夏之亂，終能邑于豳而開周之基。不然，十八諸侯從之何事？西戎未受大創，安能閱三百餘歲始復起而攻太王，爲中國之大患哉？

　　愚因得而斷之曰：公劉平西戎，考之毛《傳》，信矣；考之《匈奴傳》，更信矣。而況乎揆理與勢，實取信於經。

　　以上六秋，皆考據文之詳核的當者，故可存也。

《雛》詩不諱"昌"字說

袁嘉穀

　　今試執塗人而語之曰："汝有犯於君親猶可，犯君親之諱則不可。"聞者必訝爲不情。夫事君親者，重乎盡道，諱名奚重？

古之人有並稱達孝，爲千載法者，武王、周公是也。武周繼文而興，其祀文之《雝》詩稱美皇考曰："克昌厥後。"夫"昌"爲文王名，在後世處之，必將曰："名其君親，大不敬。"而武周遵循典禮，臨文不諱。廟中不諱，惟能以禮事君親，斯可謂之敬耳？孔沖遠《正義》謂："《詩》本四海之歌頌，故不諱。"夫安知頌實廟中之樂耶？陸元朗《釋文》謂"昌"當音處□□不犯諱，又安知"昌"字義之不合改讀耶？

抑猶有説焉。《書》"禹拜昌言"，《史記》作"美言"，《孟子》趙注作"讜言"。《詩》之"克昌"，或當作"美"，尚可成文；作"讜"不成文。然《書》文異古今，異真僞，字宜有誤。《詩》則傳經，鮮異文，未聞以"克昌"爲誤也。

且夫以諱事神，始自周人。顧周之制作，皆出於周公。公作謚以易名，必並諱名以致敬。然公之諱名，未嘗有代字，亦未嘗以犯諱爲罪，定制箝人。箝人之制，始自秦漢。秦漢有代字，且制爲犯君諱者罪。前代之魯螯孫卿，均易字以避漢諱。厥後宋人以諱删陽韻十數字，元人又諱"崩""終"類字三百餘，明人更以不諱殊字而加刑。爲問其時臣子，有如武周之事文者乎？韓昌黎譏諱嫌名，諱偏名，謂"以宦官宮妾之敬"爲敬，豈不然哉！

合觀聖人之事，武周前聖人，湯其最近，而《商頌》不諱"率履不越"之文成湯名履；武周皆聖人，而王崩後，公采頌章，不諱"駿發爾私"之文武王名發；武周後聖人，孔子其大成，而《春秋》之作，不諱"臧孫紇出奔"之文孔子父名紇。正不獨《雝》詩不諱"昌"，足見事君親之自有道也！後世臨文以諱爲敬，淺之乎敬哉！

詞達理舉，引證亦當。

賢賢易色解

袁嘉毅

"賢賢易色",何晏引孔氏解:"以好色之心好賢,則善。"自漢迄宋無異説,律以"如好好色""遠色貴德"諸訓,固爲不謬。雖然,説經之要,信傳不若信經。余嘗三復子夏之言,而知舊説未確矣。

夫色者,顏色,謂己色而非指人。易者,和悦,又非相移易之謂。《詩》"彼何人斯"篇:"我心易也。"毛《傳》:"易,説也。"《禮記·郊特牲》篇:"示易以敬也。"鄭注:"易,和説也。"易色云者,謂賢人之賢,和易其顏色也。依經解經,義當如此。蓋以下文力身與言觀之,皆指己之力身言而言,豈於色而獨非己色耶!竭力以事親,致身以事君,信言以交友,一義耳。又豈於易色以賢賢而獨異義耶?

或曰以"易色"爲和説之色,僅以貌言,毋乃太淺?曰:子夏之言,正舉未學之人而淺言之。邢昺疏竭力,致身,信言,皆言其淺,不言其深。疏云:"事父母能竭其力者,謂'小孝'也。言雖未能不匱,但竭盡其力,服其勤勞。致身言雖未能將順匡救,但致盡忠節,不愛其身。信言謂雖不能切磋琢磨,但言約而每有信也。""易色"何可以深言?如必曰"以好色之心好賢",恐篤學之儒亦未必能。孔子曰:"已矣乎,吾未見好德如好色!"當時七十子從遊,難遇其人,而乃望諸未學之人乎?況和易顏色,功力雖淺而色出於心,説賢之色,非可僞爲。謂之爲學,洵無愧矣。不然,訑訑之顏色,拒人於千里之外,既失其淺者,奚自而學其深哉!

然則孔氏解何以傳至今歟?曰:孔氏,西漢通儒,學博詁明,惜其所注經,遭巫蠱事,皆木列學官。故何敍邢疏,咸謂其《論語訓解》不傳於世,安知"好色""好賢"云云,非與《尚書》《孝經》傳同出偽撰也。然即非出偽撰，而解經者但當信經以明義，不當信傳而疑經。讀"賢賢易色"而解爲"和説"，庶有合於經義乎？

清真。

《禹貢》"三黑水"説

馬燦奎

《禹貢》言黑水者凡三，曰黑水西河惟雍州，曰華陽黑水惟梁州，曰導黑水至于三危，入于南海。説經諸家有謂三黑水各不相涉，萬難牽合者；有謂《禹貢》黑水三見，實爲二水者；有謂三黑水實只一水者。

今按：以黑水爲三者，謂三黑水各有水道。雍州之黑水，爲今大通河。梁州之黑水，爲今雲南之小金沙江即麗水之下流，至四川敍州，入蜀江。導川之黑水，或瀾滄江，或潞江，或緬甸之大金沙江，皆足以當之，此《雲南通志》承用之説也。以黑水爲二者，謂雍州爲今甘肅，其地之水並無南流者，則雍州之黑水，即大通河是。梁州導川之黑水，則一水也。阮文達以爲南盤、瀾滄、潞江三水俱入南海。此三水俱可謂之黑水，不能定禹所指者爲何水矣。至以《禹貢》三黑水爲一水者，則以緬甸之大金沙江當之。自前明徐宏祖、張機以後，論者頗主此説。

愚按：屈子《天問》有云："黑水玄趾，三危安在？"是戰國時已不知黑水三危之所在矣。雲南在漢爲羈縻地，考核水道，實未有人。唐宋淪入蠻夷。元始有建置，文人亦少。故至前明，始有徐宏祖遊歷其間。張機、吳宗堯等繼之，始識西南徼外、緬甸境東尚有大金沙江一巨流。其源之遠，流之大，直與中土之江河相匹。乃悟《禹貢》之黑水，非此莫屬。

我聖祖仁皇帝乃著定論，以爲西北諸胡，迄於流沙，皆統於雍州；西南諸夷，盡於南海，皆統於梁州。雍、梁俱以黑水爲界，大哉王言，使千古沈霾，豁然開朗。彼鄉邦小儒，所讀者南宋諸儒之書，眼界之狹，直井底蛙耳，烏足與談大海耶？自有聖祖之説，而《禹貢》之三黑水可無庸置喙矣。

清暢。

《易》以九居五、六居二爲當位，而辭多艱；六居五、九居二爲不當位，而辭多吉説

張洪範

《易傳》中，言位之義有二，以一卦之體言，則皆謂之位。故曰："六位時成。"又曰："《易》六位而成章。"兹則以人之爵位言，則五爲君位，二、三、四爲臣位，故曰"列貴賤者存乎位"，又曰"同功而易位"。此但言中爻而不言初上者，蓋初上爲無位之爻，譬之初爲未仕之人，上爲既淪之士，皆不爲臣也。乾上曰"貴而無位"，需上曰"不當位"，是無位之一證。初上既無位，可無論；則三、四之易位者，亦可無論矣。兹當就五與二言之。

按：卦分上下，五居上之中，二居下之中。五與二爲正應，五之位屬陽，二之位屬陰，五與二適相成。至《象傳》"當位""不當位"之説，又以陰陽所值之九六而言。九，老陽數也，至剛也；六，老陰數也，至柔也。以九居五，是陽爻遇九，以剛居剛也；六居二，是陰爻遇六，以柔居柔也，故曰"當位"。六居五，是陽爻遇六以柔居剛也；九居二，是陰爻遇九，以剛居柔也，故曰"不當位"。然陽遇九而剛

者益剛,雖得正而陷於險,如屯九五之類是也;陰遇六而柔者益柔,雖得中而係於吝,如同人六二之類是也。此爲陰陽不和,故謂之"不應"。不應則不善,不善則艱,故其辭多艱。惟陽遇六以柔居尊,而降志求賢,如蒙六五之類是也;陰遇九以剛居卑,而成功承寵,如師九二之類是也。此爲陰陽和合,謂之應。應則善,善則吉,故其辭多吉。

要之,《易》之道,"一陰一陽"之謂。九居五、六居二,陰陽之變也。然陽居於上,陰居於下,陰陽不通,故雖正而多艱;陰居於陽,陽居於陰,陰陽相應,故雖變而多吉。明乎此,可無疑"當位""不當位"之說矣。

　　朗豈無蔓語。

盤庚遷殷論上

錢用中

　　盤庚行湯之政,商道復興,不愧商家賢君。雖然,此晚節也。若論初政以避河患而遷殷,則亦庸王而已,烏得賢? 今夫河之爲中國患,豈不可治哉? 夫亦誤於治河者爲鯀不爲禹耳。誠能師禹之智,而不泥其故道,順河水就下之性,掘地爲槽,歲疏其易淤之沙,俾得暢流而注之海,詎不能永慶安瀾? 計不出此,羣效鯀陻洪水,築堤以防川,又何怪川壅而潰,爲患於數千百年?

　　當商之中葉,而已屢被其害。自河亶甲以來,商屢遷都以避河患,而河患卒不免,以其治河無善道也。盤庚未能治河,以蓋前人之愆,乃又踵而爲遷,非失計乎? 幸而河患未甚,尚有殷可遷。曩令懷山、襄陵如堯時洪水汎濫徧九州,盤庚又將尋何地而遷也? 今夫庶民之家,田園偶湮於水潦,爲家主者終不舍而之他,惟是治溝渠，勤宣洩，以此日之亡羊補牢，作他年之未雨綢繆，豈皆安土重遷哉？亦謂有家不能守，去而之他，亦無益耳。豈盤庚之智曾庶民之不若耶？

由是言之，盤庚初政，以避河而遷殷，實與後世周平王、宋高宗因避敵而遷都者同一庸懦無謀。特平王、高宗畢生委靡，盤庚則晚節足取，故終不失爲賢君耳。

盤庚遷殷論下

或曰：信如前説，盤庚遷殷既與周平、宋高同失，此外遷國之主，亦有得計者乎？曰：有，請備論之。

夫帝王建都有四要：曰宅中，曰扼險，曰據上游，曰控邊方。皆早定於開國之初，後此無容輕遽言遷也。有不得不遷者，則必爲進取之遷，不爲退避之遷，斯其遷乃得計耳。

古來遷國得計者，其上則有周文、武及我太祖、世祖。觀其遷豐、遷鎬、遷瀋陽、遷燕京，後遂統壹區夏，拓數萬里之河山，非爲進取之遷而萬無可訾者乎？其次則有周太王以狄侵而去邠遷岐，是亦退避而遷者也。然棄一舊治之邠，而取償於新闢之岐。且岐地天府雄封，千里膏腴，遠勝邠地之磽瘠。故異日子孫王業肇基於此，則其遷也，恍然出幽谷，遷喬木，進取宏功，足蓋退避之微愆，可謂特出者矣。又其次，則有北魏孝文及明成祖。孝文之遷洛也，欲進取南朝；成祖之遷燕也，欲進取北方。進取之事，未成其志，亦可嘉矣。況並無退避之嫌，則其遷又何可非哉？此皆遷國得計者。雖德判低昂，皆非盤庚所能及。蓋盤庚之遷殷，退避也，非進取也。其避河患雖異避寇，而其退避之心與跡，究未嘗少異也。此所以與周平東遷、宋高南遷同一失焉耳。

　　總之，有國家者可爲進取之遷，以其遷而日强也；不可爲退避之遷，以其遷而日弱也。而欲不爲退避之遷，必能内修政事。不修政事，則明懷宗固不遷者，何以無救危亡也？是知值外患之頻來，遷不遷皆其末事。惟修政而無瑕可攻，斯乃握戰勝朝廷之本，足以禦侮而折衝。吾故即盤庚遷殷而推言之，以告後之謀國者。

　　　　以治河攻瑕，以退避著貶，以内修政事爲歸宿。世有臨危而妄議退避如王欽若、林堯叟者，此文爲藥石矣。

沈氏《周官禄田考》"古步""今步"正誤

姚長壽

　　沈果堂"古步""今步"之説，特一家之言，非定論也。今欲糾正其誤，亦只能辨其誤，而不能易其文，何也？步由尺定，成周之尺若何？成周之步又若何？經傳並無明文。

　　自商鞅開阡陌，秦之尺步一變。至漢已不見周尺。漢晉以下諸儒言尺，多據當時之尺測度，未必果合周制。果堂用古步六尺、今步五尺之説，而以古尺較今尺只七十四分，今尺較古尺乃一尺三寸五分，是今尺長、古尺短也。而所據之周尺，已屬後人所定，未必可信。尺既不可信，步又可信耶？且無論古也。

　　我朝所用尺，工部營造，係準百縱黍。閒嘗留心考證，南北各省官民所用尺，即不合縱黍，此就愚足跡所至，考證而知之者。生今之世，已不見原定之今尺，況欲上考古尺，且考成周計畝授田之尺乎？果堂所據之周尺即使不由僞造，而尺上銘文，終是宋制，並非成周。不過今日視之則爲古制，若在當時，已去成周遠矣，豈可遽信成周定步之尺與此同耶？然欲指實周尺，則又無的確考證，是以明知果堂之誤而不能易其文也。

至果堂算數，論者謂其法病顛倒，當取所用之法，改而爲實，實則改而爲法，即得之。愚仍不敢深信，而竊有不解於今者。如滇中新興、昆陽、易門等州縣，現皆辦理丈量。問其所用之尺，已覺茫然；問其量田之法，亦復茫然。上而長官被其愚，下而紳民遭其虐。設局有費，核算有費，以及填單入冊，無不有費。蓋思滇黔皆瘠土，兩省賦額，雍正、乾隆年間，嚴禁勞擾，均聽紳民自首，覆加核奪，並未曾辦丈量。鄂文端公奏稿具在，可考而知也。今忽欲丈量以期復額，愼甚矣！

周尺失傳，無可考證，文但辨沈氏之誤，而不妄易其說，深得君子不知闕如之旨。如此治經，可杜王安石輩附會經義、誤己誤國之弊。末段議及丈量，亦足發人深省。

書《漢學師承記》後

秦光玉

客有讀江子屏《漢學師承記》而深病之者，謂其記閻百詩迄淩次仲三十八人，附十六人，皆漢學專家。而明季遺老學兼漢宋，爲我朝儒林開先者，有顧亭林、黃黎洲兩先生，阮文達公撰《儒林傳稿》，以之冠首一、二卷。子屏此書，不首記顧、黃，而以附卷末，且以顧殿後，其意何居？

解之者曰："南宋敖器之名陶孫，後儒引其書，多誤爲"孫器之"，蓋認名爲姓故也撰《詩評》，論魏晉迄北宋詩人，而以杜工部殿後。蓋杜集大成，學者當奉爲大宗，故《詩評》歸宿於此。子屏是書，殆沿敖氏例乎？"

客曰："不然。敖氏評杜云：'獨唐杜工部如周公制作，後世莫能擬議。'其推尊杜公，可謂至矣！子屛未嘗推尊顧、黃，且斥爲周室頑民，又斥其學多依違之言。詆毀如是，何云沿敖氏例耶？"

"然則何説以處此？"

客曰："以予揣測其意，蓋欲崇漢學而黜宋學，因取學兼漢宋者附諸卷末，聲望愈高者置之末座，以示抑之之意。此予所以深病子屛也。"

愚聞客言，喟然歎曰："有是哉！江氏之執偏見以誤來學也。"夫漢宋大儒之治經，期於明體達用而已，未聞有此壇爾界之説也。後世小丈夫爭立門户，謂漢儒專攻訓詁之學，宋儒專攻義理之學。曾亦思訓詁之學即包義理，苟無義理，何由剖析而成訓詁？義理之學悉根訓詁，使無訓詁，何所依據而窮義理？兩派之學相需以有成，並行而不悖，會而通之，是二是一，孔子所謂"一以貫之"者，誠萬世不易之道。此其道，無容偏廢，亦無容偏重。苟有偏重之意，如子屛是書，必至墨守一隅，忽略事理，始而有所不足，繼則有所不通，求如古人博大昌明，本經術以爲治術者，必不可得矣。

側聞乾隆中葉，漢學盛行，而小丈夫蝨處其間，舍本逐末，罔知大義。其爲學也，徒以搜殘舉碎爲功，更以攻駁程朱爲能，寖成惡習，不可響邇。嗣有通儒姚姬傳輩，指摘其失，力挽頹風，後進之士知循正軌。咸、同間，曾文正公以理學真儒出入將相十餘年，所作《聖哲畫像記》，周、程、張、朱外，兼取許、鄭、陸、王諸家，毫無門户之見，可知其合漢宋爲一。如顧、黃兩先生講求實學，故能發揮事業，爲一代柱石臣。學者有志於通經致用，當以顧、黃、文正爲法，擴而充之。

近世西人之學精於格致之理、富强之術。中華儒者亦當兼收並畜，以廣見聞，而習特務，庶幾儒爲權宜時中之君子，學爲坐言起行之經綸。江氏此書，硜硜然畫地以自限者，一笑置之可也。

　　平實精瑩，法戒昭然。初學宜各書一通，以當座右銘。

卷二　史學

和戎論

錢用中

晉悼公欲伐諸戎，魏絳請與之和，且論和戎有五利。其一曰貴貨易土，土可賈焉。釋之者或云：既和，必通商。彼國之貴貨，可易我國土貨；我國土貨，即能遠售而獲利。是謂和戎通商大利中國也。

嗚呼！是説也，古昔爲利，今則不然。蓋古昔之戎逐水草而居，不習藝業，遊牧爲生，不知耕種。彼所有不過皮裘，其他服食器用，咸仰給於中國。故通商之利，中國擅之，彼無與焉。今日之戎，爲泰西諸國，其造製之巧，五洲共推。故自通商以來，中國之軍裝器械，服用器具，罔不取資於彼。使彼獲其利，而我國財用，我民生計，坐是日耗日蹙。雖出口有絲、茶、大黃，然近今西人已就地種植，是絲、茶、大黃我前此之獨擅其利者，至是亦爲西人分其利。中國處此，不適受通商之病哉？

然則將閉關絕約乎？是又不然。由余有云：“善師四夷者，能制四夷。”吾觀近二十年來沿海沿江各行省，已大開製造局，聘教習、招生徒，學習西藝，特規制尚未備也，是宜竭力擴充，餼廩稱事，詳課程，嚴考核，定賞罰，振作罔懈，學西人之長，更思有以駕其上，使軍國所需，民間所用，皆取辦給於我國，勿庸購自外洋。則西人利權自我分之，庶可獲通商之利矣。夫日本以東洋一小國，猶能整頓商務，與歐美各國並轡馳驅，曾是中國之大，而獨不能乎？故因魏絳和戎，附論及之，以告中國之縮通商者。

抽條立論,利害分明。此該生辛卯二月作也。篇末言及日本事,閱數年,遂有三韓之役,殆不幸多言而中者歟!

介之推論

錢用中

凡事不近人情者,鮮不爲大姦慝,此豎貂、易牙、開方所以見斥於管仲也。善哉,蘇明允之《辨姦》,可執以論介之推矣。

夫割股奉親,聖朝不加旌表,良以身體髮膚,不敢毀傷,固孝子之常經,無容矜心作意於其間。推從重耳出亡,其移孝作忠,固應致身事君,然亦有其道焉。或其主覆亡,而推以身殉,則有如後世之文信國、史閣部;或其主瀕危,而推以身代,則有如後世之紀信、韓成;或其主遇難,而推以身捍蔽其間,雖受矢石之傷,蹈鋒刃之險,亦所不辭,則又自古義烈之士所優爲者。重耳偶餒於曹,非如翳桑餓人,食絕七日,命已垂於須臾;且曹侯雖無禮,而有僖負羈之饋盤殘。又非如昔日過衛,五鹿野人僅與之塊,幾於乞食無地。其時其事,固有不待割股以救者,而推必出於是,豈非效豎貂三人,將以人情之所難爲者徼功於其主哉?

或曰:推之割股,似不失爲愚忠,而乃擬以豎貂三人,得毋過乎?曰:所謂“愚忠”者,必其迫於事會,出以真性,而無所希冀也。推之事會可以不割股,而推必故爲之,已非出以真性,況復希冀重賞。於重耳渡河與子犯盟,則曰:“天開公子,而子犯以爲己功,是羞也,吾不忍與同位。”於返國行賞不及於彼,則曰:“下冒其罪,上賞其姦,難與處矣。”彼其意蓋謂狐、趙諸人,其夾輔重耳以復國者,皆難語功;而惟彼之割股,其功莫比,宜獨受上賞,而勿庸多讓也。乃竟賞及諸人,不賞及推。於是嫉賢妒眾之私,怨望抑鬱之情,顯然見於言表。曾是愚忠而出此？

然則推之割股，故踵豎貂三人之故智，欲以人情之所難爲者聳動重耳，冀重耳返國，將報以不次之賞，如齊桓用三人故事。若僅賞之以祿，彼猶不滿所願，而況論功行賞？重耳置之淡然，宜其憤激特甚，甘心焚死。君子視所以，觀所由，察所安，未嘗不歎推之用心即豎貂三人之心也！

夫古今不近情之人，不幸而爲人君所用，則爲豎貂三人亡人家國；幸而不爲人君所用，則爲介之推自亡其身。而推之姦慝，猶未顯著於世者，亦猶王莽未相，眾猶目以謙恭；安石未出，人猶稱其好學耳。他若緜山火化，並其母亦歸焚如，其不孝之罪，上通於天，盡人而知之矣，故略而不論。

推見至隱，語語誅心，並非深文曲筆，足令矯情之流聞而破膽。

伍員論

李　坤

伍員，烈丈夫也，勇而無禮。

《禮》曰：“父之讎，弗與共戴天；兄弟之讎，不反兵。”固也，然亦視其人爲何如人耳。楚平王，員讎也。奢、尚臣之，則讎固其君矣。父兄見擠於祖，不幸而致死，爲之子弟者，不能不悼其罹於非辜也；然必得祖而甘之，有是禮乎？

且吾謂員之無禮者，不止僇死人也。《禮》：“大夫無外交。”員既破楚而臣吳，員固吳臣，即員子亦未嘗非吳臣。吳亡與亡，何必計其有益與否？乃以王咈諫故，必屬其子於齊，卒以此賈禍。

嗟乎！以員之勇，可以鞭楚王之尸，而不能箝讒臣之口；可以覆千乘之國，而不能保七尺之軀。豈非剛戾忍詢，任氣而不任理耶？江漢朝宗於海，安流順軌，有臣之象焉；及至下錢塘，出赭龕，奔騰澎湃，逆而爲濤，是豈水之性哉？

夫固有鼓盪之者矣。楚無殺其父兄，員何必不忘郢？吳無咈諫，員何必悻悻忿怒？以成嚭之讒，自怨毒結於中，日相鼓盪，而員遂倒行逆施，直不可以常理喻。世傳員歿爲濤神，殆以其行之相似，故附會其説歟？

得大蘇筆意。

前　題

秦光玉

余讀三傳及《吳越春秋》，綜核伍員生平，乃歎員之有勇而無義也。

始，無極譖員父奢於平王。王囚奢，命作書召員及其兄尚。尚赴命，員奔吳。言伐楚之利於州于，公子光沮之。員知光有他志，進鱄諸焉，是導光弑君也。臣之事君猶子事父，員方欲報殺父之仇，而乃導人以弑君之惡，其爲不義亦已甚矣！

當是時，友被離，進孫武，練兵修政，使吳成霸業，未始非員之力。厥後兵臨楚地。既入郢，員乃掘平王墓，鞭尸三百，責之曰："誰使汝用讒譖之言，害吾父兄？"噫嘻，是仇君也！夫君焉可仇也？昔門懷欲復父仇於昭王，其兄辛曰："自敵以下，則有仇。非是不仇，上虐下爲討。君而討臣，何仇之爲？"員殆不知此義耶？

況員父兄之死，不害於平王，而害於無極。爲員者，當毀無極之冢，而戮其尸，斯父兄之仇報矣。不此之圖，而昧義妄行，以班處宮，員何恝然於父母之邦耶？且夫奢、尚之無辜受戮而不辭者，奢欲全其忠，尚欲全其孝也。員仇君而覆楚，實壞父兄之名。死之日，何顏面見奢、尚於地下耶？

或謂員効忠於吳，猶有可取。夫員之忠吳，爲覆楚計也。孔子曰：“君子有勇而無義爲亂。”員之覆楚直爲亂耳，雖忠於吳，奚取焉？

持論嚴正，滌淨俗腸。

事君幾諫論

熊廷權

劉殷誡子孫曰：“事君當務幾諫。”聞者疑之，謂《禮》言事君有犯而無隱。無隱者，直諫之謂，而非幾諫之謂也。

雖然，事明主而直諫易，事庸主而直諫難。直諫而施之於賢主易，直諫而施之於英主難。危疑之際而直諫則易，暇豫之時而直諫則難。不惟其難，而更有因以見疏者矣，且更有因以見殺者矣。夫至以直言見殺，於臣之道無補，於君之事亦無補。以龍、比待己，是即以桀、紂待君。君之過彰，臣之心亦遂不可問矣。① 且即果有引君當道之心，至見殺亦無所復用，而君之達道愈甚，豈非直諫有以激之乎？故曰事君當務幾諫也。

且夫“幾”之云者，非必待君之有過而始用吾諫也。② 宮寢贊御之地，語言謦笑之間，諸臣所不能見及者，吾獨有以遏其機，拔本塞源；不惟使諸臣不知其有諫，並使吾君不見其爲諫，而諫之迹泯，而諫之道微矣。故曰“幾”也。③ 如必待事之既至，始用吾諫。一念而

①旁批：“四語透闢。”
②旁批：“高處立腳，是幾諫本懷。”
③旁批：“寫幾諫，語語確切。”

恐觸君之怒，一念復恐害臣之身，以是爲"幾諫"也。

勢必不行，而能爲幾諫者，又非揣摩其術，驟期其效也。其道如水之潤物，以漸而浸，如風之動物，乘隙而入，施之者因其自然，受之者莫知其所以然。幾乎！幾乎！其神矣乎！①

若預存揣摩之心，以爲如是而吾之術始工，亦如是而君之意可回，則伍舉之進隱語，韓非之著《說難》，術愈工而禍愈烈，轉不如解衣危論者之心尚無他，猶得就死賁死，卒伸直臣之氣也。

闡發深至，題蘊畢宣。

趙苞論上

熊廷權

世之論趙苞者，大要皆以棄其母爲不孝。而爲苞計者，又或以徐庶繩之。是皆就苞之迹而論，無以見苞之心，並無以見苞母之心也。②

孟懿子問孝，孔子曰："無違。"如苞者，其有得於此乎。何言之？鮮卑之入寇也，道劫苞母，以脅降。當是時，苞欲棄城而全母，既無以成其忠；欲棄母而全城，又無以成其孝。且無論其非孝也，即使舉遼西之眾降賊以易母，而鮮卑貪婪成性，誅求不已，設並其母子而殺之，不兩失乎？苞惟真知此義，故悲號謂母曰："義不得顧私恩，毀忠節。"是欲以義窺母之心，而未敢遽行己意也。母亦能真知此義，故遙謂苞曰："人各有命，何得相顧以虧忠義？"又申伏劍之命。至是而苞之心始決，亦如是而母之心始安。則甚矣棄母以全城，苞之心而實母之心也，斯豈非"無違"者乎？

---

①旁批："翻去此層，立腳尤高。"
②旁批："□重母教，深切著明。"

　　或曰：是雖母命，終無解於人子之心。吾有計焉，城歸之君，身歸之母，不戰而死，可也。嗚呼！吾猶幸苞之不爲此也。苞而爲此，是漢室之賊臣，趙氏之賊子也。夫遼西之所恃者，以苞在耳。吾試問：苞死，而城猶得全乎？母猶得生乎？母雖生而苞死，母亦何貴有是生乎？苞不戰而城亡，君亦何貴有是臣乎？[1]苞不爲此，不惟得以成己之忠，且並得以成母之賢；不惟得以成母之賢，且並得以成己之孝。[2]何也？全城而棄母，苞之心而實母之心也。

　　孔子曰：“立身行道，揚名於後世，以顯父母。”苞之忠固足以顯其母矣，而猶未足以見苞母之賢也。母死，而苞之忠全矣。而母之賢見矣，順其心而成其賢，此苞之孝也。

趙苞論下

熊廷權

　　或又曰：苞殺母全義，苞嘗自以爲不孝矣，故死焉，謂之爲孝。或亦苞所不受乎？

　　吾謂苞之孝，正惟其能死也。不死不足以見苞之心，不死猶不足以見苞之孝。其死也，死於義，實死於母耳。且苞不云乎：“唯當萬死，無以塞罪。”是苞嘗欲死其母矣。然母以忠節勉之，母固知大義者。苞死而城亡，是陷母於不義也。故輒復苟活，以求無愧於吾君，並無愧於吾親。[3]至鮮卑既破，而吾君之土存，即吾親之心慰，夫而後吾得從母於地下矣。而又恐天下後世不問緩急，不計是非，遂以棄母爲孝也。故曰：殺母以全義，非孝也，是苞又以孝教天下矣。

---

　　① 旁批：“□□□快。”
　　② 旁批：“論斷愜當。”
　　③ 旁批：“忠孝人苦心，筆能曲曲達出。”

《詩》曰:"孝子不匱,永錫爾類。"趙苞有焉。然則苞之孝可法乎?曰:苞蓋處不得已之勢,以曲全其不得已之心。苞之孝非常也,變也。人移孝以作忠,苞移忠以作孝,事不同,其義一也。①

士君子生當盛世,進而登朝,拜手賡歌,退而升堂,稱觥介壽,亦誰非忠臣?誰非孝子?此而夸耀於苞,以苞爲不孝,吾亦何説?至於處苞之時,行苞之事,吾恐有求爲苞而不得,求爲苞之一節而並不得者矣!② 則苞不且賢於王陵,母不且賢於陵母乎?曰:是固然。陵始以兵屬漢,漢事之成不成,未可知也。設有不幸而忠無由盡,陵不且先失其孝,母不且虛喪其生耶?③

若方氏責苞出數十萬金,賂寇以請母,此直癡兒之見耳。無論苞之清風亮節,固無從得賂金;遼西以貧寡邊地,亦安從得此數十萬以賂賊?而流俗習尚如是,無惑乎世之言忠言孝者圖事未成,而動欲出數十萬以爲賂也。死而有知,又何面目見威豪乎?

　　逐層翻駁,純以理勝。合上、下篇,義始完足。此題頗多佳篇,大都慮事周詳,析理精當,足以刊定前人謬説,有功史學,實有功名教,其裨益於世道人心者,非淺鮮也。

前　題

劉昌奎

從來求忠臣於孝子之門,謂移孝可以作忠。而孝子之盡忠,雖曰天性純篤,亦有成於義方之訓者。④ 觀漢趙苞之破鮮卑,而深歎

①旁批:"名論,可補《孝經》之闕。"
②旁批:"凡後世肆口詆苞,爲之設計全母者,任官遭變□至□□□□。"
③旁批:"論王陵事極當。"
④旁批:"以母爲主,探驪得珠。"

其母之賢矣!

當苞爲遼西守,是致其身於君,受君之重任也。遣吏迎母,欲以君禄奉親,稍盡子職。不意道經柳城,值鮮卑寇鈔,劫質其母,載以擊郡。在賊之計,本謂以母示苞,使苞驚懼,不忍舍母,必舉城來降。即趙苞之母亦必涕泣呼號,謂苞不可攻擊,以致其死。乃苞出戰見母,謂昔爲母子,今爲王臣,於義不得顧私恩,毁忠節。其母亦慷慨遥謂:"人各有命,何得相顧,以虧忠義?"苞於是進戰,破賊,母亦被害。後世論苞者,謂苞急於王事,不能全母,似失輕重之宜。

嗚乎!是但以苞論苞,而未由其母以觀苞也!是但責苞不能全母之命,而不知苞隱能慰母之心也。何也?大凡父母之教其子,教之於處常猶易,教之於生死交關之際則難。君臣之義,苞受庭幃之訓久矣。而母臨危數語,若是其磊落,非善於教子,義不顧身者能如是乎?① 吾想苞母之意,必欲苞義不顧親,奮力擊賊,以盡臣職,以副親心,乃可謂孝耳。向使苞於斯時,不忍母死,舉城以降,安知其母不憤怒切責,謂苞忘君從賊,不識忠義?如此不肖,羞與相見!② 至如徐庶之欲救其母而反速母之死,是不能救母之命,罪猶小;不能慰母之心,罪乃大。不能慰母心於生前,猶可悔;不能慰母心於殁後,實難追也。③ 乃苞卒能不負君恩,謹遵母訓,殄滅寇賊。厥後自謂食禄避難非忠,殺母全義非孝,無面目立於天下。

嗚呼,苞固抱恨終天矣!吾知其母必含笑地下,曰:"幸哉!有子如此,可謂孝已。"故苞此舉,忠固人所得而知,而孝則人有所未知也。不能全母固可得而責,其能從母不可得而訾也。④ 繩以孝道

① 旁批:"明眼人讀書,得聞一經道破,便覺確切不易。俗子閉目張口妄議古人,只是不善讀書耳。"
② 旁批:"推勘此層,尤足破庸人之見。謂苞可以城降者,愧汗無地矣!"
③ 旁批:"後生誦此等文,當知讀史貴具隻眼,勿徒作前人應聲蟲也。"
④ 旁批:"收處層層周到,老吏斷獄,鐵案如山。"

之大,謂苞爲事親之孝則不可,謂苞爲從令之孝則可。且他人謂苞
爲孝猶不可,必其母謂苞爲孝乃可。

　　闡發的當,足以表章賢母,而威豪之賢因之而見。人品
　　定,而浮議可息矣。

前　題

楊汝彬

　　大凡委屈調停之説,最足以墮心志而敗名節。千古豪傑之士,
往往因轉念之差而遂留終身之憾者,豈非引決不早。貽之累哉![①]
夫忠孝爲人生之大節。既爲人臣,義不得顧私恩,理固然也。王事
靡鹽,不遑將母,承平將事之臣,尚且宜然;況當戰陣決機之時,生
死呼吸,間不容髮,邪正賢奸,判乎俄頃。顧欲求其兩全,豈可得
乎?[②] 觀於趙威豪之事,而知之矣。

　　威豪名苞。靈帝熹平六年,苞爲遼西太守。遺使迎母,道經柳
城。值鮮卑入寇,苞母及妻子皆被劫。載以攻郡,挾母示苞。苞初
時見母悲號,既母子各勉以大義,遂進兵破賊,而母遇害。

　　程子謂以城降賊而求母生,固非,然亦當求生母之方,奈何不顧
而遽戰乎? 徐庶於此,蓋得之矣。方氏孝孺又謂棄母以全城,與全母
而棄郡,其爲非義則一也。權其輕重,使不兩失,惟達於義者能之,惜
乎苞之不足以及此也。不知庶在當陽,與昭烈君臣之分未定,故母重
而身輕;苞守遼西,臨難致身,與城存亡,豈城輕而母重?[③] 斯二子

---

　　①旁批:"名言至論,喚醒聵聵。"
　　②旁批:"引經適當,推勘處俗腸利口一掃而空。"
　　③旁批:"析理甚明,足見前人之謬。"

者，易地皆然。使庶而處苞位，亦將舍郡以全母乎？若方氏所云，尤非定論。"上不失親，次不失職"之說，此在幸無患難之日則然；若賊既臨陣，挾其母以要其子，豈智取利誘之所能施其計乎？

漢高祖上之心，惟漢高自知之，而他人不喻也。設使高祖當日卑詞厚幣以請太公，吾知項王益得挾其父以制高祖之死命，而太公之生還與否，未可知也。惟屬辭以折之，戰勝以威之，使敵人知懼，庶乎歸親請和，而後卒得兩全，遂爲父子如初。此高祖之苦心，而爲苞之所窺也。惜乎苞無料敵之明，而鮮卑逾於項王之忍，故苞母不幸而遇害。然而苞終得其兩全焉，何也？彼固以死報其母者也。竭力以全城，忠也；致死以報母，孝也。忠孝之人，夫豈可以成敗論哉？①

若夫非忠非孝，必求兩全之說，在苞之自責可矣，持此以責苞則不可。天下事求其兩全，未有不兩失者，豈首鼠兩端之人而轉得謂之忠孝乎？況苞已全忠孝於不兩全之地乎。

文有膽識，筆掃千軍。

前　題

趙　荃

漢趙苞守遼西，以全城之故，不得全其母。後儒以不孝罪之，此委曲求全之說也。然吾嘗審乎事勢，酌乎事理，而知苞之於母，有萬難求全者。

夫鮮卑入塞，以萬餘入寇遼西，掠野之後，利在得城。既劫苞母，載以擊郡。苞有守土之責，安得不出戰？苞出戰，而賊出苞母相示，意在脅苞來降而取郡。苞不降，則必憤怒，將害苞母，並欲殺

①旁批："平允。"

45

苞而屠其城。是故苞戰，則其母必死；苞不戰，而其母矢志全節，亦必死。且不惟其母死，不戰則城不可守，身犯不韙，苞亦無以自保。苞惟籌之至熟：與其不戰而母死城亡，不如戰則母雖死而城猶可以圖存。於是始甘受殺母之名，以急王事。其用心亦良苦矣！

或曰：以城降賊而求生其母，固不可矣；然亦當求所以生母之方，必不得已，身往降之可也。不知鮮卑所爭者，城也；苞與母不足以厭其心也。苞既以身降，則守城者無人，無異以城降矣。此其勢之不得不戰也。

或又曰：彼鮮卑者眾多，而可以計取；性貪，而可以利誘。誠使當時形勢有計可取，有利可誘，苞豈無良，竟忍閟其計，惜其利，而不顧其母哉？無如言計，惟有力戰為上。言利則微祿所入，何能出數十萬之賮？況夷德無極，雖得吾利，其從不從尚未可知，此其勢之又不得不戰也。勢不得不戰，則其母遂不得不死，而苞之功於此著，即苞之罪亦於此彰。觀苞之悲號謂母曰："惟當萬死，無以塞罪。"苞固明明以罪自任矣。

嗟乎！事勢之艱，每有事理不能兩全者，此吾所以為千古之忠臣孝子太息也！

　　準情度理，駁正謬說，是不朽文字。

前　題

王啓文

鮮卑寇遼西，道劫太守趙苞母。載母擊郡，是欲挾以要苞也。為苞計者，將若之何？夫君親並列於綱常，忠孝同根於性分。世未有能輕重之者也，全此則害彼，全彼則害此，豈非天下之至難，而君子所當求全乎？

曰：是固不能苛求也。事變之來，出於不意。無是事，則無是理；有是事，即有是理。理豈有歧出者哉？若苞所遭之事，理無兩全者也。既無兩全，必求一盡。苞既拜太守之命，即有守土之責，存亡共之，理也。不幸而母被敵劫，欲兩全，必兩敗。

夫敵既挾母以要苞，必求遂欲而後已。遽戰而母不還，恐不戰而母亦未必還也。矧兩陣相當之際，母猶遙勉以忠義？是古之知大義者，莫母若也，獨樂其子廢義救己耶？苞此時含涕進戰，可謂善體親心者也，可謂善承母志者也。

然則謂苞捨母全城，移孝作忠，忠之理即孝之理也可；謂苞母為君守節，苞即為母全節。苞之心即母之心也亦可。君子於此，而歉苞之事不可訓，苞之心則可原。論苞者，盍原其心？

慮周藻密，筆亦老潔。

前　題

李學仁

人有不幸身遭變故，事難兩全，如西漢王陵、東漢趙苞、後漢徐庶。此三人者，皆以事漢之故，母陷賊中。而苞棄母全城，以其有官守之責也。

夫苞奉天子命，守遼西城，失城則不忠；而苞母既陷賊中，失母則不孝。故苞之全城，忠矣；而其棄母，則非孝也。

夫苞所遭之鮮卑，夷狄也，盜賊也。夷狄盜賊並貪貨財，彼豈真有王霸之略，不可利誘，不可計取者？又豈真有孫吳節制，如岳家軍山可撼而軍不可撼者？吾以為必可利誘而計取也。且遼西與鮮卑相距二千餘里，彼率萬人入寇，其勢不能久留。彼方挾母要求，其勢不至於遽殺。為苞計者，羸師卑詞以驕之，堅壁臥鼓以老之;待彼氣沮意消,然後啖以重利,而與彼議和,彼必歸母。母歸之後,以奇兵潛繞賊後,夾擊之,邀截之,夫何患不能公私兩全也? 倘賊必挾母而始終不還,吾馳報天子,別遣良將守城,而吾屯重兵於城下,以與賊約:還母,則予以重利;不還母,則與之死鬥。彼知還母不還母,均不可以得城。而還母則得利,且免禍;不還母,則失利,且受禍。還母宜矣。① 倘仍不還,守城有替人,吾隻身入賊營,與賊乞母,如申包胥之哭守秦庭。母存與存,母亡與亡,則母之存亡未可知也。趙苞計不出此,蒼黃進戰,遂殺其母。

夫人臨小利害事,猶必熟思而審處,況君父之難乎? 苞果欲全其母,熟思審處,未嘗無策,奈何急與賊戰,不能緩之須臾,致抱終天之憾。於忠雖無愧色,於孝實有慙德。至嘔血而死,以報其母,於孝無補,只益母心之痛耳,是又可以無死。死傷勇者,宜乎《綱目》不書其死也!

　　責苞棄母,持論近苛;爲苞畫策,卻非腐談。層層設想,皆中機宜。臣子猝遭變故,未有不欲忠孝兩全者,苦爲時勢所迫耳。倘事容緩圖,而諮諏善道,此文可當借箸之籌。

伊呂優劣論

李　坤

余讀《史記》殷周本紀、齊太公世家,不禁喟然歎曰:"世之伊、呂並稱者,以其勳業相埒耳! 至於學術,呂非伊之匹也。"②

---

①旁批:"設想好極! 有此安頓,苞釋重負,而賊望絶矣。他卷亦有見及此者,不及此之事理詳盡也。"

②旁批:"伊優呂劣,萬世公論,文亦發揮透闢。"

伊、吕之相其君，均經數世。伊以堯、舜之道事湯，未聞導以陰謀陽善傾夏政也；伐夏救民，而鳴條誓眾，未嘗詳數桀罪醜詆之也；桀戰敗績，放南巢而不戮，未見矢射劍斬懸首太白也。而湯猶若有慙德，謂非學於伊而聞大道，何以有此？湯之孫不肖，伊是以有桐宮之放。然使吕爲之，而人必不信，何則？素秉陰謀，其志叵測也。文不幸得吕，使武王奉之爲師。而文以三分有二之眾事殷，武以三分有二之眾伐殷，是伊能教湯之孫以克肖，吕轉教文之子以不肖也。①

或者謂文王時，周之陰權皆宗太公。文固有翦商之志，特大勳未集耳。不知吕遇文時，年已七十餘，日暮途遠，詎不望大勳之早集？其未集者，殆文有以制之耳。文又不幸先吕死，武信任吕，以臣伐君，卒隳臣節。此文之所以不能無憾也。②

然豈獨文已乎？吕嘗著《六韜》，言兵權奇計。其治齊則五月報政，急功近利，皆爲霸者開其先。至霸者之術行，而王者之道墜矣。故不惟文有憾於吕，即堯、舜、禹、湯，亦不能無憾於吕也。孟子聖伊而不及吕，兵家祖吕而不及伊。烏乎！此亦見二臣之優劣矣。③

善用辣筆，文家能品。

---

①旁批：“擇要對勘，劣跡畢露。”
②旁批：“蹴起一波，筆勢不平。”
③旁批：“更上一層樓。”

漢三傑優劣論

李　坤

　　有漢三傑，蒙意優蕭、韓而劣張良。① 聞者咸斥其妄，以爲何獄信誅，良從赤松子游，《詩》曰“既明且哲，以保其身”，良也有之，優矣，何劣？而吾綜核生平，良蓋矢志於報韓，而借力於事漢，在三傑中，有獨見爲劣者。

　　古純臣盡忠事君，無所趨避，是以心君之心，身君之身，寵榮惟命，死辱亦惟命。以君多猜，而潛身遠害，是乃戰國智巧之士之所爲，開後世全軀保妻子之風。人人慕效，君必孤立於上，誰與共治天下乎？②

　　今以三傑事勘之。何自吏掾，至爲丞相，無日不心乎高帝，身非所計也。至置衛賜勞，禍將及身，猶殷殷以撫循關中爲事。論者謂微召平之謀，早殆。蒙謂：即召平不謀，不過高帝負何，何詎負高帝哉？信之反，後儒多辯之。蒙亦不然遷、固之説，蓋非獨奪符不叛，武叔説不動，僞游就執，可信其心君之心，身君之身也。信果反，必自戒備，縱何來紿，必不往，往必不反。然因奪爵觖望，究不得謂無罪。若夫良，韓臣也。報韓事畢矣，不惟身非漢之身，即其心亦豈以漢爲心哉？③ 何心君之心、身君之身而幾於純者也！信身君之身、心君之心，而未盡純者也。良心良之心、身良之身，特藉漢以雪其心之憤憤。雪而身仍自有之，非漢所得榮寵死辱之者也。④

---

①旁批：“創論實確論。”

②旁批：“孫武范蠡之徒既非伊周龍比儔侶，亦不中为奴僕。”

③旁批：“辣句。”

④旁批：“分風擘流之筆。”

蒙故優何以爲人臣之鵠，信次何後，俾知所戒，而獨劣夫良，將以退天下智巧之士全軀保妻子者。① 惟報韓一節，合《春秋》復讐之意，吾儒所當師法爾。②

　　楊龜山謂子房志在報韓，事漢非其本心。文本此説立論。子房心事和盤托出，於三傑中獨見爲劣，意在借子房以斥智巧之士，非同蚍蜉撼大樹也。識此意者，可共欣賞此文。

張良、李泌優劣論

熊廷權

　　爲能臣易，爲純臣難；爲英主之能臣易，爲庸主之純臣難。英主而用臣之智易，庸主而諒臣之愚難；臣之智而爲英主爭天下則易，臣之愚而爲庸主爭家事則難。世有能爲其難者乎？吾知其過人遠矣。

　　漢之張良，唐之李泌，皆以智稱者也，皆以智而爲人爭天下、爭家事者也。然良之爭，一出以智，泌則智而愚者也。何言之？當韓之亡也，良始以機謀權術佐高祖取天下。五年之間，遂成帝業，不可謂不智矣。鄴侯歷事三朝，皆爲權倖所嫉，而卒以知幾得免。藉非泌智，何以能此？然以肅宗之殘刻，代宗之優柔，德宗之鄙暗，其父子兄弟間有非他人所敢預者。泌也周旋其間，不避險阻，不計禍福，時以戇直之言感悟人主，殆所謂智而愚者，非邪？

　　吾嘗謂張良，能臣也；李泌，純臣也。於何辨之？於其智愚之間辨之，且即於其所爭之大小辨之。智與愚孰愈乎？人必曰智愈

---

①旁批："持之有故，善占□步。"
②旁批："收筆放活，寔古法。"

矣。爭天下與爭家事孰大乎？人必曰爭天下大矣。吾何取乎？吾取其智，吾更取其愚。愚何取乎？吾取其能爭，吾更取其能爭家事。

且夫天下者，功利之所存也，爭之以智，不如爭之以德；家事者，綱紀之所繫也，爭之以智，不如爭之以愚。爭天下以智者，利天下者也；爭家事以愚者，扶綱紀者也。經曰："家齊而後國治，國治而後天下平。"天下有綱紀不正而能長治久安者乎？則爲人爭家事者，即爲人爭天下者也。吾故曰：難也。人曰良之招四皓以存太子，使高祖涕泣以止。高祖之涕泣，惜趙王之不立也。則爭之以智，實脇之以勢耳。泌以哭諫存太子，使德宗涕泣以止。德宗之涕泣，痛子誦之幾冤也，則爭之以愚，實感之以情耳。

且泌之爭家事也不一。肅宗欲以建甯爲帥則爭之，爭父道也；以良娣正位中宮則爭之，爭夫道也；建甯請除良娣，肅宗欲急立廣平，皆爭之，爭子道也。至立姪之爭，使上以爲此朕家事，何預於卿，而力爭如此？嗚乎！此可以見泌之愚，此可以見泌之非真愚也。情也，情而出之以誠，故愚也。彼留侯雖智，而使高祖有烹父分羹之忍語，即曰用詐，亦何取於詐哉？

總之，爭天下以詐，則無往而不見其詐；爭家事以誠，則無往而不用其誠。智與愚較，則智優於愚；詐與誠較，則誠優於詐。詐者或可以爭天下而必不可以爭家事，誠者可以爭家事而並可以爭天下。智易於愚，而誠難於詐。爲其易者曰"能臣"，爲其難者曰"純臣"。人亦求爲純臣焉，可矣！

　　論由甯武子"愚不可及"悟入，對勘深細，綜核詳明。其筆勢之縱橫矯健，頗與魏叔子相近，辯才也。

温陶優劣論

李慶霖

蘇峻稱兵犯闕，遷帝石頭，幾移東晉一綫之祚，幸賴温嶠、陶侃合兵進討，逆峻伏誅，有撥亂反正之功，無渾、濬爭功之嫌，固未易軒輊也，亦何從而判其優劣哉？

然即以討峻觀之，侃之視嶠，非惟識量之不及，抑亦忠誠之弗逮也。方兩人之領外鎮也，侃之威望較嶠為尊，嶠之兵力較侃為弱。乃嶠聞峻反，即首建義旗，而侃漠然也。其所以觀望不前者，以有憾於庾亮，遂視君之宗社人民幾同秦越。乃心王室者，固如是乎？嶠説再三，侃始遣龔登一旅，猶欲追還。苟非王愆期，以豺狼得志，公無容足之説進，吾恐戎服登舟，兼程而進，仍難必諸侃也。相持既久，嶠軍乏食，勢不能不貸於侃，而侃怒，欲西歸。區區米粟，能值幾何，而甘棄垂成之功，有識量者又如是乎？

蘇峻既破，當誅任讓。侃以有舊，猶復為請，是以私情為重而國家憲典視之蔑如，公忠體國者，諒不如是。而尚以蘇武節嘲王導，是猶五十步笑百步耳。導心固不可問，侃心獨可問乎？

侃督八州，治績或優於嶠，然大節有虧，其餘不足觀已。吾故曰：侃之視嶠，非惟識量之不及，抑亦忠誠之弗逮也。

　　詳核允當，是為合作。

前　題

楊覲東

溫、陶之優劣何判乎？於平蘇峻之亂判之。

晉成帝初年，蘇峻糾祖約反。建康失守，乘輿播遷。此社稷存亡之秋，臣子肝腦塗地之日也。乃溫嶠邀陶侃同赴國難，侃猶以不預顧命爲恨。及討峻石頭，嶠軍食盡，貸於侃。侃復怒，欲西歸。爾時無嶠和衷共濟，陣斬逆臣，則義旗回指，人心瓦解，成蘇氏之亂，以傾大晉基業者，必侃也。以視嶠之進不避難，退不計功，赤心報國，大度包荒，其優劣爲何如耶？

秦漢而下，諸葛孔明爲忠義之冠，曹操爲姦人之雄，二臣若冰炭之不相入。晉尚書梅陶於陶侃事津津樂道，而猥以孔明、曹操相比□忠姦爲一人，意以侃爲優，適見其劣耳。此又陶之不待與溫較，而其劣自著者也。

老潔。

詩人李杜優劣論

錢用中

李杜詩皆大家，一飄逸，一沈鬱，各造其極。而杜集大成，較李爲優，前人論之詳矣。至其爲人，孰得孰失，品評者互有低昂，迄無定論。茲據史籍所載，李知郭子儀，杜不知房琯，論其優劣，可乎？

天下莫難於知人，而風塵物色，預知他年將相則尤難。天寶之初，海內乂安，子儀無所表見。李遊并州，一見奇之，救免其罪，貰死得生，後爲有唐一代偉人。李之知人，可謂明矣。輕薄子爲之說曰：“李一詩人，爾既無聖賢學問，又無英雄器識，何能知人？其救子儀，特事機偶中也。”曾亦思李當國家閒暇時，如夏侯嬰、蕭何救韓信死，豫爲他年平安史、回紇、吐蕃、僕固懷恩諸亂，儲一大將才，再造唐室中興，論功當爲李首屈一指。說者鄙其爲詩人，此正見詩人之奇。

杜爲詩中之聖，而不知房琯，對李滋愧矣。房琯盜虛聲而無遠謨，杜與訂布衣交，聞陳陶斜之敗，上疏救琯，乞仍留琯爲相。幸而肅宗不從杜言，卒免琯官，專任李泌耳。若仍用琯，久同平章，勢必至如西晉之王衍、東晉之殷浩，重誤軍國大事。是李之救子儀，全見其功；杜之救琯，只見其過。兩人優劣，不已較然可覩哉！

嗚乎，知人則哲，堯舜猶病，矧在後賢。三代而下，光武帝之信龐萌，諸葛公之任馬謖，司馬公之喜蔡京，張魏公之薦秦檜，皆其蔽也。帝王將相之賢者，且暗於知人，於杜何足深責？而李賞鑒之精，迥出光武諸人之上，未可以尋常詩人視之也。

李杜優劣，實難立論。此文以知人一節暢發其旨，兩人優劣於此遂判，可謂善求題閒。

駮趙順平侯國賊論

熊廷權

漢昭烈帝伐吳，趙雲諫曰：“國賊曹操，非孫權也。”斯言也，以操爲國賊，操誠國賊矣；以權爲非國賊，權豈真非國賊哉？是不可以不辨。

夫權固漢室之賊臣，亦孫氏之賊子也。赤壁之役，老瞞褫魄。使權舉江東之眾，與昭烈帝合謀併力，越荊、襄而抵中原，則漢賊可除，漢室可興。不然，關侯威震華夏，漢事將成，權與昭烈仍敦和好，爲漢作犄角之勢，使得盡力於北伐，是亦大漢之功臣。何乃昧討賊之義，棄同仇之約，襲取荆州，斷害關侯？降心俛首，稱臣曹氏，謂非國賊，其誰信之？抑聞丞相亮之言曰："權有篡逆之心久矣。國家所以略其釁情者，求犄角之援也。"夫以亮之智識，而謂權久有篡逆之心，則其爲國賊也無疑矣，而雲猶欲庇之哉？

或曰：雲之爲是説也，誠有見於伐吳非利，故謂權非國賊，而勸昭烈以圖魏爲先。務帝不聽，宜其有秭歸之敗矣。雖然，吳未可伐，雲固識時務者；謂權非國賊，雲則非知大義者也。且利者爭一時，名者爭萬世，以一時之成敗，滅萬世之是非，恐權以國賊而逃《春秋》之筆。後世爭利如權者，得且肆無忌憚，不知名義之爲重矣。豈非雲之説有以導之歟？

然則何以謂權爲賊子乎？曰：權父兵討逆卓，修塞陵寢，魯陽流涕，思救社稷；兄策歸定江東，書絶逆術，治兵襲許，謀迎漢帝，忠壯之烈，並傳人口。權承父兄之業，不能繼父兄之志，屈身忍辱，黨惡附勢，以致當塗成篡國之謀。吳蜀啓覆國之漸，則甚矣。權非獨漢室之賊臣，亦孫氏之賊子也。

有深警之筆，無陳腐之詞，駸駸欲度驊騮前矣。

前　題

趙　荃

漢昭烈帝忿關侯之殁，自將伐吳。趙雲諫曰："國賊曹操，非孫權也。且先滅魏，則吳自服。"又曰："不應置魏，先與吳戰，兵勢一交，不得卒解。"此順平侯審乎事機之言也。

而吾嘗準乎事理，而知漢有國賊之患。既患魏，亦且患吳。患魏而未能遽滅，不如先圖吳。去吳，所以翦魏翼也。蓋當是時，吳與漢背約，甘心事魏，則曹操固國賊，孫權又一國賊也。荊州之爭，江陵之襲，爲禍烈矣。昭烈平日欲伸大義於天下，烏能恝然忘之？則不得不率師伐吳。而順平侯據事機以爲諫，無惑乎昭烈之卒不從也。彼豈知吳之當伐，乃理勢之必然，人情之所不容已哉？

假令漢兵之出，寡不敵眾，吾意昭烈尚欲背城借一，奮其武怒，以雪前恥，況連營至七百里？則力本足勝吳。未幾，而猇亭之敗，竟折辱於孺子之手，此則天意爲之，遂使順平侯之多言偶中也。不然，兵勢一交，不得卒解之故，昭烈豈未能見及之？特不可顧事機而使大義不伸耳。

或謂順平侯所諫，與孔明所謂"吳可爲援"之旨合。何此伐吳之先，孔明獨不一議其可否乎？曰：孔明固非不準乎事理而徒審乎事機者也。《後出師表》曰："漢賊不兩立，王業不偏安。"即不伐賊，王業亦亡。與其坐而待亡，不如伐之。噫，此孔明所以輔後主也。豈相昭烈時獨不然乎？然則孔明之不諫，其高出順平侯遠矣！

　　舍機言理，大義昭然。而議翦魏翼，亦未嘗不合機宜也。

前　題

趙永鑫

後漢章武元年，昭烈帝恥關侯之歿，欲擊孫權。趙順平侯諫曰："國賊曹操，非孫權也。滅魏則權自服。"斯言也，揆度事機，固非不識時務者所能言，亦非胸無勝算者所敢言。雖然，余嘗有疑焉。

夫以國賊罪曹操，固見持論之甚正；以國賊罪曹操，而不罪孫權,則覺持論之不公。何也？孫權世荷漢恩,席父兄之業,奄有江表,當與先主同心戮力,聲罪討賊,伸大義於天下。夫何忘同仇之誼,自逞戈矛？矜襲取之能,喪其脣齒,甚至甘心降賊,遣梁寓入貢,稱臣於操;稱説天命,勸操稱尊號,此非國賊之大者乎？烏得但罪曹操而不罪孫權乎？故朱子曰:"學者但知曹操之爲漢賊,而不知孫權亦漢賊也。"

若孫權有意復漢,當與先主併力合謀,同正曹氏之罪。如何見其威震華夏,便害關侯？故《綱目》於呂蒙襲取江陵,書曰"權使";於潘璋殺關侯,書曰"權邀斬之"。所以歸罪孫權,明其無翊漢之心,有助操之惡耳。然則趙順平侯國賊之論,但指曹操,亦謬矣哉!

　　論識體要,筆亦簡潔。

駁蘇氏《范增論》

趙　荃

宋蘇氏論范增之去,當於羽殺卿子冠軍時。吾以爲非也。

夫宋義久留安陽,以私害公,士卒怨謗,其罪當誅。即沛公亦欲斬其首,非獨羽之擅殺也。蓋欲代將,代將則楚興;楚興,則亡秦之機已兆。故有識者觀於鉅鹿之戰,而知天之所以興羽也。且鉅鹿之戰,楚兵勇冠諸侯,威武紛紜,增方運策之不暇,曷爲去哉？

然則增之去宜於何時？曰:必在坑降卒、屠咸陽之時也。當此之時,羽逆天道,失人心,殘刻不仁,不務安輯秦民,而收寶貨婦女以東,遂使秦人怨入骨髓,而沛公得以還定三秦。此楚之所以敗也。嗟乎！曾是嗜殺如羽,尚可與之共事以定天下乎？增號爲智士,應有先見之明,此時宜去無疑。而蘇氏謂增之去,當於殺卿子冠軍時。君子於殺卿子冠軍時,皆稱羽功,不爲羽罪。羽既無罪,則知增必不能無故而去矣。

沛公嘗曰："羽有一范增而不能用。"吾謂羽即用增，無救於楚。增即不去，楚亦必亡。何也？方增事羽之初，以韓信之才，陳平之智，在楚軍中有年矣。而增未之知也，不能援進賢之典，言於項王而用之，卒使去而歸漢。夫二子歸漢，則漢必日盛，楚必日衰。楚所以日衰者，以信與平去，而楚無人也。范增即在，將何補乎？早能審機觀變，知項王之暴虐，必非真主，辭歸，以保七尺之軀，猶不失爲智士耳。吾故曰：增之去，必在坑降卒屠咸陽之時也。

> 前半即孟子"不嗜殺者能一之"之理，後半即漢高論三傑之意。旰衡往事，頗能高著眼孔。

前　題

秦光玉

蘇子瞻作《范增論》，責增不當去於陳平離間之日，當先去於羽殺卿子冠軍之時。余意不然。

夫冠軍見殺之時，增固承王命而救趙者也。《詩》曰："王事靡盬，不遑啓處。"傳曰："違命則不忠。"增於此時去之，不將犯違命之戒而致王事之敗乎？子瞻又責增曰："力能誅羽則誅之。"夫羽豈增所能誅者？增欲誅羽，必至舉兵相攻。增是時與羽攻强暴之秦，救新造之趙，而乃自相攻擊，則增、羽有鷸蚌之爭，秦章邯收漁人之利，其禍可勝言哉？

然則當以何時去？曰：其在羽弒義帝時乎。夫義帝，項梁之所立，而范增之所教也。增既勸立義帝，則義帝者項氏之主，亦即增之主。羽殺之，是弒君也，是增所不共戴天之讐也。當此之時，即子瞻所謂"力能誅則誅之，不能則去之"者，而增顧隱忍而不發，何耶？

　　吾嘗謂范增，項氏之忠臣，而義帝之賊臣也。當其勸立義帝，特爲項計，而非爲帝計。故其後遷義帝而無言，弑義帝而不去，非賊臣而何？其盡忠項氏，不如陳平、韓信去楚歸漢，有擇木而棲之智。高帝稱信爲人傑，洵無愧矣！子瞻亦以人傑目增，豈非過情之譽歟？

　　立意正大，詞亦簡淨。

漢高帝定功臣十八侯位次無
張良陳平説

熊廷權

　　□留侯張良、户牖侯陳平者，高帝所賴以取天下者也。庚子六年，詔定元功十八侯位次，而良、平皆不與。豈謂良、平之功不足與十八人相埒哉？

　　非也。張良起自下邳，以智謀爲漢家畫策臣，誠高祖所謂"運籌帷幄之中，決勝千里之外"者；而平亦以過人之智，凡六出奇計，爲漢謀臣之冠。是二人者，與蕭何、曹參爭烈矣。而説者謂二人不與元功之列，以其坐而謀議，不履行陳故也。雖然，蕭何居十八侯之首，高祖所謂"發縱指示"者，非即取其謀議之善乎？執是以貶良、平，而良、平不受也。

　　或又曰：良之智，則託於神仙；平之智，則流於譎詐，非蕭、曹比也，高祖擯之，宜矣。不知高祖網羅豪傑，招亡納叛，但取其才耳。神仙與譎詐，奚足爲良、平病哉？

　　然則有説乎？曰：良、平之功大矣，良、平之智亦大矣！功大者，不居其功；智大者，善藏其智。吾謂良、平之不與其列，良、平之辭之也。當高祖使良自擇三萬户時，良辭曰："陛下用臣計，幸而時中。臣願封留，足矣。不敢當三萬户。"及封陳平爲户牖侯，平亦辭曰："非臣之功也。"夫以一侯之封，而二子皆辭不居功，則夫當日之所謂元功者，二子肯廁身於其閒哉？吾故曰：良、平之辭之也。

何辭乎？高祖之駕馭功臣也，以爵賞爲牢籠之計，而位愈高者身愈危，功愈大者禍愈烈。君子觀於韓、彭菹醢，而後知高祖之爵賞，釣者之餌也。良、平智謀之士，豈復貪其餌哉？且高祖詔定元功之舉，安知非即良、平教之乎？何者？高祖於爵賞爲最吝，故伯氏之子以嫂之戞羹而靳封；而項羽既滅，受封者僅二十餘人。迨至諸將爭功，沙中偶語，而後以子房之説，爵諸將爲列侯；至是而又詔定元功，非良、平有以教之，而高祖肯爲是數數之舉哉？

然則高祖此舉，蓋用良、平之説，而更以餌投諸將也。諸將不知，而甘之；良、平知之，而肯自食其餌哉！且高祖亦安能更以此餌良、平也？其後蕭何以請苑而見繫，樊噲以被讒而受囚，而二子竟得以榮名終，斯豈非不居功之故哉？

《詩》曰："既明且哲，以保其身。"良、平有焉。

紆徐澹折，獨抒所見，視攟摭陳言者遠矣！

卷三　史學

舜五臣皆有天下辨

張　鎮

《魯論》云：“舜有臣五人而天下治。”治天下者，五臣也；有天下者，舜也，而五臣不與焉。然繼舜之後，揖讓相傳，孰不應有天下者，不觀夫舜薦禹於天而天受之乎？禹非五臣中人乎？向使堯之時無舜，天下未必不爲禹有；禹之時無啓，天下未必不爲益有；益有之，未必不讓稷；稷有之，未必不讓契與皋陶。蓋天下爲萬姓之天下，而實謬矣。合觀諸説，然後知皋陶不惟有後，且有天下也。

難之者曰：“伯益果爲皋陶子？當楚滅六蓼時，秦方盛於西陲，文仲何云‘皋陶不祀’乎？”予應之曰：“文仲偶有所感，因有‘不祀’之歎。豈嘗考秦世系確然無疑乃發此言乎？況‘不祀’之言出於文仲一人，而言伯益爲皋陶子者出於眾人。考古不從眾言，而從一人之言，惡乎可？且吾謂皋陶有後，以有天下，信之於《書》，而實信之於理。夫刑者，萬民之命所繫也，古今來刑清而民服者，鮮矣。矧曰：‘刑期于無刑。’徒虛語耳。惟皋陶明刑弼教，四方風動，民協于中。舜曰：‘罔干予正。’皋曰：‘不犯有司，刑措之休。萬世一見，其保全臣。’庶功德最優。功德優者，報施亦優，揆之於理，當有天下，何待伯益之後代周而王？始信其有明□耶。”

難者听，然笑曰：“子言代周而王者，非始皇乎？始皇以無道主，挾兵力取天下，旋得旋失，視稷、契之有湯、武，百凡懸殊。其有天下，謂之不有可也。”予曰：“不然，天有顯道，厥類惟彰，五臣皆有大功德。天既以天下與禹、稷諸臣，何獨不與皋陶？故夫無道如始皇，萬萬不能有天下，而天以皋陶之故，必使之履至尊而制六合，以明祖有大善，必降大祥於其孫。至始皇無道，罔有悛心，天所予者，旋即奪之，以明孫有大不善，必降大殃於其世。降大祥者與禹、稷諸臣，同膺盛名；降大殃者與桀、紂、幽、厲，同受惡名。究竟天何容心哉？凡以彰報施之顯道而已。而人妄歎皋陶無後，且以刑官爲戒。無稽之言，不足深辨矣。"

難者捫舌而退。因詮次其語，作《舜五臣皆有天下辨》。

題之疑竇在皋陶。文能援據剖析，以釋羣疑，歸宿處斷之以理，尤爲精當。

鄭康成注律令論

錢用中

《後漢書·鄭康成傳》無注律令一事，而《晉書·刑法志》載之。說者遂疑後人僞託，以爲申、韓刑名，儒者不道，豈康成而肯注此？噫嘻，是不足以知康成，尤不足以知律令也。

夫聖世明刑弼教，何嘗不用律令？是故虞、夏、商、周，代有職掌，特出以持平，則爲堯舜之仁明，一有不慎，即爲申韓之苛刻。康成知之，謂："宇宙內事，皆儒者分內事，故於習經籍、通算法而外，留意於用刑一事。嘗取漢氏律令，反覆考訂，久之而我心實獲，著爲章句。以爲苟有用我者，執此以往；否則傳之來茲，後人讀其書，或用其法，未始不可少救民生耳。"後儒以范史佚其事，遂謂儒者所尚，在德不在刑。至以諸葛之治蜀嚴明，罰二十以上，親爲裁決，亦目爲不知大體。及纂修律例，雖間用儒臣參訂，而服古入官之士，平昔未嘗讀律，一旦事權在手，茫然無據。外官則委之刑幕，內官則委之部書，一任其賄賂公行，顛倒是非，而本官未由周知，亦即未由自主。胡文忠曰："六部吏胥，等宰相之權。"又曰："吏胥之天下，不可遽挽。"誠慨乎其言之矣！

雖然，刑者，聖人不得已而用之者也。康成注今雖不傳，意其爲書，必哀矜惻怛，寓生於殺，合於刑期無刑，辟以止辟之義。故曹魏用其法，而人不以爲非。倘後之經生學士但知律令宜嫻，而不得其本意之所存，或至刻覈爲心，著爲書則密網繁文，發爲政則鍛鍊周内，是則酷吏之所爲，不又康成之罪人哉？

夫治世不可弛刑，亦不可濫刑。弛其刑而姑息養奸，此劉璋之所以敗也；濫其刑而暴虐無道，此嬴秦之所以亡也。士君子與人家國，而欲兩矯其弊，一持其平，如孔子所謂"寬猛相濟，政乃大和"者，苟非講求有素，安在躬親其事？即能舉措咸宜，然則康成以儒者注律令，正其所以爲通儒也。

　　圓豈朗健，推說時弊處亦饒深識，卻仍是題蘊所有，非泛騖也。

趙孟頫許衡仕元辨

"頫"音"俯"，與音"眺"者不同

錢用中

元興，趙孟頫、許衡後先仕元，論人者咸非之。吾謂衡可仕元，不可仕者，孟頫也。

孟頫在宋，承父蔭補官，擢參軍，律以不事二姓之義，仕元已謬，況爲宋宗室，目覩趙氏山河淪胥於元？則元者，固孟頫不共戴天之讎也，豈直不可仕已哉！如謂仕以存宗祀，則元待孟頫禄及其身，縱有誥贈，無加於趙氏列祖，非若微子受封，永延先王廟祀也；如謂仕以救世，則孟頫抱負，一文人已耳，縱偶有建白，無大裨益於當時，非如箕子、陳疇有必待傳之大道也。孟頫無可仕元，而竟仕焉。其獻世祖詩云："往事已非那可說，且將忠赤報皇元。"昧良無恥，一至於斯，自文文山輩視之，豈非人頭畜鳴者耶？

許衡則異於是，既非趙宋宗親，又懷之河內人也。自宋高宗南渡，唐、鄧以北屬金人，繼遂屬元。衡生長於懷，未嘗踐宋土，食宋毛，且未嘗仕宋，亦未嘗仕金。金、宋皆亡，元大一統，仕爲元臣，夫何不可之有？而或以仕夷狄譏之，亦陋儒坐井觀天之見矣。孔子不云乎？"夷狄之有君，不如諸夏之亡也。"韓昌黎亦云："孔子之作《春秋》也，諸侯退用夷禮，則夷狄之；夷狄而進於中國，則中國之。"是故君天下而能治天下，君雖夷，亦可仕，"有道則見"之義也；君天下不能治天下，君雖華，不可仕，"無道則隱"之義也。元世祖之混一也，史不嘗稱其"度量宏遠，信用儒術"乎？當日，特旨徵召，官尊祭酒，猶謂衡不可仕乎？況夷主華夏，正賴華人出仕，維持善道。衡已勸世祖行漢法，興教化乎？然則衡之仕元，揆以古今通義而可，繩以天地常經而亦可。厥後從祀孔子廟庭，歷今七百年，更無異議。其易簀時，囑其子勿請謚，勿立碑，蓋謂生平爲虛名所累，亦不欲有身後名爾。後人誤會其旨，謂衡臨終若自悔仕元之不幸，豈通論哉！

夫同一仕元，衡則可，孟頫則不可，此我朝高宗純皇帝御批《通鑒輯覽》所以獨貶孟頫，而於衡卒則具書其官也夫！

平正通達，無支離汎濫之病，亦無依傍挦撦之疵，在諸卷中爲翹楚矣。

駁習彥威以晉承漢論

夏瑞庚

順天應人曰承，廢君奪位曰篡。三代以後，假禪位而篡國，始於曹魏，司馬晉因之。晉篡魏，魏篡漢，史籍章章可考。晉習彥威欲尊本朝，歷引秦漢故實、平蜀事迹相證，且力辨魏不足爲晉之君，晉不宜爲魏之臣，斷之曰"以晉承漢"。嗚呼！是執不通之論，倡爲獎姦之説也。

夫秦漢事實與魏晉不同，秦於周之後極其暴，不啻紂於商之末肆其虐。漢滅秦以承周，不啻周滅紂以承殷。今謂漢可越秦承周，晉亦可越魏承漢，是未思漢積撥亂之功，晉則稔篡國之惡也。

漢祚之亡，雖自蜀亡始，然蜀亡時，司馬氏尚稱晉公；蜀之平雖出於晉，蜀之地仍歸於魏，是漢仍亡於魏。漢亡於魏，晉何從而承漢？如謂魏不足爲晉之君，何以司馬懿甘心爲魏武用？如謂迫於魏武挾制，何以懿既用於魏武時，昭與炎又用於魏武後？既爲魏也用，是爲魏也臣；既爲魏也臣，是不宜篡魏也。位既篡魏也，位安得曰"以晉承漢"？

況乎魏之篡漢，其事顯而易見。晉效尤於魏，其暴更甚於魏。晉之臣魏，雖多非常之功，每助魏主之虐。助魏之虐以篡漢，又因魏之弱以篡魏，是魏僅篡一漢，晉則陰篡一漢而又顯篡一魏。篡一漢者，既名爲篡，篡一漢一魏者，尚欲名之爲"承"，可乎？不可。

善乎！後趙石勒之言曰："大丈夫行事，如日月皎然，終不效曹孟德、司馬仲達，欺人孤兒寡婦，狐媚以取天下也。"勒武人，不好學，其於晉也尚知合魏而共斥其非；彥威名儒，何其識反出勒下？以晉承漢之説，豈其欲獎姦乎？實則不通之論耳。

思鋭能入，筆鋭能出，駁詰處十分透快，題有此文，能事畢矣！

駁李士謙三教優劣論

李文源

儒、釋、道之不可以並列，盡人而知之矣。釋、道之不可以尚乎儒，亦盡人而知之矣。乃《隋史·李士謙傳》載其論三教優劣，曰："釋，日也；道，月也；儒，五星也。"其意蓋以釋、道爲重而儒爲輕也。嗟乎！是烏足爲三教之定論哉？

夫儒之爲教，自舜命司徒，敬敷五典，而親義別序信之經，遂亘古今而不易。蓋其教之大，天下舉無有尚之者也。自老莊談清净無爲，而其徒又創養煉飛昇諸説以誆人，而道教以立。自佛入中國，談空虚、寂滅，而其徒又創輪迴解脱諸説以愚人，而釋教以興。是皆陰主楊、墨，無父無君，別爲異端，非聖人之正教，而乃以三教並列，惑矣！

且以釋道而尚乎儒，則惑之甚也。夫儒者之道，與天地參，謂之天地可也，矧日月乎？若夫釋道之荒誕，其視儒也，若苗之有莠，若粟之有秕，又若物中之有蠹，則謂之莠可也，謂之秕可也，即謂之蠹亦無不可也。茲乃以釋、道並列於儒，且妄分優劣，高視釋、道而卑視儒，是直以怪山冠嵩岱，狂泉障江海也。豈不悖哉！

即以三光論，儒爲日、月，而釋、道亦不可以爲五星，何也？五星雖小，乃陰陽之妙用，流行於宇宙間，故與日、月並列爲三光。若釋道之畔乎儒而爲儒害者，去之惟恐不盡，豈可顯然與儒教並行於天下，爲億萬年人心世道之憂？甚至如士謙之尊崇釋道，蔑視儒教，於是左道邪説隨聲附和，而天主、耶穌、回回諸教皆接踵而起，其流弊不知伊於胡底也，可不亟爲駁正之耶？

發揮透徹，足闊謬悠之口。

屈子從祀孔廟議

李　坤

臣聞古之大人有箕子者，爲紂親戚，諫紂不聽，人曰："可以去矣。"箕子曰："爲人臣諫不聽而去，是彰君之惡而自説於民，吾不忍爲也。"乃被髮佯狂而爲奴，隱而鼓琴以自悲，世傳之曰《箕子操》。孔子稱之曰"仁"。又有伯夷者。武王伐紂，叩馬而諫。及克商，恥食周粟。去，隱首陽山，采薇而食。及餓且死，作歌，有"吁嗟命衰"之嘆，遂死首陽下。孔子賢之。孔子弟子有南宫适者，嘗問孔子曰："羿善射，奡盪舟，俱不得其死，然禹、稷躬耕而有天下。"孔子不答。南宫适出，孔子曰："君子哉，若人！尚德哉，若人！"[1]

有唐開元二十七年，詔從祀孔子廟庭。[2] 臣伏見楚臣屈平，與楚同姓，仕懷王，爲左徒。竭忠盡智，直諫不欺。蔽於靳尚、子蘭之讒，卒以放逐，投汨羅死。[3] 初，平之見疏也，依戀舊君，不忍他去，作《離騷》，冀君覺悟，反於正道而還己也。會懷王入秦，子頃襄王復信讒説，怒而遷之，平乃被髮行吟澤畔，既似箕子。作《九章》，援天引聖，以自證明，終不省。不忍以清白之躬久居濁世，作《懷沙賦》，抱石自沈，又似伯夷。今觀其所爲，《離騷》上述唐、虞三后之

---

①旁批："首段立案，所引三人皆論定于孔子者。屈子事迹與三人相類，故先引三人立案。"

②旁批："添從祀一層，爲本題作引。"

③旁批："入題後夾叙夾議，與前三人印證，無一閒冗語。"

制,下序桀、紂、羿、澆之敗,殆躬敬叔之尚德,而又澤以游夏之文者。① 使生商周之際,孔子論定,當亦必仁之賢之,刪詩見采,則《天問》《招魂》《哀郢》諸篇,作楚風讀可也。②

漢淮南王臣安《離騷傳》曰:"國風好色而不淫,小雅怨誹而不亂。若《離騷》者,可謂兼之矣。"《史記》列傳曰:"其文約,其辭微,其志潔,其行廉。蟬蛻濁穢之中,浮游塵埃之外,皭然泥而不滓,推此志也,雖與日月爭光可也。"蘭臺令史臣固《古今人表·孔子弟子》自政事科以下,皆列第三,甚有列第四者。③ 平繼孟子,與德行弟子列第二。知古人之表尚平者,亦不徒重其文也。④ 敢請配食於孔廟之廡,以爲萬世臣子之懷忠履潔者勸。⑤

世人尊崇屈子,多稱道其文,特末藝耳。至議從祀孔廟,尤忌夸詡詞章。此文著重人品,帶敘文字,比引則以聖言爲據,褒贊則以史筆爲憑,不待加藻飾而尊崇已至,看似平淡,手法絕高。低手爲之,必逞筆舌,揚摧鋪張,益夸詡,益卑弱,文不稱題,惡能令人首肯耶?

邵子論

李 坤

孟子曰:"天下有道,以道殉身;天下無道,以身殉道。"若邵子者,可謂以身殉道者矣! 世徒以未樹功名少之,是直未聞道者之

---

① 旁批:"舉似的當。"
② 旁批:"增句周密。"
③ 旁批:"引人表爲證,尤爲得力。"
④ 旁批:"□筆高超。"
⑤ 旁批:"收亦老健。"

言,不可與論邵子。

邵子方少時,自雄其才,慷慨欲樹功名,於書無所不讀。及至倦遊歸洛,曰:“道在是矣。”遂壹意著書,窮約終老。夫道所以濟天下也,未聞則思樹功名,既聞乃思著書,以垂教後世。豈邵子之所聞者道其所道,非吾之所謂道乎?殆非也。王安石以堅僻之才,得君最專。所立新法,泥古太過,初非有意壞宋也,特當時諸君子不善匡救,激之已甚,故其行之也果。至新法行,如酖酒入腹,鴻水潰隄,雖有善者,亦無如之何矣!況又登進僉壬,投竄正士,天下事尚可爲乎?不可爲而猶爲,是以道殉人耳。彼説書崇政殿上者,果何益於君?何裨於政哉?然此皆邵子歸洛以後之事也。

夫天下之治,不治於治之時,必有由起;其亂也,不亂於亂之日,亦必有由基。蘇明允曰:“月暈而風,礎潤而雨,惟静者知之。”邵子知慮絶人,出遊時覽其政令,問其風俗,其將亂之機,意必於天津杜鵑外別有所睹。初未嘗不思所以救之,第念帝賚夢卜,三代下決無是事。由科舉進,未必即進,亦未必即擢即顯,輾轉需時,恐道未及行,而亂已大作,是明知亂邦而故居之也。

夫儒生跬步不出里門。讀《賈生傳》,則思痛哭陳書;披《諸葛表》,則思鞠躬盡瘁。及至少事游歷,親見夫積重難返之勢,往往甘心肥遯,身隱而文亦隱,乃邵子著書垂教,而自以爲道在是者。蓋道不可行之天下,猶可藏之一身,故以身殉之也。如必少邵子不樹功名,然則孟子之言非歟?

北宋人才,中州最盛。司馬温公外,首推邵子。程明道稱其道純一不雜,汪洋浩大,兼内聖外王之學,世傳經世書不過一斑爾。其人德氣粹然,雖入《道學傳》,而非空談性命者。比觀其耕稼自給,優游閭里,賢不肖皆服其化,婦孺奴隸亦皆畏而愛之。生平以遠大自期,使其得君行道,以德化民,無難復三代之治。惜乎生丁否運,自英宗迄哲宗之世,大抵小人道

長，治日少，而亂日多。仰觀俯察，豫審出處之宜，惟有卷而懷
之耳。是以仁宗末年召之不至；神宗之世，目睹新法害民，不
能屈身小就，手援人溺，但屬意門生故友官州縣者，隨時與地
補救而已。此文頗能窺見康節隱衷，不愧知人論世。淺學有
妄生訾議者，故詳批以示之。

金馬碧雞考

李　坤

金馬碧雞，神也，非山也。一山之神，非二山之神也，更非昆明
之二山之神也。

《漢書·郊祀志》："或言益州有金馬碧雞之神，可醮祭而致。
于是遣諫大夫王襃使持節而求之。"《地理志·越嶲郡》"青蛉"下
云："則禺同山有金馬碧雞。"應劭曰："青蛉水出西，東入江也。"《後
漢書·郡國志·越嶲郡》"青蛉"："有禺同山，俗謂有金馬碧雞。"又
《南蠻傳》："青蛉縣禺同山有金馬碧雞，光景時時出見。"章懷太子
注："禺同山在今巂州揚波縣。"《水經》："淹水東南，至青蛉縣。"道
元注云："縣有禺同山。其山神有金馬碧雞。光景儵忽，民多見
之。"蓋自漢至後魏，僉謂"金馬碧雞"爲神，神在禺同山，山在青蛉
縣，並無有謂爲二山在昆明者。有之，自樊綽《蠻書》始。

《雲南通志》已辨之。第《通志》云："青蛉縣，爲今大理府西北，
瀾滄江東，浪穹縣劍川州南境。西至雲龍州北境。"殆讀《漢書》而
不知有譌文錯簡，且不攷古地名屬今何地耳。《漢書·地理志》"青
蛉"下云："臨池瀉在北。""姑復"下云："臨池澤在南。"《後漢·郡國
志》"姑復"下云："《地道記》鹽池澤在南。"則"臨"乃"鹽"之譌，"瀉"
乃"澤"之譌。《讀書雜志》云："《漢書·地理志》'則禺同山上'不當

有'則'字。"未知何字之誤,或尚有脫文也。

蒙按:《水經注》:"若水又南,逕雲南郡之遂久縣,青蛉水入焉。水出青蛉縣西,東逕其縣下,縣以氏焉。"又云:"青蛉水又東注于繩水。又淹水東南至青蛉縣。又東,過姑復縣南,東入于若水。"是青蛉縣之水,惟青蛉、淹水合若水入繩,東入于江,無僕水入勞水之說。則《漢書·地理志》"青蛉"下云"僕水出徼外東南,至來唯,入勞。過郡二,行千八十里"者,皆錯簡,不獨"則禺同山"上有脫文也。

嘗攷《乾隆府廳州縣考》,大姚縣本漢青蛉縣地,又姚州北有唐襄州廢城。李兆洛《地理志韻編》:"姑復,今雲南永北廳東南。"《皇朝一統輿地圖》:"大姚在姚州之北,白鹽井之南。鹽井之北,即永北直隸廳也。"則班范所志,章懷所注,皆以大姚爲青蛉。又按齊召南《水道提綱》:"金沙江即古繩水,鴉龍江入金沙江。"則由委考源,青蛉所出之地,非大姚縣而何?

夫既因考水而得青蛉縣之地,即可因考水而得禺同山之地。《雲南通志》引《大姚縣志》曰:"龍山在縣西三十里,爲縣境諸山之冠,百里外即見之。山下有龍馬泉。"又引舊縣志:"蜻蛉河源出龍山,自北而繞縣南流,合大姚河。"又《通志》:"大姚河會蛟龍江水,東北流,至苴却巡檢司南,東入金沙江。"與應劭"青蛉水西出,東入江",《水經注》"青蛉水出青蛉縣西,東逕其縣下,東注于繩水"語合。又《漢書·地理志》"青蛉"下云:"則禺同山有金馬碧雞",下即引應劭曰:"青蛉水出西,東入江。"蓋謂水出山之西,非第謂出縣之西也。

又《集韻》:"禺,魚容切,讀若从禺从頁之字。"从禺从頁之字,與同、龍皆疊韻,則"龍山"爲"禺同"無疑。夫金形似馬,碧形似雞,古人原未指爲二山。即太沖賦"金馬騁光而絕景,碧雞儵忽而耀儀",亦不過就金碧光景而神遊意擬之。乃樊書必指昆明二山以實之,鑿矣。《通志》辨之而不深考,誤以大理、浪穹、劍川、雲龍之交

72

當之，抑又陋矣。

夫神降無常，水源不改，泝青蛉之水而求所謂金精縹碧者，山
靈或不我笑乎？

　　據水考山，據山證神，確指實事，駁正妄言。如此心細眼
明，方可讀史，方可讀史外諸書也。

史遷嘗從董仲舒游
又嘗從孔安國授經考

楊覲東

史遷從遊董仲舒與授經孔安國事，一見於《史記·自序》，一見於
《漢書·儒林傳》。《自序》載壺遂以"孔子何爲作《春秋》"問遷，遷備
述聞於董生之義。此可爲從游董仲舒明證。《儒林傳》曰："孔氏有
《古文尚書》，孔安國以今文讀之。遭巫蠱，未立於學官。"安國爲諫大
夫，授都尉朝姓名，而司馬遷亦從安國問。故遷書載《堯典》《禹貢》
《洪範》《微子》《金縢》諸篇，多古文説，然未詳其從遊授經時也。

案史遷《自序》："年二十，南游江淮。上會稽，探禹穴，闚九疑，
浮沅湘。北涉汶、泗，講業齊魯之都，觀孔子之遺風，鄉射鄒嶧，厄
困鄱、薛、彭城，過梁、楚以歸。於是仕爲郎中。奉使西征巴蜀以
南，南略邛、筰、昆明。"以《漢書》考之，"奉使"則元光五年也，遷未
仕而游；仕於元光，是遷之出游當在建元時。其從游仲舒與授經安
國，亦當在建元時。《〈漢書〉考證》謂仲舒對策之年爲建元元年，
"既對策，上以爲江都相"。則當未對策時，仍博士也。

史稱仲舒爲博士，下帷講誦，三年目不窺園。進退容止，非禮
不行，學士皆師尊之。夫曰"學士皆師尊之"，其從游者之衆，可知
矣。仲舒爲學士師尊，既在建元時，與史遷出游之年合。且仲舒廣

川人,在今爲山東濟南府長山縣,漢屬信都國,古屬齊國,與史遷《自序》"講業齊魯之都"亦合。即從安國授經之年,並因此而無不合。蓋安國,魯人也,史遷講業齊魯,其授經安國,與從游仲舒,必出於一時,確然無疑。

則欲知史遷從游仲舒之年,但即其奉使西南夷之年推之而自明;而授經安國之年,又據從游仲舒之年證之而可信。事固有因此而達彼者,此類是也。

明妥。

郭李治軍寬嚴不同論

張學智

兵事尚嚴,無取乎寬也。《唐書》稱郭、李治軍,寬嚴不同。

蒙以事考之,子儀治軍,未嘗不嚴,特其恩信素著,較勝光弼,故人樂其寬耳。子儀與史思明戰,斬其裨將以徇,將士皆畏而効命,用嚴之證一也;王元振之亂,併誅附從者數十人,用嚴之證二也;禁軍中走馬,其家乳母子犯令,都虞侯斬之,子儀對眾稱歡,用嚴之證三也。至謂治軍以寬,殊無明證。蒙故曰特其恩信素著,較勝光弼,故人樂其寬耳。弼之嚴,見諸史傳者不一而足。太原之役,寇雖不至,警邏亦不少懈;河陽之役,郝廷玉、僕固懷恩少卻,幾被誅。光弼既卒,校旗之令,部將猶能稱道。則所謂治軍嚴整,號令指顧,諸將莫敢仰視,洵不誣矣!

或曰:子儀以寬,光弼以嚴,二公治軍皆可取法。子必是嚴而非寬,則李廣之簡易,將不逮程不識之刁斗森嚴耶?曰:然。夫治軍以嚴勝者,指不勝屈,而以寬勝者卒鮮。孫武之斬寵姬也,穰苴之戮莊賈也,祭遵之殺舍兒也,皆以嚴勝也。李廣治軍簡易,善設奇用伏，匈奴憚之，意者其平日深得軍心，如子儀之恩信素著乎？必泥廣之簡易，子儀之寬，吾恐漫無紀律，未戰先潰矣！

抑聞之古之善治軍者，與士卒同甘苦，養其氣，結其心，俾樂爲我用，然後以之禦敵，信賞必罰，毫無假貸。蓋寬中有嚴，嚴中有寬，寬正所以爲嚴之地也。以此論郭、李，其治軍也將毋同，不然，謂其寬嚴不同而皆能致勝，吾終不取子儀而取光弼。

明通。

韓范優劣論

石潤藻

古今良將相之勳業，大抵由學識醞釀而出。而學識有淺深，斯措施有優劣，如宋韓、范二公之招討西夏可見矣。

當元昊之反，韓、范皆爲邊帥，韓主戰，范則後戰先撫，以恩信招倈。羌漢之民相踵歸業，雖不能遽服元昊，亦可散其黨與而分敵勢。而論者謂元昊入寇，邊城淪没，不討則日以削弱。以此斷韓、范之是非，而不知韓固爲是，范亦未可非也。

韓之主戰，無論元昊狡黠，難以決勝，即一戰勝，再戰亦勝，元昊未服，禍可止乎？韓公料敵明於文正，故直謂無約請和者謀也。量材用人，不能如文正之無失，致有任福違制之敗。文正招倈，原非姑息養姦，譬如良醫治弱人瘯毒，務先固本，俟元氣充實，而攻其毒耳。觀其以詔書犒賞諸羌，閱其人馬，爲立條約，諸羌皆受命，自是爲中國用。昔之爲元昊鄉導者，今皆親愛而呼“龍圖老子”，豈非翦其羽翼、厚我藩籬乎？其守延州也，日夜練兵，更番禦賊，可知其非怯於戰陣矣。賊稱其“腹中有數萬甲兵”，相戒“勿以延州爲意”，固已奪其氣而並奪其心。及與韓公經略陝西，內修外攘，所向有功,諸羌感畏德威,不敢輒犯邊境,遂有"寒心破膽"之謠。

范公嘗言,吾能固守,不與大戰,二三年間,彼自困弱。俄而元昊疲敝,自知悔過,上表請和,卒如范公之言,以招徠收功。其學識之沈深遠大,迥非尋常邊帥所能及矣。

合觀兩公行事,韓之才所優爲者,范或不能爲;至其根本於學識者,范所優爲,或爲韓所不肯爲。好水川之役,韓公使尹師魯往約范公襲夏,范公不可,韓公獨行。是則范所不敢爲者,韓敢爲之,人方壯其有膽,韓亦自負膽壯。而范以持重免禍,韓以輕率喪師。得失之分,由於學識有淺深也,後之論韓范者,往往優超越劣范,何其謬哉!

北宋兵力弱於漢唐,將材又少於南宋。南宋多良將,足以滅金興宋。高宗志在苟安,不能用也。開國之年,已不能取燕雲十六州地,以故外夷常侵侮之。仁宗朝,夏人入寇,猖獗特甚。當時良將僅王德用、狄青二人。帝皆未能授以討夏節鉞,將兵不得其人,何可輕議征伐? 儒帥謀國,惟范希文守險招攜,觀釁收敝爲上策。韓稚圭發憤討賊,亦未知舉用狄。漢臣徒以任福驍勇,信心委任。而福恃勇粗疎,好水川之大敗,即伏於白豹城之小勝也。俗儒不識時務,是非瞀亂,謂范主守爲失機,而夸韓主戰爲得計,直忘其有好水川之敗,何異矇瞍道黑白耶? 此文據事洗刷,得失是非,明若觀火,俗儒謬説不攻自破矣!

前　題

袁嘉穀

北宋儒臣爲邊將,如韓、范二公,皆良翰也,尚論者豈復有所軒輊? 顧將略有長短,視乎才識之高下,范公斂才而識深,韓公逞才而識淺。何以知之？於西夏之役知之。

夏元昊之入寇也，志圖王霸，視宋諸將帥，蔑如無人。韓、范出而西賊有謠"寒心破膽"，威名豈尋常比？然以弱宋當元昊鴟張之勢，此誠不可與爭鋒。故范公上言："今宜嚴戒邊城，內實無虛，使持久可守。寇至則堅壁清野，不與大戰。二三年間，彼自困弱。今無宿將精兵而謀入討，國之安危，未可知也。"是豈輕躁寡謀、逞才以徼幸一勝者乎？

且夫禦暮氣既惰之寇利用戰，戰則我奮，而彼之游魂即可褫；禦朝氣方銳之寇利用守，守則我固而彼之凶燄無所施。元昊猾虜，善用兵，久矣設阱於國中，以待宋師之入。不避其鋒而逞才與角，是元昊之所禱祀而求者也。韓公墮其術中，悉發鎮戎軍，付任福手，身尾福後，督兵襲夏。福違節制，至好水川，遇伏，敗績，力戰而死。公亟引還。關右大震，朝廷旰食。當是時，福即不違節制而孤軍深入，烏能出敵之後據險置伏？況福之有勇無謀，逐佯北之寇，發懸哨之鴿，驅全軍而納諸阱中，其聚而殲旃，無疑也。然猶幸夏人計雖狡，勢未乘也。若乘戰勝之勢，鼓行而前，則涇原、高平已空城而出。韓公方幸而免脫，退保溝壘，豈能張空卷冒白刃以禦夏人哉？

聞諸孫子曰："善用兵者，無赫赫之功。"又曰："先為不可勝，以待敵之可勝。"范公深識斯義，故斂其才而持重固守；韓公雖聞斯義而識淺，故攔然逞才而出戰。無論其不勝也，即幸而勝，亦豈以一勝之功遂服元昊耶？且范公議守，亦非姑息而怯懦也。延州之守，日夜練兵，更番禦賊。又大興營田，修堡砦，招流亡，通斥堠。賊謂其"腹中有數萬甲兵"，相戒勿以延州為意。迨大順築城，據地設險，敗敵無追，遂使白豹金湯，寇不敢犯。其諸臨事而懼、好謀而成者歟？遲之數年，元昊銳氣已盡，上書請和。老成謀國以守則有餘，以戰亦無不足，其究也以不戰收功。視韓好水川之敗，孤人子，寡人妻,十數萬生靈,倏化異物。翦紙招魂者,哭聲震天地,國威大損,元氣大傷,其得失相去遠甚！韓、范二公之優劣,不已較然可覩哉！

後世爲邊將者,遇事張皇,輒以功成萬骨爲得計。矯其弊者,又往往畏敵如虎,巾幗貽羞,守與戰兩無可恃,勢必至屈膝虜廷,納幣議和,主憂臣辱,宋季類然,是皆韓、范之罪人也夫！

層波疊浪,發揮透徹。文内引用《東軒筆録》《鶴林玉露》記事語,傳信已久,可補史傳之闕也。

減竈增竈説

余嘉貴

昔孫臏以減竈勝魏,虞詡以增竈勝羌,談兵家咸服二子之智。吾謂二子所爲,特施於涓與羌耳。所謂知彼知己,百戰百勝者,敵情輕視乎我,即示弱以誘之；敵情重視乎我,即示强以怵之。惟其窺敵情之深,而因勢利導,所以爲善用兵也。

魏龐涓伐韓之時,諸侯之將皆不如涓。又齊師素怯,而齊之伐魏救韓者,將止田忌輩。涓目中已無齊人矣。雖不減竈,亦將帥伐韓之師折箠笞齊,況復顯示之弱乎？蓋其心驕而氣矜,驕則視他人皆不我若,矜則自恃其能,更不平心以慮遠,故臏得以逞其謀。不然,齊師方出,未嘗一戰,又無内難,何以悤悤引退？即以爲懼我而退,又何必相斷逃亡？歷其境而事可疑,思其故而詐可知,無如驕矜者之不疑也。不疑則不思,不思則不知其詐,遂爲臏所賣矣。故涓之死,死於己之驕矜,而非死於臏之減竈也。

羌人之性貪而多疑,疑而多懼。其竊發邊境,大則攻没郡邑,小則剽掠堡障,志在得利而已。詡赴武都,羌衆要遮崤谷。詡停車不進，聲言請兵。兵到當發，羌遂分鈔旁縣，以避大兵之至。兵未至而詡速行，羌欺其兵少而追之。追之不及，意殊懊喪。及詡增竈以啓其疑，於是猶猶與與，且行且止。詡又倍增兩竈以益其疑，於是因疑生懼，不敢逼詡。此羌之以貪心自誤者。蓋貪則利令智昏，雖有一隙之明，亦爲利慾所蔽，不能料人之虛實，故見增竈而逡巡不進。詡得到郡，發兵以破之耳。

　　合觀兩事，一則彼信我之勢弱而不疑，一則彼信我之勢强而滋疑。我則示弱示强，乃售其術而制勝。吾故曰：二子所爲，特施於涓與羌也。使所遇非涓與羌，而敵情善變，則臏、詡又將變計以應之，亦安能執減竈、增竈之成見乎？

　　曉暢軍事，非通人不辨。

富鄭公使契丹論

　　宋慶曆二年，契丹遣使索關南地。富鄭公使契丹，往來者再，指陳利害，辨論是非。遂增歲幣，修和好。論者曰鄭公之功也，愚曰是非特鄭公之功也。

　　兩國戰和，視國勢强弱。宋與契丹，國勢亦略相等。契丹之有意敗盟也，呂夷簡請建都大名，示將親征，以沮其謀。王德用教練士卒，大閱郊下，以張其勢，駸駸乎如澶州之役，幾使契丹氣奪。鄭公奉命而往，復能據理直爭，故契丹之志，亦增幣而止。向使上無仁宗之爲君，下無夷簡之爲相，外無德用之爲將，契丹勢强於宋，亦有釁可乘，雖鄭公爲使，奚能和哉！即和矣，而增幣亦奚止十萬哉？

　　且夫議款議和，祇一時權宜之計，而非可以爲後世法也。宋自與契丹增幣修好，不事遠圖，而後世之君以爲外夷易與，遂僥倖苟且，昧於自强。靖康時，金人渡河，猶沾沾以講和爲急務，卒之徽、欽虜矣，中原失矣。雖有良使如傅察、歐陽珣輩，亦何濟於事？君子推原其故，未嘗不歎增幣修好之説有以誤之也。

今論者曰"鄭公之功"也，夫使於四方，不辱君命，吾安得謂非鄭公功？雖然，鄭公何嘗自以爲功哉？公之言曰："增歲幣非臣本意，特以方討元昊，未暇與争，故忍死爾。"又曰："願陛下思其輕侮之恥，坐薪嘗膽，不忘修政。"是公不以爲功，且引以爲恥，而勸君修政事焉。昔楚子問鼎，王孫滿數語折之。吕東萊論其卻楚之功，不足償其怠周之罪。夫以滿之賢，豈在鄭公下？而東萊必責之如是，則誇鄭公之功者，可以悟矣！

嗟乎！中外多事，變故何窮？誠得鄭公其人，爲之折衝樽俎間，亦豈無裨於國計，而猶恐恃一時之幸，忘累世之憂，矧夫竭中國財力以事外夷哉？

不以盟契丹爲功，正當内修政事，力圖自强，能戰能守而後和好可久。鄭公辭賞，深意在是。文合勘前後事，申明此旨，剴切之至，足以發聵披聾矣。

回紇助唐論

張思敬

自古倒持干戈、授人以柄，有借外寇之亂人以平内亂，因合外内爲一亂者，如回紇之助唐是已。《唐書》載回紇爲匈奴之裔，部落微小，其性凶悍貪婪，常以寇鈔爲生，是固外寇之亂人也。乃太宗用之，則有功而無患；肅宗、代宗用之，雖有功而多患。其故何耶？

蓋貞觀初，回紇始盛，太宗神武蓋世，四夷賓服。回紇亦畏威入貢，自願助唐征討。太宗以臣僕使之，非若肅、代闇弱，值賊勢方熾,求助於彼,視爲兄弟之國。故於太宗,則畏而斂其鋒;於肅、代,則玩而肆其志。此有患無患所由分也。不特此也,太宗之用之也,外征薛延陀,則非以亂平亂,實以夷攻夷,班定遠之遺意也。肅、代之用之也,内討安、史輩,有郭、李將中國兵,自足平亂。回紇之來者,不過四千餘人,其助與否,何關輕重?乃必乞援異類,釀開門揖盜之禍?且以天子之尊而與可汗抗禮,以儲君之貴而與葉護比肩,功雖倖立,入東京而殺掠,附懷恩而入寇,内亂平而外亂又作,是太宗猶爲得計,而肅、代皆失計矣。

説者謂賊所憚者,惟回紇。香積寺之戰,郭汾陽勢幾不支,幸回紇來援,賊始大潰,乘勝遂復西京。從此收復東京、鄴城,多借回紇之力,何云無關輕重?然如李臨淮河陽之捷及河北諸捷,功非出汾陽下,而回紇均未與焉,可知回紇之功不足多,即云足多,而功詎足以掩過哉?厥後涇陽尋盟,回紇歸國,年進羸馬萬匹,責唐償絹四十萬。唐如量給之,而寇災如故。則其貪得無厭,野性難馴也明甚。猶幸在長安者旋爲張光晟所殲,其部眾又屢爲吐蕃所破,勢遂削弱。不然,邊患何時息邪?

嗟乎!非我族類,其心必異。其肯助我者小則利我,大則謀我者也。觀夫白狄助周,反噬而成叔帶之亂;羌胡助魏,聚處而速西晉之亡。苟不杜漸防微,而妄引豺狼入室,則借外亂之人以平内亂,究合外内而爲一亂,猶抱薪救火,而燄益烈矣。唐之末造,沙陀號爲忠義,其助唐討賊,亦功過參半。求其有利而無害者,未之前聞也。

然則以之平内亂不可,以之平外亂其可乎?曰:"不可。"蓋有太宗駕馭之權,用之平内亂亦無害;如肅、代之闇弱,用以平外亂亦可憂,是在其君之大有爲,而其國之能自强而已。然神武如太宗者,古今有幾人哉?

借兵外夷,利少害多,文就回、夷暢發此義,可爲殷鑒。

前　題

張儒瀾

　　唐肅宗即位靈武，銳意恢復兩京。遣使徵兵回紇，回紇遣其太子葉護領兵，助唐討逆。肅宗命廣平王與之結爲兄弟，遂以回紇復兩京。其後回紇恃功而驕，屢爲中國邊患。論者歸咎於肅宗之召之。愚謂此不得咎肅宗之召回紇，而當咎肅、代之朝綱不振耳。

　　何則？《唐書》載回紇之性，凶忍貪婪，以殺掠爲事；又力最强悍，所向無前。當太宗時，常用之破薛延陀。禄山之亂，回紇之窺伺而待用者久矣，欲因助唐而掠中國之子女玉帛也。設肅宗不用，必歸安、史。夫以安、史之强，而又有回紇助之，則爲虎傅翼，唐能速望恢復哉？彼史朝義不嘗乞師回紇乎？幸早爲唐所用，捷足先得耳。故肅宗不惜忍辱屈己以聯絡之，使賊不得挾以制我，而我且得藉以平賊，未爲失計也。

　　所可咎者，肅、代之朝綱不振，爲彼所輕。故辱雍王，掠東京，恣意橫行，而終不可制也。夫太宗用之破虜，功非不多，而竟俯首帖耳，不敢挾其功以叛唐者，中國威靈足以懾之也。假令肅、代能屏讒慝，用忠良，回紇必不敢猖獗。即令猖獗，滅之可也。乃肅宗信張良娣諸人，而朝綱一壞；代宗任元載諸人，而朝綱再壞。英豪遠迹，而婦寺專權，無怪回紇輕中國而屢爲寇災。故曰咎不在肅宗之召回紇，而在肅、代之朝綱不振也。

　　且安、史叛亂之時，不得不用回紇者，勢也。迨兩京既復，禄山、思明相繼殞命，則天奪其魄而逆子不能再振，亦明矣。是時名將林立，兵力已足，何事再求助於彼，而受德至再至三耶？則又不惧於始召之，而惧於終用之也。

　　語中款要，識量不凡。

鄧攸論

錢用中

　　甚哉賢智之賊道，罪更浮於愚不肖之悖道也！

　　夫鄧攸，賢智人也，屈身事石勒，車營失火，委過弟婦，受胡誣而不辯，其生平頗敬媚權貴。之數事者，特愚不肖者之所爲，悖道不至賊道也。所最賊道者，矯義而棄子，矯廉而辭祿耳。而世或震而驚之，且豔而稱之，以爲足愧天下之不義不廉者。於是羣相仿效，以欺世盜名，其爲世道人心之害，非細故矣，是不可以不辨。

　　今夫聖賢行事，所貴乎義與廉者，亦酌理準情，協乎中道焉爾。苟矯激失中，則賢智之過反不如愚不肖之不及矣。父子之愛，兄弟之親，同出天性，而無容假借者也。值勢難兩全之時，君子猶曲意求全，矧其本可兩全者哉？攸之棄石勒而挈家以逃也，窮途步走，果其子若姪皆須擔負？自度力難勝任，不能兩全，則權其緩急輕重，棄己可再生之子，以全亡弟一綫之嗣，容亦友于之誼所宜然。雖不慈，亦可恕。其子既能步走，無須擔負，且朝棄而暮及，則是其時其勢，均可不棄其子。但使平情而處，聽其子追隨以行，安在不能兩全者？如謂後患不可知，則俟不得不棄時而棄之，未爲晚也。必預於可以不棄之日而輕棄焉，以至於再，且繫之於樹而去，是誠何心哉？殘忍如是，是豺狼也！朱子編《小學》書録其事，入《明倫篇》中，毋亦擇焉不精歟？

　　若夫仕而受祿，固天地之常經，古今之通義。但求盡職宣力，受祿不誣。而潔己奉公，祿養外不取一介，已足完其清操。若因己身饒裕，遂辭焉以鳴高，曾不計天下之人多有貧而仕。仕而貧，必資乎禄養者。己能行而人不能行，尚可爲訓耶？是故原思爲宰而辭粟，孔子止之，攸豈未之聞乎？乃守吳郡，禄無所受，更載米之郡，唯飲吳水。則是矜心作意，急欲沽名，視原思之率真以辭者，尤不可同日語矣。

慨自世教衰，明德失，攸習見天下之愚不肖者，皆義不勝私，廉不勝貪，乃思以棄子棄禄者矯之，其始不過矯情干譽，以駭一世之庸耳俗目，而孰知流弊之終極將有不可思議者？推棄子之流弊，必至殺子適君，爲易牙而後已；推辭禄之流弊，必至逃賞焚母，爲介之推而後已。信乎中庸不可能，而賢智之賊道，罪更浮於愚不肖之悖道也！況攸以無子，誤納其甥爲妾。妾可更畜，竟不復畜；婦既不孕，卒以無子。是不忍其弟絕嗣，而忍其身絕嗣。矯情再三，自詒伊戚；不孝罪大，萬死莫贖。君子斥攸爲名教罪人，攸其何辭以解免耶？

或曰史傳以攸爲良吏，何所取乎？曰：攸之爲吏，每有進退，無喜慍之色。其守吳郡，刑政清明，百姓歡悦。又嘗開倉賑饑，不待奏報。郡有送迎錢數百萬，去郡時不受一錢。民數千人牽船請留，乃小停，夜中發去。其爲吏部尚書，疏食敝衣，周急振乏，謙和善交，無貴賤，待之若一。此攸之行事合乎中道者。史臣所以舍瑕取瑜，厠之良吏，其後宜興朱氏收入《晉代名臣録》，是皆善善從長之義也夫！

> 爲矯激人痛下鍼砭，足以維持名教。末段舍瑕取瑜，不没其善，足見持論公平，尺幅中勸懲皆備矣。

前　題

秦光玉

宋陳塤有言："求士於三代上，惟恐其好名；求士於三代下，惟恐其不好名。"噫，斯言也，豈非謂好名無害於道耶？

夫人苟存一好名之心，必思何者可以得名，何者不可以得名。孜孜焉惟名是急，而父子之恩誼可絕，國家之經制可壞矣。晉鄧攸之爲人，不大可見哉！其棄子而存姪也，朝棄而暮及，非不能兩全也，乃繫於樹而去。其出守吳郡也，爲官食禄，常事耳，乃載米之郡，不受俸禄。吾窺攸之心，不棄子不足見吾之義，棄之而復及，又何以見吾之義？食禄不足見吾之廉，不食禄而不載米之郡，亦無以見吾之廉。故絕父子之恩誼，壞國家之經制，爲人所不忍爲、不必爲、不能爲、不可爲之事。推其弊，皆好名之一心誤之也。嗟乎！義者，持躬之要道也，而攸以刻薄行之；廉者，居官之大節也，而攸以矯激出之。以非義爲義，以非廉爲廉，其賊害斯道何如耶？

且夫不義之人與義者迴別也，不廉之人與廉者大異也。故不義不廉之舉，人皆嗤之鄙之。至若非義而似乎義，非廉而似乎謙，後之慕其名者從而效尤之。是恩誼之絕，不惟絕於攸，而並絕於後世也；經制之壞，不惟壞於攸，而並壞於後世也。其流弊可勝言哉！余故揭而論之，以爲天下後世好名者戒。

以好名立論，可謂誅心之筆。

前　題

李學仁

天下事有矯情行義而大有害於義者，如鄧攸棄子是已。

攷之《晉書》，攸自石勒幕中逃出，步擔其兒及其弟子綏。度不能兩全，謂其妻曰："吾弟早亡，唯有一息，理不可絕。應自棄我兒。"其子朝棄而暮及。明日，攸乃繫之於樹而去。

嗚呼！攸所處之事果難兩全？棄其子以全其姪，宜矣；然其子朝棄而暮及，是自能奔走者也。自能奔走，安見不能兩全乎？使攸存一兩全之心，姪與子均不可棄。姪則擔之而走，子則曳之以行。及至勢與力萬不能顧，然後以姪爲重，而於子則聽其自然。如是，則勿論兩全與否，皆無憾於心，即無憾於義；無憾於義，即無憾於天也。乃必繫之於樹而去，是其子能自致之生，而攸乃必致之死，豈非矯情干譽大有害於義者哉？

且攸以爲姪可存，而子即可棄，亦大謬矣。就攸之弟論之，弟之子重，而攸之子輕；就攸之父論之，攸之子乃攸父之冢孫，攸不得而私之也。冢孫之死也，祖父有服制焉，爲其承宗祧也。其重若此，而可棄乎？其何以對乃父乎？昔漢高帝爲項羽追急，推墮孝惠、魯元於車下，論者猶薄其殘忍；攸之繫子於樹，較推墮車下，殘忍尤甚，豈欲追者之得其子而緩其追乎？然其計亦愚矣。夫石勒既過泗水，故不及知，亦不及追耳。使其知而追之，雖繫其子，豈遂能免乎？

嗚呼！天下後世處生死呼吸之際者，固不可矯情干譽，亦何可以殘忍行義而大有害於義？如鄧攸者，可以鑒矣。

以棄子立論，冢孫一層，尤得閒而入，可爲伯道定罪案矣。

卷四　史學

西學切要論

張學智

今世西學切要者，無過格致諸學。其學皆權輿於算法。算法通，則諸學一以貫之矣。而西學之最切要者，猶不在此，當覽《五洲志》，讀《萬國史》。究西人立學之原與講學之意，在力求實濟，使人各有學，學各有用，不至所學非所用，所用非所長。此西學之最切要者也，請得備陳之。

一曰專肄習。西人士農工商，無事無學。凡學者既通文字後，即令專學一藝；一藝未成，不聽其兼涉他藝。故日新月異，不造其極不止。夫心專則業精，而西人能之，其切要者一也。

二曰嚴考試。西人取材，皆由學校，而各國立名不同。或為書院，或為學院，大抵分上、中、下三等。下設於鄉，中設於郡，上設於都城。按年考試，漸次推升，必核實所學，可見諸施行者始與選。故其學業優劣為眾所知，既無倖進，亦無屈抑。夫法嚴則弊絕，而西人能之，其切要者二也。

三曰廣培植。考英、法、俄三國學館，每國不下萬餘。所以彼國人地計之，為數夥矣。而又恐見聞不周，設講學公會以擴充之；探索未徧，設博物院以參稽之。貧士不能多購書籍，設藏書館以佽助之。及取士也，不拘資格，不分畛域，故人皆力學以待用。夫途廣則才多，而西人能之，其切要者三也。

中國能仿西人，以此三要講學，則學算法，學格致，一切西學，庶可有成。溯自同治以來，內外臣工，疊次奏請，選聰穎子弟出洋習藝。又請設同文館、廣方言館，更請以算學取士。而上海復創建格致書院，各省亦多講求西學。汲汲皇皇，已非一日。而卒鮮成效者，何哉？豈肄習不專耶？考試不嚴耶？培植不廣耶？抑西人務實，華人獨不能務實耶？蒙嘗統觀二十餘年之積習，而又一言以蔽之曰：在得人。

作此題者，大都較量西學，擇要立論。此獨尋究主術，指陳三要，其總要又在得人，語皆切當。中國學鮮實效，特借題發議，爲下鍼砭。而詞氣和婉，無激訐病，故佳。

《綱目》荆軻書盜論

郭瓊璋

紫陽《綱目》於刺客，多書爲“盜”。夫盜者，伺（隙）作惡之名。刺客行徑相類，故以“盜”書。其義例本之《史記》年表書盜殺韓相俠累。《史記》又本之《春秋》書盜殺鄭公子騑、衛侯史縶、蔡侯申諸條。《春秋》所書，尉止齊豹公孫翩之屬。

士大夫，主兵者也。《史記》《綱目》所書聶政、荆軻之屬，布衣操兵者也。而愚衡之以義，聶政之屬，如鱄諸，如要離，如豫讓，並應書“盜”；荆軻及高漸離之屬，則有不應書“盜”者。聶政之屬，大都受人私恩，爲人報怨，斥之爲盜，宜矣；軻則由私恩而及公義，爲天下謀誅無道秦者也。

夫秦之無道，甚於桀紂，其惡不可悉數。惡之大者，實爲西方彗祅，埽滅宇宙，吞二周，滅王室也，並六國，滅諸侯也，此害在一世者也；始變法，始鬻爵，滅王制也，敢焚書，敢阬儒，滅聖文也，此害及萬世者也。一世之臣民皆當爲二周、六國討賊復讐，食肉而寢皮；萬世之臣民尤當爲先王先聖口誅筆伐，揚光而吐燼。當年畏虎狼威，堂堂乎四海九州之眾，無一敢議誅之者，大可哀，亦大可恥已！

　　幸也燕丹憤發，與軻密謀劫秦，悉反諸侯侵地，不可則刺殺之，以除禍本。軻慨然任事，其友高漸離亦應和焉。嗚乎！亂極之世，人心不死，愚夫愚婦一能勝予，況以衰周之末有丹、軻、漸離三人者，同德同心，謀誅秦政。奚啻景星出，鳳麟見耶！惟軻高氣蓋世，首批逆麟，提劍入秦之日，宴別易水上，慷慨而歌"風蕭水寒，壯士不還"之句。座上白衣冠，瞋目西視，髮盡上指，可不謂千載一時哉！惜乎謀事無成，漸離再舉亦敗，三人先後殺身以殉。士君子方爲之咨嗟傷悼，搔首問天之夢夢，更忍斥之爲盜耶？

　　或謂軻爲刺客，故以"盜"書。張良獨非刺客乎？良爲韓報讐，使客狙擊秦政，與軻刺政無異也。論者謂博浪一擊，爲陳、吳、劉、項諸人先聲，曾亦思丹、軻、漸離又良之先聲也！

　　秦政猝遭擿劍，僥幸不死，蓋已褫其魄矣。政之魄一褫於軻之劍，再褫於漸離之築，至博浪奮椎，凡三褫焉。轉盼而鬼告祖龍死矣，三刺客謀誅無道，天陽縱之，人陰斃之。史氏紀實，比而同之可也，奈何意有偏庇，書軻爲"盜"而書良曰"韓人"？殆以良輔漢滅秦而恕之，以軻怒秦滅燕而貶之歟？是以成敗論，而不以是非論矣。《春秋》書法，有如是之不公者哉？

　　且夫刺客之是非，視乎所刺之人之賢不肖爲定論，是故所刺爲不忘恭敬之趙盾，則鉏麑不刺而死，斯義士矣；所刺爲主和誤國之賊檜，則施全刺之而死，尤義士矣。全欲殺檜，即軻欲殺政之心也。朱子稱之曰："舉世無忠義。乾坤正氣，忽自施全身上發出。"其嘉予之者，深矣。全既蒙嘉予，軻獨不應嘉予乎？後儒續《綱目》，本朱子意，直書全事而表章之。且於岳忠武王廟，鑄全執刀斫檜像，以昭懲勸。軻之事當援此例，更正《綱目》，書之曰："燕太子丹，使荊軻刺秦王。政不克，死之。秦攻燕急，殺丹畀秦。軻友人高漸離後復撲政,不中,亦死之。"書法既正,仍於帝王廟及孔子廟門外鑄秦政反縛像,並鑄丹居閒指使軻、漸離像,左劍刺,右築撲,以曉萬世。如是而三人之義聲,暨無道秦之惡聲,充滿天地閒,摘觖日月下。仁者快心,暴者破膽,庶幾哉!上慰先王、先聖怨恫之靈,下釋二周、六國喪亡之憾,而埽滅宇宙之大害,不再見於來世也。文公九原可作,其亦降心相從歟!

荆軻書"盜",前人已多翻駁,但發揮未透耳。此文恢拓詞意,著秦之惡以見人人得而誅之。前引張良,比勘駁義已明;後引施全,比勘義更愜當。秦政、秦檜皆萬世罪人。政之罪百倍於檜,檜既鑄像,政更勿容漏綱。此議出,當有取而行之者。

張昇孤立論

李　坤

有孤立之臣,無孤立之君。客聞之,咈曰:"不聞杲卿張子之言乎?何辭之戾也!"蒙唯唯,既而曰:"有不臣君之臣乎?"曰有。"有不君臣之君乎?""無有也。"如客言,臣孤立,君不孤矣。

夫臣之於君,猶影之於表也。表正,則正;邪,則邪。然未有表而無影、君而無臣者。是故以堯為君,則有四岳;以舜為君,則有五臣。桀紂皆獨夫,而附勢實繁有徒,羞刑暴德,習庶逸德者,與同邦同政。由是言之,君之立也,何嘗有一日之孤哉?

臣則不然。未至於仕,無譽於鄉,無援於朝,立固孤矣。仕矣,生或不辰,丁運之否,小人道長,君子道消,立之不容,何論孤不孤!幸遇聖明,小大之臣罔非正人。而君子立朝,大都和而不同,羣而不黨。意見少有不合,亦往往有牴牾掊擊之患。求如四岳之輔堯,五臣之弼舜,同寅協恭,和衷共濟,三代而下,難數數覯。

反之者，不孤立即朋黨，出乎此，必入乎彼，古今一轍，不獨宋也。宋當仁宗之朝，君子小人半。至和二年，杲卿拜御史中丞，欲仁宗之親君子、遠小人也。因其有"卿孤立"之諭，遂辯其辭，以聳厥聽，而動其心。蓋以其君爲堯舜，而惜四岳五臣之罕也。然當是時，文彥博、富弼同平章事，趙抃爲殿中侍御史，仁宗不爲孤，猶云："爾者憂國，進危言，忠之至也。"究如杲卿言，仁宗少赤心謀國者，而持祿養望，尚不乏人，仍不孤也。杲卿仰託僅一仁宗，雖曰"不孤"，亦勞辭耳。故曰：有孤立之臣，無孤立之君也，客何咈？

取徑新，談理雋，骨韻故自不凡。

前　題

張學智

人臣傀然一身，指陳時政，無所畏避，君上亦危其孤立。雖然，人患不能立，無患其孤，吾觀張昇之孤立，竊有感矣。

當宋仁宗時，文彥博、富弼、趙抃、司馬光之流，師師濟濟，布列朝廷。以昇立乎其閒，志同道合，夫何孤？而昇無交遊，無倚傍，如孤立然，故仁宗以"孤立"稱之。昇對仁宗，則曰："臣仰託聖主，致位侍從，是爲不孤。"蓋其所恃以不孤者，在君上不在同僚也。又曰："今陛下之臣持祿仰望者多，赤心謀國者少。竊以爲陛下乃孤立耳。"蓋不以孤立爲己患，而以孤立爲君患也。

吾嘗由昇之言以核昇之行，昇誠卓然能立者哉！勤勞王家，英宗美之；忠謹清直，溫公稱之。昇爲不孤矣！且夫人臣之事君，莫患乎不孤立而植黨，植黨則易啓人主之疑，生同僚之忌。不敗則已，一敗則俱敗。然有意植黨者無論已，即或聲應氣求，近於標榜其患，亦與植黨同觀。漢唐宋明諸君子，每以黨人釀禍，而後知昇

91

之孤立爲得也。

然則能立如昇,皆可恃以不孤乎?曰:何不可恃之有?果能立,則壹意孤行,雖因言獲罪,以云以死,而俎豆馨香,千載下且聞而慕之,吾未見其孤也。不能立,則隨聲附和,雖因言獲用,而生則榮,沒則辱,千載下且指而責之,吾未見其不孤也。故人患不能立耳,何患其孤?

以德不孤立論,純用中鋒之筆。

馮唐言將論

秦光玉

《史記·馮唐傳》載,唐與文帝言廉頗、李牧之爲將,而歸重於"將軍制閫外,軍功專爵賞"。嗚呼!此頗、牧在趙所以能樹勛名歟?

古之人君選賢命將,授以斧鉞,曰:"閫以外,將軍制之。"受斯命者,豈惟是擁節旄、鳴金鼓,演握奇經、行司馬法已哉?要貴審形勢,伺瑕釁,陰閉陽啓,因應無方。其運用之妙,存乎一心,微特外人不能知之,即内人亦不能聞之。即一心之發謀出慮,亦不能膠執之也,而不專制於閫外,可乎哉?彼虞詡之長朝歌,龔遂之守渤海,捕盜事耳,猶必寬其彎策,便宜行事,然後克底厥績,況閫外之軍政耶?故吾謂頗、牧在趙,非頗、牧之功,用頗、牧者之功也。

至若軍功專其爵賞,所以激勵將士,使之盡忠宣力。王景略、許鄧羌爲司隸,大破燕軍;明唐王之命黃忠端,給以空劄百函,此豈尋常文法所能拘哉?

顧或者曰:"將軍制閫外,軍功專爵賞,獨不慮跋扈之患乎?"曰:"是不然。"夫軍政之要,莫先於慎選將帥。果能得德性純篤、智深勇沈之良臣，用爲大將，無患也。即得良將如頗、牧者用之，亦何至有跋扈之患乎？所患者，人君不守命將之約而掣其肘。彼己相持之際，其始也，宜厚集兵力而促之使戰；其繼也，宜乘機進取，又抑之使和。促之戰而不戰，則以爲老師糜餉矣；抑之和而不和，則以爲好亂樂禍矣。或大敵當前，危於累卵，將士苦戰破敵，上勳簿於朝廷，而執法者洗垢求瘢，後竟停賞不行矣。

嗟嗟，閫外之事，天子制之，非天子制之，而樞臣制之也，抑非樞臣制之而刀筆吏制之也？李北平不對簿而自到，其銜恨九京，爲何如耶？故勿論世無頗、牧也，即令頗、牧復生，亦幾經阻撓，幾經挫折，終歸無用耳。安得有馮唐其人者爲聖天子一一陳之哉？

闡發透快，筆亦軒爽。

東漢黨錮論

秦光玉

東漢黨錮，君子之淺者也；而侯覽、曹節、王甫輩，小人之深者也。以君子之淺者，當小人之深者，欲不敗，得乎哉？

夫桓靈之世，宦豎之勢熾矣。爲諸君子者，欲爲朝廷除虺蜴之黨，宜先自化其黨，蓄謀於無形，觀變於未然，有可乘之機會，勿容少緩須臾。蓋制宦豎之術，莫貴於密，尤莫貴於速。密則使覺不及覺，速則使防不及防，此固非深君子不能也。歷觀東漢後事，如宋呂端鎖王繼恩，韓琦竄任守忠，明楊一清誅劉瑾，可謂密且速者。即可謂君子之深者，惜黨錮諸君子未之能耳。

且夫黨錮諸君子，其淺有六。三君俊顧及廚之稱，規矩模楷俊秀之號，互相標榜，以招人忌，一也。臧否人物，激濁揚清，公卿以下，均畏其貶議，二也。戮桓帝美人、外親張汎、小黃門趙津，悉在赦後，僉壬得以藉口，三也。侯覽可誅，當誅其人；而僅破其冢宅，籍没貨財，以啓反噬之毒，四也。閹寺弄權，在帝左右，誅之當密奏太后，陳蕃乃顯然上疏，五也。節、甫之惡，久已彰聞，欲誅即誅之，而必待鄭颯詞連，然後奏收，六也。有此六者，諸君子所以爲淺人也。惟其操術淺，不能乘小人之釁而圖之，小人之深者反得乘其釁而害之，黨錮百餘人，生爲黨人，死爲黨鬼，而炎祚因之殄瘁矣。

嗟乎！國家得一深君子，足以除姦邪而轉乾坤；國家得百淺君子，適以速禍亂而傾社稷。觀於元祐黨人敗於熙豐小人，東林黨人敗於崔魏小人，而北宋朱明用以漸滅，何莫非蹈東漢黨錮覆轍哉？

推勘周匝，論斷亦允。

卷五　雜文

治河策

錢用中

黃河爲中國害歷數千年，治河之人不可更僕數，治河之費不可億兆計。至若懲前毖後，補偏救弊，而籌治河之策，則又汗牛充棟，極日夜之披閱不能遽罄，而河患顧不少減者。非特無治人，抑且無治法耳。

今夫千古之善治水者，誠莫如禹。然其可爲後世法者，順其就下之性，因勢利導而已。然非謂禹迹經行之道，盡可相沿不改也。江漢之水可以永循禹迹，良由水清不淤，故自禹導之歸漕，即永慶安瀾。若河，則水濁善淤。禹以十三年之憂勤，奠定南北條諸水，未能倂心壹志，爲大河籌刷沙去淤之法，僅以導之入海者，免一時氾濫。故歷時未久，至商中葉，即多河患。至東漢永平之世，河遂改道南行。是以居今日而籌河工，即使復行故道，亦非一勞永逸之計。而世之籌治河者，猶欲復故道以循禹迹，是亦泥古鮮通矣。治法之無，此其一。

西北土性鬆浮，黃流所經，沙土隨波而行。故黃水濁而多沙，沙多而力築堤防以合其流，則湍悍莫禦，誠易潰決；多開支河，以分其流，則又遲緩無力，淤淳更甚。而世之籌治河者，猶欲分其流以殺水勢，是益增其淤塞之害矣。治法之無，此其二。

溝渠細流，爲灌田計而引行地上者，防以堤猶時虞潰決。況黃河之大，源遠流長，勢強力猛，不惟涓涓細流莫可同日語，即江、淮、濟三水與河並稱四瀆者，亦難比河之澎湃。豈有水行地上，築堤可禦之理？而世之籌治河者，每欲增高培厚，以固堤防，是鯀陻洪水之計矣。治法之無，此其三。

既無治法，又無治人，何怪河終不治，勞費無已耶？然則治法如之何則可？曰元明以來，河南東行，由雲梯關入海。咸豐癸丑以後，河東北行，由利津入海。今不必問其南行北行，但由河南榮澤縣起，徑向海面，測量地勢，爲黃河開一直道，不必另起堤防，但掘地爲槽，使水由地中行。既寬河身，亦深其底。上流地勢或低，填之使高；下流地勢或高，削之使低。令水勢逐漸低下，有似灘流，其兩岸自河底以至岸上，均砌以石。如是，則河道既直，河流亦迅，自然沙隨水去，無淤渟漲溢之患。且以兩岸平地作兩岸長堤，則即堤即地，水縱強而有力，斷無潰決至厚之地橫出地外者。況兩岸由河底至岸上，均以石砌，則水不能浸淫地岸，亦斷無地岸坍塌壅塞河流之虞。是一勞永逸者，莫此策若也，惟事極艱鉅，待人而行。且非一手一足之烈與旦暮之功，必其初委任得人，而繼起亦皆賢能，然後聿觀厥成耳。

而難之者曰：“欲開徑直之道，其如山陵間隔何？”曰：“以古事言之，則禹治水，山陵當道者則毀之，故嘗鑿龍門、析底柱、破碣石矣。以近事言之，則紅海與地中海隔絕，大西洋與太平洋不貫，西人嘗一一開通矣。天下事亦在人爲，豈地勢所能限哉？”

難者又曰：“所經之道，必多田園廬墓，民或不肯遷徙。又北方乏石，采之西南，轉運不易矣。”曰：“臺灣、天津創辦鐵路，價購民地，民俱樂於遷徙。今仿其法以辦河工，何窒礙難行之有？彼塞門德土，產自外洋；築河堤者，猶遠購之。曾是采內地之石，獨畏其難乎？”

難者又曰：“此事所費不貲，即不惜費，從何籌此鉅款？”曰：“曩者鄭州、章邱相繼決口，搶辦之費，以數千萬計，而議蠲議賑，尚不在數。又近日任河督者，請歲撥銀六十萬兩，作爲歲修之用。是河工遇險，費固浩繁；即處常，費亦不少。今開通直道，雖亦所費不貲，然功成之後，萬世永賴。呂司寇所謂'費之，實省之'者，此類是也。至籌款，則以七年之病，求三年之艾，亦在蓄之而已。平日理財，得人汰冗，費杜中飽，自有鉅款足供正用。況每遇險工，嘗於無可籌款之中籌鉅款以濟急需，豈獨至圖久遠之功，遂無款可籌哉？"

或謂此事重大，究難猝辦，請思其次，以救目前之急。曰："必不得已而思其次，則惟師古人疏濬之意，參用西法，以千匹馬立大火輪，置船旁，可上可下，駛行河道。下其輪，使附於沙，而轉動之沙即飛揚隨輪而去。自上流以至河口，均用此法。積日累月，鍥而不舍，則河底漸深，亦可免淤淳漲溢之患。雖亦勞費無已，然以視庙埽搶辦，日不暇給者，已省十之五矣。"

總之，中原諸水，黃河最濁。濁而任其流之曲且緩，則沙淤而河漲；濁而求其流之直且迅，則沙行而河利。至掘地爲槽，始免潰決，則不惟黃河宜然，凡大川皆宜。然故治他河而求久遠之規，但就其舊行紆曲之道，掘地爲槽，使水由地中行，閒疏濬海口，即可無患。

治黃河而就目前之力能辦者論，則必參用西法，日日疏濬，然後少免淤溢之患。而欲爲一勞永逸之圖，並疏濬亦省之，則必開徑直之道，仍掘地爲槽，使水由地中行而後可，是在當事者采擇施行耳。至漕運一事，似可專行海運；或俟中原鐵路告成，專行陸運，則運河可不治矣！

　　他卷徒作鈔胥。此文指陳積弊，駁斥眾說，規畫久遠，獨取掘地爲槽之議引而伸之，反覆辯論，以釋羣疑。是有心講求經濟者，非尋常文士也。

爭臣論

熊廷權

蘇洵《諫論》有曰："遊説之士，以機智勇辯濟其詐。"吾欲諫者以機智勇辨濟其忠。又曰："龍逢、比干，吾取其心，不取其術；蘇秦、張儀，吾取其術，不取其心。"是洵欲諫者以龍逢、比干之心，行蘇秦、張儀之術。其論諫善矣。

雖然，此特爲諸臣言之，而獨不可例爭臣。爭臣者，其官爲"諫議"，其名命之自君，固非若諸臣之可爭可不爭者也。夫君既命之爲諫議，是君固恐諸臣不爭，而特重之以官守，君並恐是臣亦不爭，而更寄之以言責也。君命之，臣即爲君爭之。爭之而善，君嘉之；爭之不善，君亦未必遽罪之也。吾以君命而爭，亦何所疑？何所懼？而乃畏首畏尾，以貽譏天下哉？

然則爭臣何所爭乎？曰道而已。孔子曰："以道事君。"孟子曰："務引其君以當道。"有道之士視吾所居之位，以行吾不得已之心。道所當從，吾以口舌勸之，雖婉言隱諷，不爲阿；道不可從，吾以口舌止之，雖直言犯主，不爲激。以道爲權衡，而何取機智勇辯之術哉？

或曰："子言爭臣有道，世有居是職，終歲無一言建白者，是遵何道乎？"曰："此道外人，非道中人也。"道中人必顧名思義，以盡諫議之職，烏能終歲捫舌乎？譬之人病關格，延醫以治之。爲之醫者，默坐終日，不疏一方以療病，則關格不且益甚乎？又如遠行不知所之，彼鄉導者當示以正途，告以閒道，語以險夷，使行者坦然而前進。今乃無一言以正其趨，指其迷，尚何需此鄉導哉？且人於朋友所行非義，不惜忠告而善道之，矧以君命之尊，舉天下國家之大，責之争臣，論辨其是非得失，於以獻可而替否，此而不言，其棄君命也甚矣，其廢斯道也亦甚矣！有道之士則不然，平居陳善納誨，條奏所宜，内設外施，無非我后之嘉謨嘉猷。固早引君當道，立於無過之地，無待有過而補救。其後有過，事出意外，不得已而用吾諫，夫亦行以直道而已，何事機智勇辯爲也？

吾故於諫議爲之説曰：蘇秦、張儀，吾黜其術，並黜其心；龍逢、比干，吾取其心，並取其術。何者？人皆以龍、比之殺身爲無術，不知龍、比特殺身於桀紂耳。聖明在上，相尚以道，龍、比之諫，行其有利於天下國家者，豈尋常争臣之所能及哉？彼蘇秦、張儀者，至是而其術無用矣。

借老蘇文入題，堂堂之陣，正正之旗，直欲推倒豪傑。其波瀾意度，亦駸駸近蘇氏矣！

前　題

夏開元

争臣之名，見於《孝經》。天子諸侯大夫，皆賴争臣救正無道之失。其在朝廷爲諫官，任言責。

世人居是官，率多箝口結舌，不能以言盡職。有訾之者曰："爾胡不言？將毋曠乃職乎？"則曰："聖朝本無闕也。"有實指闕事者，則曰："立言貴舉其大。是戔戔者，烏足瀆天聽乎？"或告以事之大者，則曰："吾亦欲言之，特俟其時耳。"及事已僨，則曰："方欲言之，不意遽已如斯。已僨之事，豈可言哉！"噫，是非不可言也，蓋不欲言不敢言耳。夫遲回顧慮而不欲言，與逡逡畏縮而不敢言，此鄙夫事君者所爲耳，豈以道事君者而忍出此哉？

古之争臣，有納約自牖者矣，有主文譎諫者矣，有攀輪折檻、挽裾還笏者矣,其至剖心瀝血,輿櫬陳屍,彼豈不知逆鱗之不可披而天威之不可犯乎?直以國事爲家事。苟於事有未協,即於心有未安,遂不覺義氣之激發,弗暇爲身計耳。今乃曰"聖朝無闕",是爲佞矣。夫以漢文之治,幾無刑措,而賈生猶以爲可痛哭太息。然則何時而可無言哉?

又曰"戔戔者不足言"。夫患每中於所忽,幾每動於其微,如以小者爲不足言,是第知守括囊之無咎而不知防履霜之漸冰也。且待既成而言之,何若及其未成之愈乎?若夫事已僨矣,因而不言,獨不思挽其將來,一誤不可再誤乎?

彼又曰:"吾固不惜爲龍逢、比干,獨惜寘吾君於桀紂也。臣沽直名,而以惡名貽君,則不敬莫大乎是。且吾非一無所言者,何其責之深而望之奢也?"是又不然。夫龍、比強諫,亦行其心之所安而已,豈計其罹禍之慘哉?而後之爲爭臣者,輒借爲口實,抑思龍、比而後強諫如龍、比者,凡有幾人?君之殺爭臣,如桀紂者,又有幾人?一較量焉,君之如桀紂者甚少,而臣之愧龍、比者甚多也。君非桀紂,而顧默默不言,是以桀紂視君而自外於龍、比也。豈愛君者乎?亦豈自愛者乎?至若掇拾故事,循例陳奏,以圖塞責而分謗,此吏胥抱文書請簽者耳,烏得謂之爭臣哉?

韓子之嘲陽城也,曰:"貞婦人吉,夫子凶。"洵不易之論矣。世有居諫垣而爲劉勝寒蟬者,吾將敬書一通以遺之。

　　劉季陵居鄉守分,自同寒蟬,杜密猶不滿意,謂其隱情惜己,斥爲罪人。況立朝居言路而可同寒蟬耶?若輩善以口給禦人,此文備寫情狀,爲進箴規。所謂愛人以德,非如輕薄子揚人之惡以快厥心也。

讀書不求甚解説

李學仁

《五柳先生傳》有云:"讀書不求甚解。"予始疑之,繼而思之,乃知其確有至理也。蓋所謂"不求甚解"者,非教人以無所用心,正教人以求其大旨,發揮事業而已矣。

一理也,未明者解之,既明者則不求甚解;苟求甚解,而明者反晦矣。一義也,未安者解之,既安者則不求甚解;苟求甚解,而安者反危矣。是故性秉於天,善之長也。論性而過求甚解,荀子以爲性惡,揚子以爲性混善惡,告子又以爲性無善無惡。説經而過求甚解,解《春秋》者愈多,而讀《春秋》者愈不知所從;解《易》者愈多,而讀《易》者愈不知所本。此皆求甚解之弊之明證也。

大抵古之解書者,有不容己之心,而因有不容己之解。故其解也,能得書中本然之義,自然之情。後之解書者,每有爭名之心,求勝前人之意,可已而不已,故愈解而愈支離。然此猶害之小焉者也。其甚者,强不知以爲知,本無心得,而好作聰明,穿鑿附會,割裂牽引,矜奇立異,致使書中大中至正之道,汎濫汨没,蕩然無存。若是者,不愈滋天下後世之惑,爲人心世道之憂乎?

故吾甚願得一不求甚解者,與之講求大旨也。昔諸葛公獨觀大略,而德業與伊吕相伯仲,此讀書不求甚解者也。王安石泥古變法,卒以官禮誤蒼生,此讀書而求甚解者也。今之鹵莽滅裂者不足言矣,其有志讀書者,或但能爲章句小儒鑽研於故紙堆中,以爲聖賢之道,爭得失於文字間,豈知道固有妙於文字之外而不沾沾於文字者乎?

莊子曰:"六經,先王之陳迹也。"薛文清曰:"六經豈道也哉!"

文文山曰："讀聖賢書，所學何事？"吾願世之讀書者，弃糟粕，取菁華，體會於身心性命之微，措施於家國天下之大，功歸實用，而後滿乎讀書之分量也。五柳先生所謂"不求甚解"者，意在斯乎？意在斯乎？

得心應手，汩汩然來，筆有英氣，的未易才。

前　題

李　坤

士有讀書而無所用其心者。或問之，以"不求甚解"謝。噫嘻，是讀陶文而誤會其意也，是不可不爲之説。

讀書之法，孔子教人之言最詳最精。陶之不求甚解，可謂深通孔子之言者矣。孔子之言曰："慎思之，明辨之。"又曰："多聞闕疑。"又曰："君子於其所不知，蓋闕如也。"明教讀書者以求解，即教以不求甚解。

秦火熾，羣經燼，先聖微言大義，其存者或由口授，或得諸壞壁中，殘缺舛錯，亦已多矣。而又有作僞者以亂其真，於是賈、馬、許、鄭之徒起而訓詁之，解書之功亦大矣哉！然薄物細故，偶有訛脱，苟無關大義，存而弗論，可矣。爲漢學者連篇累牘，反覆辨論，紛如聚訟，此墨守訓詁者必求甚解之過，非漢儒之本心也。

今夫物極則思反，本變則加屬，天下事大抵然也。宋人之學出於漢人，繼而入室操戈，斥考據爲穿鑿，詆箋注爲附會。且謂讀書爲玩物喪志，蓋深疾泥漢學者之弊，不復計習聞其説。而貌宋學者不惟不求解，將並不讀書也。

噫嘻，千載下深通孔子之言，讀書不求甚解者，惟陶公一人。而無所用心之徒，誤會其説，輾轉相誤，伊於胡底耶！善讀書者，惟於不求甚解之中加之意而已矣。

闡發允當，辭無枝葉。

偽物亂真考

吳　遲

三代而下，人心之狡詐日增，而天下之偽者日多，真者日亂。姑即物而考之。

一載籍也，有誣及聖人者焉；一文牘也，有闖干國法者焉。錢鈔鹽引，公物也，而私者混行；藥餌皮幣，常物也，而假者竊冒。且也執券而爭訟於官，劑劑難分也；持玉而競貨之市，琳珉莫辨也。銀也，而注鉛於中，則外是而內已非矣；木也，而著色於上，則貌是而質已非矣。其他偽物不勝指數。前之偽者未絕，後之偽者旋生，以偽引偽。人方察其如何作偽，而欲清其偽之源，彼更揣其如何察偽，而倍工其偽之術。甚且偽者更與偽者爭勝，而愈偽愈工，真有爲意想所不到者，正不知流極將何所止也。

且夫偽者非似之謂也，似者如紫之亂朱，不過其迹近似而已，猶可辨也，而孔子已惡之。若夫偽者，則本非是物也；即而望之，居然爲是物，所謂“名存而實亡”者。苟不知其所由偽，雖欲辨之，亦何從而辨之？此其欺世亂真，豈物之自爲哉？蓋惟有作偽者，偽物乃百出不窮，而莫之能辨矣。雖然，真者可久也，偽者不可久也。偽於一時，而真者爲之亂，久之而真者自見，不待辨而偽者廢矣。

吾甚惜夫作偽者之聰明大可用，而乃誤用其聰明也。方今外夷技藝遠勝中華，華人善作偽者，恒自諉爲不逮，然彼特以智巧勝耳。使作偽者舉其心思材力返而攻乎有用之技藝，安在智巧之不若外夷也？所願操政柄者，妙其權衡，挽而歸之於正，則偽絕而物皆利用，又豈徒作僞者之幸哉？

善談物理，不同凡筆。

擬樸學齋銘并序

朱維清

《記》云："《詩》曰：'衣錦尚絅，惡其文之著也。'"又云："甘受和，白受采。"夫天下之物有內美者不欲外彰，抱素質者容施藻繢，凡物皆然，而況於人乎哉？

人固靈於萬物者也，今創書院講學，又集英俊而教育之者也。學之有成，非一朝一夕之故，而淺學往往爲習俗所移，文字以炫耀爲有才，交游以標榜爲得計，請業請益，以速化爲見功。教者又復愛人以姑息，不思力挽頹波，勢必日趨浮薄，朝榮夕瘁，喪其本真而後已。

有大君子造就人才，立意歸真反樸。其講學也，務實而不務名，圖遠而不圖近，一樹百穫，收效在百年之久。異日奇材偉器，鳳舉龍騰，登其堂入其室者，歙歔慨慕而言曰："此昔年某某講學處也。"風雲屢變，日月常新，以茲承先啓後，庶幾無愧。若以今日之首闢精舍，登進秀良，紬史犖經，飛詞騁辯，遽詡爲有德有造，是將塗飾耳目，以賣聲名於天下也，可恥孰甚焉！茚山院長有鑒於此，爰署其居室曰"樸學齋"，既以自勖，並勖多士。維清從而銘之，其辭曰：

學以至道，誠之爲貴。外懲色取，內誠作僞。欲好華靡，謂誠爲樸。嗤鄙嗤陋，吾以勸學。言鄙乃信，貌陋乃慤。共學適道，古今商榷。各懷至寶，自善秘藏。性猶金堅，德比玉良。琢璞鍊鑛，篤實輝光。千載而下，鑒斯室堂。

銘詞簡淨，序尤深至。

學貴變化氣質說

熊廷權

吕東萊謂爲學乃能變化氣質，斯言誠要論也。夫人氣質各有所偏，變化者，務求其偏而强制焉。由强制而漸近自然，是由變而化也。

所謂强制者，讀古人書，於其善者，則返躬自問曰："吾能也乎哉？奈何弗勉？"於其不善者，則捫心自省曰："吾免也乎哉？奈何弗悛？"如是而遷善改過。久之，則如金斯鎔，如玉斯琢，而不善者亦善。又久之，而與之交者，如入芝蘭之室，久而不聞其香，斯變而化矣。

夫陶土爲器，器成而不見土者，變之謂也；釀秫爲酒，酒成而不見爲秫者，化之謂也，學者醖釀而臻化境。既去其偏，乃得其全。其復性也，純乎義理之精，更無氣質之累。學之獲益於變化者，不誠大哉！

苟無變化之功，一任氣質之偏，依倚馳騁，淺學固以驕奢淫佚害一身矣。績學之士，讀書高談周孔而執拗不回，每以辯言亂政圖治，上法堯舜而剛愎自用，遂至恥過作非。氣質之偏，害及家國天下，學者所當深戒也。

深穩。

擬經正書院藏書記

李　坤

　　貴陽陳公守雲南，設豐備倉，藏穀幾數萬石。光緒壬辰後，歲屢不登。甲午大饑，滇人賴倉穀，鮮有殍者。

　　父老德之甚，輒碑之口。余曰："公固喜食滇人，然更有飫於倉之穀者，藏書是也。"昔天縱驕子回，巢我五華，燼我書樓，焚棄我經籍圖史及我賜書。地瘠道遠，復之無由。生其後者，欲得聞古人之前言往行，惟耆老之口説是恃。閒或得之敗紙堆中，蓋亦已僅矣。公來，請於大司馬仁和王公，少司馬鎮遠譚公，築精舍，延碩儒，選士二十有四人，飲食教誨，禮數有加。既又購書於滬，於粵，於楚，於金陵，先後凡數萬卷，櫛庋之樓，縱人往觀。游其地者，如荒之得振，饑之得餉。又如竇人驟得珍饌，恣情啖嚼，不復計腹之彭亨也。

　　夫藏書不過飫二十四人耳，即有外來觀者，亦不過數十人，似其惠亦小。然此二十四人與夫數十人者，以是而飽乎仁義焉。他日舉於鄉，立於朝，仕於四方，吾知其必有以食天下之人也。則公之食人，豈第倉穀以爲飫乎？走固餒於腹，幸得備二十四人之列。方將取其書而枕葄之，特未知食於人者。異日果能食人否也？故記藏之由，以勖來讀者，並自勖焉。

　　　借賓定主，即借賓設喻。緊扣題位，故能淨滌陳言。寫意處不貪多，不好盡，不妄夸詡，故不落俗派。初學往往不知扣題，又好鋪張馳騁，滿紙浮詞，當以此等文藥之。

漢以前五言詩章句考

熊廷權

　　自來談詩者皆稱漢之蘇、李二家爲五言之祖，考之載籍，漢以前五言章句，備具久矣。

　　文章至唐虞而始焕，考詩者亦當斷自唐虞。《禮經》載伊耆氏蜡詞，章末"草木歸其澤"句，即五言之權輿。然是祝詞，猶未明著爲詩也。《虞書》載皋陶《賡歌》，有"元首叢脞哉"句，明著爲詩矣，然猶連語助爲句也。至《夏書》載《五子之歌》曰："鬱陶乎予心，顏厚有忸怩。"純乎五言句矣。

　　商周繼起，詩道大昌，其章句總匯爲《三百篇》。五言句見於《商頌》者，如"我受命溥將"；見於《周頌》者，如"駿奔走在廟"；見於《魯頌》者，如"淑問如皋陶"；《大雅》如"侯文王孫子"；《小雅》如"兄弟鬩于牆"；《國風》如"維以不永傷"，此類不可枚舉。至如《召南·行露》之"雀角""鼠牙"二章，《衛風·木瓜》凡三章，幾於全用五言；《魏風·十畝之間》凡二章，全用五言矣，然亦連語助爲句也。迨讀《小雅》，得《北山》之"或燕燕居息""或不知叫號""或湛樂飲酒"三章。又讀《大雅·得緜》之"虞芮質厥成"一章，皆全用五言，可爲後世法。《北山》詩連用十二"或"字，格調尤奇。後世善學者，惟昌黎《南山》詩耳。由是觀之，五言傅句於堯年，成章於周代，經典已有明徵。

　　漢人五言，其體源出自《三百篇》，原非創始。但《三百篇》參用章法，無全篇五言者。全篇五言，短篇見於他書，如《孟子》所載《滄浪歌》之類。長篇起於蘇、李，詩家爭相仿效，遂爲專體。漢人擅長，更有枚乘、傅毅、辛延年、蔡邕、蔡琰諸家。枚叔魄力尤大，撰著較多,有五言數篇與武仲詩載《古詩十九首》中,不標故人誦習其詩,而罕稱道其人。蘇李詩載《昭明文選》中,特標名氏。又其詩與《十九首》皆温厚和婉,得《三百篇》遺意,故《十九首》外,無人不推尊蘇、李。然尊爲"五言詩宗"足矣,祖之,不已誣乎?

或謂五言信不始於蘇、李,而章句之分,猶有疑焉。如《小雅·祈父》篇,"祈父"連下文成句,殊老健;"亶不聰"章,恰是全章五言。而舊説必斷"祈父"爲句,則非五言全章,不足以證漢詩矣。

至引證他書,如《魯論》載《接輿歌》:"往者不可諫,來者猶可追。"《國語》載《優施歌》:"人皆集于菀,已獨集于枯。"此摘二句作證者。《左傳》載《宋野人歌》:"既定爾婁豬,盍歸吾艾豭。"《新序》載古語:"蝨喙仆棟梁,蚊芒走牛羊。"此録全詞作證者。然止二句,或未成章,不足以證漢詩之成章者歟?曰:成章矣。古人篇章,不拘句數多寡,如《小雅·魚麗》篇,長短句也,後三章皆以二句成章;《齊風·盧令》篇,亦長短句也,凡三章,通以二句成章矣。且如漢世謠諺,竟有一句之歌,皆七言句也。如"關西孔子楊伯起"句,一句之中,"子"與"起"上下協韻,自成章法。七言一句尚可成章,又何疑於五言之二句成章乎?

援据經典,不屑氾濫逞博,徵引處運以文法,不作鈔胥伎倆。

經正書院課藝二集

陳小圃院長選定　監院張督刊

光緒二十九年癸卯六月開雕

目　録

卷一　經學

卷二　史學

卷五　古近體詩

卷六　經文

續選《經正課藝》序

人才與時爲變遷，不因地爲優劣。滇省僻處西南，入中國最晚，然春秋時莊蹻開疆，已至滇池。至漢武帝元封二年，廼置郡治。後漢永平二年，又分置永昌郡於不韋。其時風氣始開，人文漸啟。元和中，蜀郡王追爲太守，大興學校，而甘露、白烏之瑞見。滇人許叔入中國，受五經，歸，傳其鄉人。張志復游成都，歸，以字學教其鄉。於是滇學之盛，滇才之隆，遂迥殊疇昔矣。我朝文教覃敷，軼唐轢漢，滇雖邊徼，一時名臣碩彥，接踵而起者，指不勝屈。殆金碧之靈，鬱久必發歟！抑官斯土者，於學校實能振興而鼓舞之也。

夫人才恒視學校爲廢興。咸、同間，獷逆不共，蹂躪列郡。用兵幾十餘載，弦誦不作，禮樂云亡。近三十年，始增葺書院，重籌膏火，遠近肄業者靡不爭自濯磨，以求進取。日月所課，裒集成編，鉅製制鴻章，燦然美備。今復輯近數年課藝，丐序於余。余維滇省之人才固較盛於昔矣，而滇省之形勢尤較棘於昔。昔則內地無憂匱乏，外復有藩封土酋，表裏捍衛，故諸生得以剛經柔史，鼓吹休明。今者越淪於法，緬襲於英，利源既等漏巵，交涉復虞鑄錯，況地據天下上游，蜀、粵、楚、黔倚爲屏蔽，土生其間，若不先儲明體達用之學，一旦繁劇驟膺，奚從措手？近復迭奉諭旨，力矯空談，諸生目擊時艱，志規遠大，必於中西學先窺其堂奧，繼計其精深，將以坐言者起行，上副朝廷側席之求，下厪桑梓綢繆之討，不徒以詞章考據沾沾自鳴，是則余之厚望，而此編特其嚆矢也。是爲序。

光緒壬寅仲冬，滇黔使者兼署撫滇使者邵陽魏光燾譔。

《經正書院課藝》序

昔阮文達公歷任疆圻，所至以經學陶鎔多士，於粵有學海堂，於浙有詁經精舍，而於滇獨闕如。余竊疑之，既而訪諸滇人士，或謂公嘗擬於翠海側承華圃構治經學舍，未果行而卸任去。是説也，蓋不爲無因云。

光緒庚寅春，余以雲南府兼權鹽法道事，時督滇者爲仁和王公，撫滇者爲鎮遠譚公，皆孜孜以培植邊士，振興文教爲亟務。余因請之二公度地於翠海側湖山清曠之區，創建書院，專課經古之學，曰"經正書院"，取"經正民興，斯無邪慝"之意。并奏蒙御書"滇池植秀"匾額懸之院中。建藏書樓，廣購書籍儲之。聘品粹學博之儒爲主講，籌設内課高材生，正額膏火二十四名，副額膏火十二名，外課生膏火八十名。詳訂課程規條，刊諸石。於是士之入院肄業者，既得詩書啓發師友淵源，又有絃誦之資，無身家之累，莫不踔厲奮興，專心致志，日以實學相切劘。十數年來，經明行修之士多出其中，相繼掇魏科，登詞館。即鄉里聘師者，一聞院中士，咸争先延致。近日遴選教習及師範遊學各生，率皆取材院中。而袁生嘉穀者，在院肄業最久，復以廷試經濟特科第一人，蒙恩授職編修，僉謂斯院之設於滇中，文教不無裨益。

陳小圃太史主講有年，矜式端嚴，訓課肫摯，咸以經師、人師相推重。暇日選訂書院課藝，分爲四集，授監院張竹軒廣文付諸剞劂，而請序於余。閱之，類皆佩寶銜華，彬彬雅雅，言之有物，一洗從前空疏譾陋之習。洵乎滇之多材，材之可造也！如此因回憶建院時，王公、譚公與余籌歀訂章，口講指畫，勤勤懇懇，光景猶在目前。今院中之士稍有成就，斯集之刊刻有成，譚公獨不及見之，質諸王公，其可感歎爲何如也！而余尤重有望於滇人士者。

方今變書院爲學堂，恭讀光緒二十七年八月初二日上諭，其教法當以四書五經、綱常大義爲主。十二月初一日，上諭務期端正趨向。大哉聖謨！此薄海人士所當恪遵者。士生今日，固宜講求時務、西學，擴充見聞，博通經濟，爲切實有用才，斷不可墨守老生常談，硜硜然自畫自封。而要之根柢所在，趨向所宗，必先崇經術以正人心，明人倫以固邦本，於平權、自由，悖謬不經諸邪説，皆當峻其防閑，絶其漸染，以期爲吾道之干城，國家之楨幹。是書院雖變，而經正民興，斯無邪慝之旨，固自有天不變道亦不變者。滇人士勉乎哉！

光緒二十九年癸卯十月，云南督糧使者貴陽陳燦撰。

續選《經正書院課藝》序

古之教出於庠序，今則庠序存其名，而教歸書院。古之士學以致用，故在上者養天下之才，悉以取辦天下之事，而充然各足。今則登進者百闞其門，不必皆出於學，而學其學者，又相承錮溺制舉、俗學之中，以空疏揣摩相倣效，以華藻繡鑿相師資，以性命從事知盡能索相弋取，其於經世大務，傳學微恉，則茫乎其如重山之隔與江海之無涯涘也！士之所係如彼與教之所重如此，而今皆奚若？豈不悲哉！

夫遷變至於此，極有心者惕然思之，蓋未嘗不有淪胥潰洞之大思也！又況我方嚮晦，人方嚮明。今之疆索以外，環球而逞東西大小之國，務駸駸以文明相眩。及核實攷之，則又未嘗無一事不出於學，無一人不出於教。學其所用，用其所學，相濟相成。又適與吾中國今日之循名而背實者，蓋相反也。吾中國之積弱久矣，其積重之難返亦已甚矣。矯枉之士，舍吾學而逐西學，浸久，心思耳目性情相習之，專注者又或沾沾自矜，敚其所主，是豈特學變之大患哉！

然則如之何而後可以救此患哉？曰吾學特遷流衰變焉耳。吾中國之學、之教、之政，敚於名與實之歧，霧習焉，溺焉，而相忘焉。此匪伊朝夕事也。學與教有條貫而不審教，與政相表裏而不知以是，徒紛紛爲有如北轍而南其轅，行之愈力，去之愈遠，將天下奚以得人才而治？人才奚以得教養而成哉？

書院之歧，出於庠序也。姑不必以正古而多更張，考其實焉而已。書院之學、之教、之政，遠於古義也，則不可不極辨也。何也？

往不可追，來猶可諫。方今朝廷鑒於制舉空疏之弊，振興法制，將以求諸致用之才，凡天下學者、教者，宜不待勞而知，所以返其積重者矣。故揆之今日政教之勢，風聲之樹，以士林爲最先。士林觀摩之術，器識文藝又相表裏者也。主教者能體汲汲求才之意，力溯古先圣王儲才致用之教，雖以今日書院躋於古之庠序，可也，又何彼文明之可言？而學變啟主之可患哉！

雲南經正書院亦既建設有年所矣。其課士宗怡，別於他書院之教法，大底以詩古文辭相摩濯，蓋猶愈於錮溺制舉之俗學者。昔嘗彙徵課士之藝而梓行之，倘所謂襲馨擷英，以揚達材、勵末進者，非即今茲復有續選課藝之刻，其怡蓋猶舊也。於時天下之局，變故方殷，需才尤亟，則朝廷之所以望士，與士之所求効用於時而相觀以取益者，又有進矣。

余掌鹺綱於滇者十餘年，書院膏火之所出，延師講學之主名、規例，皆鹺署事。是故余非教士之官，而於教士之事，蓋猶得與聞也。今刻課藝，徵序於余，余乃明夫古今政教遷變之故，爲多士告；兼以因時求才、進退關鍵者望之多士，又不知其以余言爲河漢無極否也。

光緒癸卯孟春，滇南鹽法使者長白普津譔。

卷一　經學

《月令》"五祀"與《王制》"五祀"異同考
（崧督憲課正取一名）

李　堃

《月令》"五祀"與《王制》"五祀"，有本異而不能強同者，有應同而不必強異者，要皆非今之所謂五祀者也。

今之言《月令》"五祀"者，謂臘先祖五祀。鄭注云："五祀，門、户、中霤、竈、行也。"即本《月令》"春祀户，夏祀竈，中央祀中霤，秋祀門，冬祀行"而爲言。《曲禮注》謂之殷制。

今之言《王制》"五祀"者，謂大夫祭五祀。鄭注云："五祀，司命也，中霤也，門也，行也，厲也。此謂大夫有地者。其無地則三耳。"蓋本祭法，諸侯爲國立五祀，曰司命，曰中霤，曰國門，曰國行，曰公厲。諸侯自爲立五祀，大夫立三祀，"曰族厲，曰門，曰行"而爲言。《曲禮注》謂之周制。

蒙按：《御覽》引《世本》："微作五祀。"注："微者，殷王八世孫。五祀謂門、户及井、竈、中霤。"則鄭氏謂《月令》爲殷制是已，謂五祀祀行則不然。《白虎通》何以知五祀謂門、户、井、竈、中霤也？《月令》曰："其祀户。"又曰："其祀竈，其祀中霤，其祀門，其祀井。"是班氏所見之《月令》，"行"本作"井"，故《漢書·郊祀志》曰："大夫祭門、户、井、竈、中霤也。"高誘《吕覽注》："'行'或作'井'，蓋'井'篆作'井'，'行'篆作'行'。中畫偶斷，易譌爲'行'。"《吕覽》在班氏前，班氏又在鄭氏前。《吕覽》本或作'井'，則《月令》之"行"確爲

"井"字之譌無疑。鄭氏不訂,本之注《曲禮》:"大夫祭五祀。""禮運'降於五祀之謂制度'。"疏矣。

然以殷制釋《曲禮》,《禮運》則最諦。蓋《曲禮》雖含五禮,與《儀禮》其事是一,同爲周制。然孔子曰"周因於殷禮",斯殆其所因者乎?《禮運》記五帝三王相變易及陰陽轉旋之道,即以爲殷制,可也。祭法七祀、五祀、三祀之説,近儒皆不信。至謂古傳紕繆,莫此爲甚。蓋以司命天神,中雷、門行、地示、厲人鬼,一祭而三者備,元公制作,不應如此雜糅。鄭氏以其於古無徵,疑爲後王所更定,故注《王制》引之,已不安矣。猶可説也,謂有所損益也。《儀禮·既夕記》,"禱於五祀",注又引之。

夫《儀禮》與《曲禮》,其事是一。既以殷制注《曲禮》矣,復以周制注《儀禮》,是何自相矛盾乎?蒙意《王制》"五祀"即《月令》"五祀"。《王制》多采《月令》語,如獺祭魚,豺祭獸,鳩化爲鷹,草木零落以及薦麥、薦稻等語,皆見《月令》。則所謂"五祀"者,即《月令》之"五祀",殷制也,本不相異。其強異之者,不過注家引祭法,經固無明文也。應以《王制》注《月令》,祭法諸祀,闕疑可也。故曰有應同,而不必強異者,即此是也。

若夫本異而不能強同者,《月令》"其神句芒,其神祝融,其神蓐收,其神元冥",此即《周禮·大宗伯》以血祭祭社稷,五祀之五祀也。《春秋左氏傳》昭二十九年,蔡墨對魏獻子云:"社稷五祀,是尊是奉者。"亦即此。蓋惟天子得祀之,故云決不能同也。

周有八士攷

（裕撫憲課正取五名）

李楷材

八士之生，鄭康成謂當成王時，劉向、馬融謂當宣王時，然皆未見所依據。惟《晉語》胥臣謂晉文曰："文王即位，詢于八虞。"賈氏注以爲"八虞"即周八士，皆爲虞官。又《逸周書》"和寤""武寤"二篇，序武王將赴牧野之文，一云"厲翼於尹氏八士"，一云"尹氏八士，咸作有績"。至《克殷篇》，則命尹逸作策告神，命南宮忽振財發粟，命南宮百達遷九鼎三巫。

國朝翟氏灝作《四書攷異》，遂據此八士爲周初人，而引《漢書人表》，列八士於文王子諸人之前，以爲八士周初人之證。且定八士爲南宮氏。及毛西河作《論語稽求篇》，則又與翟説互異，以爲《逸周書》之南宮忽及百達二人，二名偶同，不可引以證八士即君奭五臣。馬融注《十亂》，俱有適名，然餘無他見。如謂八虞即南宮氏子，則適非虞官。且《晉語》胥臣於詢八虞下又曰："度於閎夭，而謀於南宮。"則在八虞外，別有南宮氏，難強同矣。

愚按：西河謂南宮適非虞官，未詳。至其引《晉語》證《逸書》，以爲八士非南宮氏，其説確而有據，否則八士果南宮氏，何以《漢書人表》於八士外復著南宮適耶？然則八士之非南宮氏，彰彰明矣。若夫八士之生當周初，西河所見與翟氏略同，且引董子《春秋繁露》"四產得八男，皆君子雄俊，此天之所以興周"諸語以證，足知八士之爲周初人，固有灼然無可疑者。

總之，八士爲周初文、武時人，非成、宣時人，而姓氏則《逸周書》尹氏之外別無可攷，不得牽合於南宮，反滋後人之疑也。至《逸周書》之命尹逸作筴，八士無逸名者，豈於尹氏八士之外，復有一尹逸耶？抑即尹氏之八士，而傳寫誤其名耶？然而不可攷矣。

讀《禮運》

（陳藩憲課正取一名）

李　墍

《禮運》非孔子言也，亦不類漢博士作。

《中庸》曰：“仲尼祖述堯舜，憲章文武。”《論語》曰：“禹，吾無閒然矣。”又曰：“久矣，吾不復夢見周公！”今以所憲章、所無閒、所夢見者與殷、湯、周、成概以爲小康而小之，其不可信者一。

《論語》陳司敗問昭公知禮乎，孔子曰知禮。又或問禘之説，子曰不知也。今曰：“魯之效禘，非禮也。周公其衰矣！”夫失禮一也，於先公則諱之，於先王則訐之，豈孔子之敬先王不若先公乎？其不可信者二也。

《論語》曰：“夏禮吾能言之，杞不足徵也；殷禮吾能言之，宋不足徵也，文獻不足故也。”今曰：“吾得夏時，吾得乾坤。”大相逕庭矣。其不可信者三。

《易》之《繫辭》曰：“易有太極，是生兩儀。”今曰：“禮本於太一，分而爲天地，轉而爲陰陽。”夫天地、陰陽，即兩儀之説也。經傳固見之習矣，以太極爲太一則無有，惟莊周書有之，周不嘗述孔子之言乎？然豈果孔子之言乎？其不可信者四。

蒙嘗紬繹其辭，如論造化曰天秉陽，垂日星；地秉陰，竅於山川。論治，曰聖人耐以天下爲一家，以中國爲一人。論人，曰天地之心，又曰天地之德，陰陽之交，鬼神之會，五行之秀氣。論禮，曰固人肌膚之會，筋骸之束。精微奧衍，迥非漢京諸儒所能道。第

133

"大同""小康"之論，實與"尚同""兼愛"及"大道廢，有仁義"諸說相發明，呂成公斥爲墨翟、老聃之言，非苟論也。

慨自海禁大弛，疆事日亟。儒之溺西學而倡橫議者，見彼之有合衆國也，曰是天下爲公也；見彼之有上下議院與息兵之會也，曰是選賢與能，講信修睦也；又見其國皆有善堂、學堂，曰是不獨親其親、子其子，故能老有終，壯有用，幼有長，矜寡孤獨廢疾有之養也。惡貨之棄於地也，則礦務有公司；惡力之不出於其身也，則製造有工廠。彝乎彝乎！何竟致大同之化，使盜竊亂賊不作而外戶不閉乎？是宜變法以從之。

夫他可從也，合衆國不可從也。堯舜既没，聖人之道衰矣。效燕王噲，是導天下以爭也；效華盛頓，是導天下以逆也。逆不可也，爭亦不可也。導爭導逆，而猶假孔子之言，則更不可也。蒙爲此懼，故據王伯厚氏所聞者，直謂《禮運》非孔子言，其亦涑水疑孟之意也夫！

問：《泉水》詩《序》以爲衛女思歸所作。衛女究係何人？詩中"于沫""于禰""于干""于言"究係何地？試詳考而確陳之

（興皋憲課正取二名）

吳 琨

《泉水》一詩，《序》言："衛女思歸也。"毛《傳》、鄭《箋》不詳世次，皆不指衛女爲何人。故于"沫""禰""干"言，亦不指爲何地。

竊以此詩之"衛女"，當爲《載馳》篇之許穆夫人。彼曰："驅馬悠悠，言至于漕。"此亦曰"思須與漕，我心悠悠"，其爲戴公廬漕時

許穆夫人所作可知也。按：春秋僖元年，齊、宋、曹救邢，遷于夷儀。次年，城楚邱而封衛。衛與曹、邢皆姬姓，而齊、宋則衛之婚姻。衛女欲與諸姬謀者，意在曹、邢二國。又以齊爲霸主，長、少二姬且有寵，故望其援語不及宋者，則以桓夫人已大歸，礙難往宋也。此詩衛女寫懷，與當日情事恰合。

二章曰："出宿于泲，飲餞于禰。"茲就其地考之。言自許告曹，由曹告齊，以救衛也。《儀禮·士虞禮》注引"出宿于泲"，"泲"作"濟"。《禹貢》"濟"字，《漢書·地理志》俱作"泲"。顏師古謂"泲"本濟水之字，是也。今河南開封府陳留縣，有臨濟城，自許至漕，必經之處。故曰"出宿于泲"，言使者之至曹，將投宿於此也。今山東曹州府曹縣，有大禰澤。又自曹至齊必經之處，故曰"飲餞於禰"，言曹人送使者至齊，當餞之於此也。夫人何以遣使至齊？夫人之未嫁於許，曾未許小而遠，齊大而近，見《列女傳·許穆夫人傳》計衛之亂，能救衛者，莫齊若也，故遣使至齊。至齊何爲先？至曹也。自計至齊，路必經曹也。當日者，齊合諸侯，封衛於楚邱，儻亦是役之力歟？

三章曰："出宿於干，飲餞于言。"言告齊畢，又當告邢，由邢之衛也。請仍就其地考之。今直隸順德府唐山縣，古邢國名也，在漢爲柏人縣。李公緒記云："柏人縣有干山、言山。"《太平御覽·地部引》干山，居縣之東，自齊至邢，自東而西也。使者之至邢，或宿于干，故曰"出宿于干"。言山居縣之北，自邢至衛，自北而南也。邢人送使者至衛，或餞之于言，故曰"飲餞于言"。

夫使者之至齊，奉夫人命求援也；使者之至衛，奉夫人命唁兄也，至邢何爲乎？曰：是時，邢亦曾罹狄難，又同姓之國，故遣使於邢，亦求援於邢，冀其同患者救援必急也。詩之意密矣，情見乎詞矣。

自三家淪佚，遺義就湮，《泉水》與《載馳》分居邶、衛，學者鮮會通其旨。而毛、鄭又不詳言"泲""禰""干""言"之地，後之學者幾視爲詞賦家虛構之詞，無足深求，不知詩言"沸""禰""干""言"之意，故不知《泉水》之詩爲何人所作，是亦説經者之疏也。

問:《泉水》詩《序》以爲衛女思歸所作。衛女究係何人？詩中"于沸""于禰""于干""于言"究係何地？試詳考而確陳之

（興臯憲課正取五名）

李法坤

《邶風·泉水》一詩，《序》以爲衛女思歸而作，而傳疏未明言爲何人。"于沸""于禰""于干""于言"，未明指爲何地。諸儒聚訟紛紛，未能畫一。然欲考其人，先考其地；欲考其地，先考衛女所思歸之時與事。不此之察，沾沾於諸儒中辨別是非，亦未得解經之旨也。

竊以爲《序》所謂"衛女"者，乃宋桓夫人，非許穆夫人也。思歸者，以衛東渡河，廬於漕而思歸，歸唁其兄也。其"于沸""于禰"者，自漕適宋，水路所經之道也；"于干""于言"者，自頓邱至宋，陸路所經之道也。何徵之？徵之經，徵之傳，並徵之方輿載記諸書。

徵之經者何？此詩與《載馳》皆爲衛女思歸而作。《載馳》至於漕邑，歸唁衛侯。此詩"思須與漕，有懷於衛"，則衛非都朝歌時之衛，乃廬漕邑時之衛也。《載馳》既爲許穆夫人所作，此詩當爲宋桓夫人所作可知。此徵之經而可證者也。

徵之傳者何？春秋閔二年，《左氏傳》載："狄入衛，宋桓公逆諸河，宵濟衛之遺民男女七百三十人，益之以共滕之民，爲五千人。立戴公以廬于漕。"則立戴公以廬于漕，既爲宋桓公，而"思須與漕，

歸唁其兄",當爲宋桓夫人無疑。此征之傳而可證者也。

徵之方輿、載記諸書者何？考顧棟高《春秋大事表》"河未徙圖"，淇水源出河南衛輝府輝縣之共山。鄭百泉即在山下，經淇縣，東流逕濬縣界南入河。濬縣，春秋時衛地。縣西二里，有黎陽故城。相傳黎侯失國，寓衛時居此。其西北岸爲淇縣。衛，朝歌地。閔二年，衛爲狄所滅，又敗之河。杜注："衛將東走渡河。"狄人敗之北，淇縣之東也。宋桓公逆諸河，則在濬之西南矣。至宿胥口，受河水，始東經滑縣西南。滑縣，漢之白馬縣，春秋時衛之曹邑也。閔二年，狄滅衛，宋桓公立戴公廬於漕。又縣東南二十八里，有須城。須與漕相近，《詩》"思須與漕"，即在此地也。又東北經滑縣東北，又東經開州西，又東北經開州北。開州，春秋爲衛地，亦曰帝丘，衛城公自楚邱遷於帝邱，即此地也。又東北經清豐縣南，清豐，漢頓丘，古衛邑。《詩》"送子涉淇，至於頓邱"，即此地。爲自衛適宋水路所經之道也。自清豐舍舟登陸，東南至濮州六十里，濮州，春秋時爲衛地。濮州南至曹州百里，曹州至曹縣百二十里，曹縣爲宋舊地。曹縣至歸德百二十里，歸德，春秋宋國都也。爲自衛適宋之陸路也。此詩"毖彼泉水，亦流干淇"，蓋思衛故都。水路所經，必自百泉始入淇水而來也。三章言"載脂載牽，還車言邁"，蓋思由清豐登陸，必脂車而後可言邁以至宋也。

古者飲餞於郊，則"沛""禰"蓋衛近郊地；"干""言"，蓋衛遠郊地，當在水陸路必經之道。案：沛，馬瑞辰《傳箋通釋》謂："沛，即濟之或體。"《列女傳》《文選注》引《詩》"出宿于濟，定之方中"，箋釋"楚邱"云："自河以東，夾於濟水。"是衛地近濟之證。"禰"即泥。鄭注《士虞禮》引《詩》"飲餞于泥"即式微之泥中，泥中在濬縣地。與須曹之在滑縣者相近，則沛、禰之在廬漕近郊地可知矣。至"于言"，顧祖禹《方輿紀要》："在清豐縣西南三十里，有干城。"《路史》以爲"出宿于干"之"干"。縣北十里，又有聶城。《寰宇記》"干""聶"並衛大夫食邑。"聶""言"聲近，恐聶城即言城之譌也。爲衛遠郊地，舍舟登陸，亦須飲餞，禮或有之。此徵之方輿、載記諸書而可證者也。

有此三證，則"衛女"爲宋桓夫人無疑。即"沛""禰"爲衛近郊地，"干""言"爲衛遠郊地，更可知矣。

《左氏》浮誇辨

（興臬憲課正取四名）

李楷材

韓昌黎謂《左氏》浮誇，余以爲《左氏》非浮誇也。則請徵之前人，推之□□所在，以爲學者備一説，可乎？

按：《左傳》當漢和帝之世，始立學官。而其先事争立《左氏》，至劉歆移書讓太常博士。歆雖依附王莽者，而其學則淵源於父劉向，非薄植無基之比。歆學既有淵源，而争立《左氏》，蓋非浮誇無可取之書明矣。況賈逵論《左氏》，則引伸《公》《穀》不如《左氏》者，至四十事之多。是《左氏》且愈於《公》《穀》，何得云浮誇？至唐劉知幾作《史通·外篇》，其《申左》一篇，則引《孝經·鉤命決》孔子曰："吾志在《春秋》，行在《孝經》。"於是授《春秋》於邱明，授《孝經》於曾子。又引《史記》曰："孔子西觀周室，論史記舊聞，次《春秋》。七十子之徒口授其旨，有譏刺褒諱之言，不可以書見也。"魯君子左邱明懼弟子人各異端，失其真意，故因孔氏史記具論其語，成《左氏春秋》。據知幾所引證如此，則《左氏》實源出於孔子，豈得疑爲浮誇？

而知幾之論《左氏》三長，則謂《春秋》之作，始自姬旦，成於仲尼，邱明之傳，有所筆削。及發凡例，皆得周典，傳孔子教，故能成不刊之書，著將來之法。其長一也。又曰："魯文籍最備，邱明躬爲太史，博總羣書，於《檮杌》《紀年》之流，《晉書》《鄭志》之類，凡此諸籍，莫不畢覩。其傳廣包他國，每事皆詳，其長二也。又曰以同聖之才，膺授經之託，加以達者七十，弟子三千，遠自四方，同在一國，於是上詢夫子，下訪其徒，凡所採摭，實廣聞見，其長三也。由是而論，則《左氏》以魯史博綜載籍承夫子之教，收同學之益，作爲《左傳》，信今而傳後，豈可以浮誇論？如執昌黎一說而妄詆《左氏》，橫生疵議，則貴耳賤目，不知《左氏》之甚者也。

抑又言之，昌黎之浮誇《左氏》者，非薄《左氏》也。其舉《左氏》，以六經、《莊》、《騷》諸書並論，而即繼之曰"文閎中而肆其外"。然則浮誇者，蓋奇於文之謂也。奇於文，故浮誇之也，勿耳食昌黎，以蚍蜉撼《左氏》。

《左氏》浮誇辨

（興臬憲課正取二十名）

梁必仁

韓退之《進學解》謂《左氏》浮誇，後人遂多以爲定論，而輕疑《左氏》。嗟乎！彼疑《左氏》而信以爲"浮誇"者，豈不以其多言天道乎？鬼神乎？災祥乎？卜筮夢乎？而不知此正《左氏》之所以崇正闢邪也。

楚子庚侵鄭，董叔言天道多在西北，南師不時，必無功。叔向以爲在其君之德，有星孛於大辰，西及漢。裨竈曰："宋、衛、陳、鄭將同日火。若我用瓘斝玉瓚，鄭必不火。"子產不與。明年，鄭火。裨竈曰："不用吾言，鄭又將火。"子產曰："天道遠，人道邇。竈焉知天道？是亦多言也。"不與，亦不復火。《左氏》之言天道類如此，皆

139

信人事而不信天道，則《左氏》之闢信天道者也。

隨侯以牲牷肥腯，粢盛豐潔，可謂信於神。季良曰："夫民，神之主也。是以聖王先成民而後致力於神，民和而神降之福。"齊師伐魯，莊公將戰。曹劌問："何以戰？"公曰："犧牲玉帛，弗敢加也，必以信。"對曰："小信未孚，神弗福也。"《左氏》之言鬼神類如此，皆重人事而不重神鬼，則《左氏》之闢重神鬼者也。

鄭內蛇與外蛇鬭，內蛇死。申繻曰："妖由人興。人無釁焉，妖不自作。"石隕於宋，六鷁退飛，過宋都。內史叔興曰："是陰陽之事，非吉凶所生。吉凶由人。"《左氏》之言災祥類如此，皆先人事而後災祥，則《左氏》之闢先災祥者也。

晉獻公筮嫁伯姬於秦。史蘇卜之，不吉。及惠公為秦所執，曰："先君若從史蘇之言，吾不及此。"韓簡曰："先君多敗德。史蘇是占，勿從何益？"衛成公遷於帝邱，夢康叔曰："相奪予享。"公命祀相。甯武子曰："相之不享於此也久矣，非衛之辜，不可以閒成王、周公之命祀。"晉趙嬰通於莊姬，嬰夢天使謂之祭予，予福女。士貞伯曰："神福仁而禍淫，淫而無罰，福也。祭其得亡乎？"祭之，明日，放於齊。《左氏》之言卜筮、言夢類如此，皆尚人事而不尚卜筮、夢，則《左氏》之闢尚卜筮、夢者也。

嗟乎！人之不善讀《左氏傳》也，不察其始終，不觀其用意，惟輕疑其所言之多奇。《春秋》日食必書，意不重言天也；《書》載高宗肜日，教人遇災懼也；《中庸》言鬼神之德；《周易》為卜筮之書；《論語》言夢見周公。《春秋》《書》《易》《中庸》《論語》，經之至粹而至純者也，未嘗諱言天道、鬼神、災祥、卜筮、夢；言之，未嘗有害於純粹。其言之事在此，而所以言之意在彼也。《左氏》之言天道、鬼神、災祥、卜筮、夢，其意亦如是而已，乃人遂獨以浮誇譏之。嗚呼！豈《春秋》《書》《易》《中庸》《論語》之所言獨非天道、鬼神、災祥、卜筮、夢哉？抑《春秋》《書》《易》《中庸》《論語》皆同歸於浮誇而已哉？

大王有翦商之志辨

（普鹽憲課一名）

李 堃

大王有翦商之事，無翦商之志，史克作頌，未嘗誣其祖。泰伯遜國，未嘗違其父之志，特後人以拘守古訓之故，一再罔之，甚不可也。是不得不效諍於朱子，爲太王、泰伯、左邱明、史克辯。

朱子之爲是語者，以解《論語》三讓。見《春秋傳》有“泰伯不從”語，又見《魯頌》有“實始翦商”語，遂疑《春秋傳》所謂“不從”者，即不從《魯頌》所謂之翦商也。又念太王無翦商事，故曰“有翦商之志”也。豈知太王固有翦商事，而泰伯之不從者又別爲一事乎？

《春秋傳》宮之奇諫虞公有曰：“泰伯、虞仲，太王之昭也。泰伯不從，是以不嗣。”蓋謂泰伯不從兄弟同昭之次序而不嗣周國，非謂不從太王翦商也。《左氏》述此語，明辨以晰，與《魯頌》無涉。《魯頌》實始翦商。《傳》曰：“翦齊也。”本《爾雅·釋言》文，按《小宛傳》曰：“齊，正也。”《呂覽·順民篇》：“湯克夏而正天下。”注：“正，治也。”《漢書·高帝紀下》：“又治秦中。”注：“治，謂都之也。”周自不窋失官，竄身戎狄。公劉遷豳，仍依外地，至太王居岐，始治商邑，故文、武得纘其緒而有天下也。

且“翦”與“踐”古同音通用。近代馬氏瑞辰引《玉藻》：“凡有血氣之類，弗身踐也。”鄭注：“踐，讀曰翦。”謂“翦”亦可借作“踐”，“翦商”即“踐商”。雖少鰲傳，而不禍經，蓋亦治商之謂也。太王治商，泰伯何不可從？史克頌之，豈曰誣哉？朱子拘守許君“戩滅”之說與鄭君“翦斷”之訓，意“翦”祇此兩解，而以“之志”二字，減太王不白之誣。豈知太王之誣不減，而泰伯、左邱明、史克諸人又爲所誣也？然豈獨朱子之過哉？

對《金縢》問

（普鹽憲課三名）

季　坤

《金縢》"我之弗辟"，鄭氏曰："辟謂避居。言我今不避孺子而去，我先王有謙讓之德，我反有欲位之謗，無以告於先王。言媿無辭也。"孔氏曰："辟，法也。告召公、太公，言我不以法法三叔，則我無以成周道，告我先王。"世多以孔傳爲梅賾偽作，不知從。從《史記》之真古文第讀《魯世家》者，僉謂鄭氏惟讀"辟"如"避"合古文，餘皆異，蓋亦從鄭氏讀"辟"如"避"。蒙以爲非也。

《説文》"辟"部："擘，治也，從辟井。"《周書》曰："我之不擘。"許君敘偁書孔氏，則許君亦受真古文者，不應與史公異，可知《魯世家》亦訓"治"而不讀作"避"也。按：《益稷》載舜之言曰："庶頑讒説，若不在時。侯以明之，撻以記之。書用識哉，欲並生哉。工以納言，時而颺之。格則承之庸之，否則威之。"是古原有治流言之罪者。管、蔡流言，周公不即往治之，意者武王初喪，成王尚幼，釁生骨肉，易召外侮。宗輔遠出，内變滋生，故不欲以小故弛其大綱。善夫！《魯世家》云："我之所以弗辟而攝行政者，恐天下畔周，無以告我先王、太王、王季、文王。"三王之憂勞天下也久矣。於今而後成，語雖有所增益，甚合經恉。惜世多沿鄭讀"辟"如"避"，義非不通也，如驁説文何？蒙以爲經説從馬，字説從許。

天子命氏諸侯命族解

（堂課一名）

丁庶凝

《左氏》隱八年傳："天子建德胙之土，而命之氏諸侯，以字爲謚，因以爲族。"杜注："命氏，謂若報舜以土，而命氏曰陳。命族，諸侯位卑，不得賜姓。故其臣因氏其王父字，或便即先人之謚稱以爲族。疏諸侯之氏，則國名是也。"杜意諸侯以字，言賜先人字以爲族也，爲謚，因以爲族，謂賜。族雖以先人之字，或用先人所爲之謚，因將爲族。又曰："《釋例》曰：別而稱之之謂氏，合而言之之謂族。"

愚按：諸侯之氏，則國名是。疏引《周語》"帝嘉禹德，賜氏有夏"之事作證是也。其下文云："氏，猶家也。"夫曰家者，即卿大夫之族也，是猶家之氏，即公命以字爲展氏之氏，而非待命於天子之氏也。夫待命於天子之氏，國名也。國名故必待命於天子，自古諸侯之國皆然，況胙之土而命之氏？ 明明爲命之國名無疑，此氏字與下文公命以字，爲展氏之氏字不同。下文氏字，即猶家之意。疏引《釋例》所謂"別而稱之之謂氏，合而言之之謂族"。氏與族可通用者，故請族而命之曰展氏也。不然，天子命氏，諸侯命族，是明有等級之分矣。而公乃命之以氏，不幾爲僭天子之事乎？"羽父爲無駭，請族。"而公之命乃在氏，不幾所命不符所請乎？ 羽父即受之，無復辨；《左氏》亦述之，無復疑。是知下文爲展氏之氏，與此氏字，迥然不同也。

諸侯命族。案：劉氏炫疑古無以謚爲族者。而疏引衞、齊惡宋,戴惡之類以駁之,然後儒陸氏粲、傅氏遜、顧氏炎武諸人皆屢有辨正,而以劉氏説爲然。

又鄭康成讀"諸侯以字爲諡"句,《駁五經異義》作"諸侯以字爲氏"。李氏富孫《左傳異文釋》亦謂"諡"當作"氏",説亦異杜、孔。今折衷以經。

案經:"羽父請族,而公命之氏。"是"氏"即"族"義。公命以字爲展氏,明從眾仲所言例。然則此"諡"字,即"氏"字之訛,當作"諸侯以字爲氏",鄭氏等之説是也。蓋惟有以字爲氏,即因以爲族之例,故羽父請族,而公得命之以氏。公因字命氏,斯不同於天子命諸侯之氏。天子命諸侯之氏,不必有所因;諸侯命其臣之氏,必以其臣。王父之字既以其臣王父之字命爲氏,其臣即得因之以爲族。此天子諸侯命不同之分,而"氏"與"族"不同而同、同而不同之義也。

《春秋》始隱公説

(堂課一名)

李學仁

春秋始隱公,杜氏謂平王東周之始王,隱公讓國之賢君。愚竊以杜説爲不然。

然前人辨之詳矣,請無贅。至陳氏傅良以爲始於桓王,且謂繻葛之戰,春秋所由始。王氏晳以爲始於桓公。趙氏鵬飛以爲始於平王不能中興。趙氏汸以爲始於天子不正,伯者興焉。胡傳以爲始於天王賵諸侯之妾。眉山則堂先生以爲始於平王忘親獎讎。諸説不同,是不可以不辨。

以爲始於桓王,似也。然而桓王之陵替,由平王之不振也。則謂始於桓王者非，以爲始於桓公亦似也。然桓公之弒逆，仍由王綱之不振，所由來者遠也，則謂始於桓公者非。至謂始於平王不能中興，與謂始於天子不正，伯者興焉，皆似也。然而不能中興。儻能繼體守文，猶之可也。天子既不正，猶賴有霸者興，則謂始於不能中興與謂始於伯者興焉皆非也。至胡傳以爲始於天王賵諸侯之妾，亦似也。然《春秋》一書，豈因一二事之悖亂而作哉？至則堂先生以爲始於平王忘親獎讎，得之矣。然平王忘親獎讎，天下皆知其罪，使其後復能振作，俾各國恪守王章，無至篡奪紛紜，孔子又何必作《春秋》哉？故愚以爲，《春秋》之作，非爲魯也，爲周也。其始於隱公者，以是時平王偷安以老，而王綱掃地以盡也。

蓋自犬戎弒幽王，已爲周室之大變。平王東遷避讎，苟且偷安，而王綱不振。然猶幸其一悟，庶幾圖晚，蓋以贖前愆。至於耄無能爲，而天下於是絶望矣。此《春秋》之作所以不容一息緩也。

隱公之元年，當平王之四十九年。孟子云：“王者之迹熄而《詩》亡，《詩》亡然後《春秋》作。”又云：“孔子作《春秋》而亂臣賊子懼。”夫平王之初，周之紀綱猶有存者，其季年則王迹熄矣。始隱公，實始平王，所以存王迹也。王迹存，故周得建空名於諸侯之上。雖至戰國紛争之世，猶稱共主而不即亡者，《春秋》之力也。

祭仲知權辨

（堂課一名）

李學仁

異哉！《公羊》竟以祭仲爲知權，豈不長亂臣苟且之心哉！

夫祭仲，鄭相也。孔子曰：“危而不持，顛而不扶，焉用彼相？”

況祭仲久爲鄭莊所信用。既受先君之遺命,奉世子以即位,惟有守死以善其君,安有受宋人之脅而易置君位也哉?況宋人之權力果能制鄭之死命而易置君位,安用誘祭仲、執祭仲、要祭仲?其誘祭仲、執祭仲、要祭仲也,仲有易君之權力,顯然在中,而宋人不能制鄭之死命也。

當是時也,仲果知義,則當以大義折宋,以死自誓,而密遣左右歸報世子,斂兵拒守。彼即殺我,則亦聽之而已。即不出此,而或慮世子爲宋所襲也,則當僞許之,誘突以俱歸。歸則急與世子斂兵拒守,又急告於鄰國以求其援。而於宋也,設甘辭厚幣以紿之;於突也,陽納而陰監之。待我之戰守既備,度能勝宋也,則信大義以問罪於宋,而治突以應得之罪。度不能勝宋也,則斂兵拒守,繫突於獄而告於宋曰:"爾攻我,我即殺突。突之死由爾,我即以爾爲讎,予爾以禍。爾弗攻我,我即生突。突之生由爾,我乃以爾爲親,予爾以利。"夫如是,則宋之謀阻矣。儻皆不能如願,則君臣同心,死戰死守,期於必死,亦足以告天下萬世。況忽本知兵,仲亦有謀。宋不過好利耳,以知兵之主,有謀之臣,持必死之心,而敵一好利之宋,彼見進未必利也,則不戰而退矣,安見不能勝宋哉?

嗟夫!以予觀忽,不以師昏於齊,乃豪杰之士也。有主如忽,而不能輔,仲非特不知義,並不知人。使仲與忽一心,未必不勝。惟仲不能然,而爲游移兩可之見,此忽之所以奔也。夫人君所恃者大臣耳,大臣既叛,強鄰壓之,而又別無心腹可恃之臣,不奔何待?

噫嘻,仲之所爲,悖謬如此,而《公羊》以知權予之,豈不長亂臣苟且之心哉?然觀後之論者,莫不斥《公羊》之謬,亦足見人心好惡之公,歷百世而皆同矣。

祭仲知權辨

（堂課三名）

蔣　谷

祭仲見執於宋，從宋人言，立厲公，逐昭公。又復以見專忌，出厲公而納昭公。經曰："九月，宋人執鄭祭仲。"《公羊傳》曰："何以不名賢也？何賢乎祭仲？以爲知權也。"嗟乎，祭仲特貪生畏死之小人，而《春秋》之亂臣耳，豈足以云知權？

今夫權者，所以濟夫經之窮者也。是故必遭夫變之至極，萬不能以經之常者處之。而權之事起焉，必能守夫經而後可與言達權。子曰"可與立"，謂其能守經也；曰"未可與權"，言未能達權也，蓋即能守夫經而猶不足以達權也。噫，豈易易哉？祭足所遭，其真際夫變之至極，萬不能以經之常者處之耶？必宋人已據鄭之國矣，而脅足以出忽立突，則國爲重，君爲輕，是可謂之知權矣。不然，宋人必執昭公加之刃矣。而脅足以出忽立突，則少邆緩之。突可故出，忽可故反。是可謂之知權矣。奈何從執足之一身，以要鄭國之重，君位之尊，出君立君之非常乎？宋人亦可謂不善於脅人者矣。

若足者，貪生畏死之小人耳。夫足以出君易死，而《公羊》乃謂其自貶損以行權。不害人以行權，殺人以自生，亡人以自存，君子不爲也。吾不知《公羊》之説何謂也！

高渠彌弒忽，在桓十七年，足豈不與聞之？齊人殺子亹，在桓十八年，足固已預知之，而託病不從。若足者，誠春秋之亂臣者也。就其後事觀之，而此一事之罪尤著。嗚呼，若足者，並不足與言守經，何論知權？

祭仲知權辨

（堂課四名）

李潤增

　　且甚哉士君子立言不可苟也。某也奸，而以爲忠；某也詐，而以爲信；某也不肖，而以爲賢；某也機變，而以爲權。是非之柄倒置，在定論者雖幾微之忽，而千古之亂臣賊子得以其事其人援爲口實，而益無所忌憚。

　　魯桓公十一年秋九月，宋人執祭仲。夫行人聽迫，脅以逐君，經不稱名，實罪之也。《公羊氏》不達此旨，反謂祭仲知權。此吾所以不能不辨也。

　　祭仲果知權，祭仲秉鄭國鈞，受莊公託，相昭公，竭智盡能，內有以自強，而外有以燭人之奸，強大者不得而侮之，詐僞者不得而誘之，而況欲執之乎？無如均不之逮。道出於宋，身被其執，迫之逐昭立厲。爲人臣者，當此宗社安危之際，據義直爭；爭之不可，以死報主，使強者罔用其強，詐者罔用其詐，而舊君依然無恙。乃祭仲惟思自保，與宋人盟，挈突以歸。廢正而立不正，祭仲之罪已滔天矣。或者謂人亡國亡，人存國存，與其舍生以亡國，曷若留身以圖存？不遽捐軀，盟宋以立厲者。厲不立，宋人必儡厲以圖昭。昭被圖，而宗廟墟矣，人民毀矣，昭即欲復國於異日，亦不可得。此日立厲，無非爲異日復昭，當萬不得已之時作此萬全之舉，謂之爲權，誰曰不宜？嗟嗟，甫逐舊君，擁立新君；既立新君，復反舊君。大臣舉動，固如是乎？人臣事君，一而已矣。君存與存，君亡與亡，貳其心者聞謂之賊，未聞謂之權。

且權者,權其輕重也。重所當重,精誠之忱,豈刀鋸所能奪?輕所當輕,從違之志,雖天下弗以易。孟子曰:"權,然後知輕重。"宋人迫脅祭仲廢嫡立庶,祭仲竟廢之立之。祭仲尚權其輕重乎?祭仲蓋知有身,而不知嫡庶之義云何也;祭仲蓋知有爵,而不知長幼之節孰謂也。

況宋人恐祭仲,曰:"弗立突,必伐鄭。"宋人此言,虛夸之言也。宋人力足劫鄭,宋人劫鄭久,烏執祭仲而令之逼忽也? 其令祭仲逼忽者,宋人力不足劫鄭,明矣。宋人恐之,祭仲然之,唯命是聽,弗與抗言,安知祭仲不豫通宋人,許宋人立突,而姑令宋人執己以塞天下之耳目乎? 而姑託爲萬不得已,以冀天下萬世之賢人君子曲諒其苦衷乎?

雖然,祭仲何足責? 吾不得不辨者,吾恐後世之亂臣賊子援祭仲爲口實,而禍無底止。吾又恐後世之賢人君子墮奸雄之術不相誅,而相予爲所蒙蔽,失萬世是非之公也。若但曰"不宥祭仲",祭仲何足責哉?

《論語》"夷狄之有君"章,邢疏與朱注不同。今欲專申邢疏之義,試詳引他書以證其説

(堂課一名)

李楷材

嘗讀韓昌黎《原道》及蘇明允《春秋論》,昌黎曰:"孔子之作《春秋》也,諸侯用夷禮則夷之,進於中國則中國之。"即繼引《論語》曰:"夷狄之有君,不如諸夏之亡。"又引《詩》曰:"戎狄是膺,荆舒是

懲。"明允則謂孔子作《春秋》，不得已而以天子之權與魯。明乎此，可以知邢疏《論語》"夷狄之有君"章之義也。

案：邢疏云："此章言中國禮義之盛，而夷狄無也。舉夷狄，則戎蠻可知。諸夏，中國也。亡，無也。"言夷狄雖有君長，而無禮義；中國雖偶無君，若周、召共和之年，而禮義不廢。故曰"夷狄之有君，不如諸夏之亡"。與朱子《集注》引程子謂夷狄且有君長，不如諸夏之僭亂，反無上下之分者不同。

愚謂孔子作《春秋》，《春秋》內夏外夷。內夏，故於諸夏之用夷禮者，則夷之，明乎其自絕於夏也；外夷，而於夷狄之進於中國者則中國之，明乎其自進於中國也。進者，如劉氏逢禄《論語述何》所引潞子嬰兒之離於夷狄，雖亡，猶進爵書子之類是也；夷者，如劉氏所引邾、牟、葛三國同心朝事魯桓，則貶稱人之類是也。

夫以中國禮義之邦，反是則爲戎狄。然則夷狄之不如中國，彰彰明矣。況乎孟子謂用夏蠻夷，變夷之云，以中國禮義變夷狄之俗也，故孔子曰："如有用我，吾其爲東周。"審是，則周雖就衰，而先王所制度之禮義未墜。一旦得君，即可舉而風行夷狄。否則先王禮義，教澤未湮，猶可以蒙業相安數十世，周之叔季，即其證也。邢疏之明切事勢如此，而論者猶竊竊然疑，豈知昌黎所言，乃《春秋》之大法，非一人之私論？

況昌黎引《詩》謂"戎狄是膺，荆舒是懲"，懲荆舒者，蓋惡其夷狄無禮義也。即如哀十四年，公會晉侯及吳子于黄池，《公羊傳》吳何以稱子，主會也。吳主會，曷爲先言晉侯？不與夷狄之主中國也。何休《公羊解詁》云："明其寔，自以夷狄之彊會諸侯爾。不行禮義，故序晉於上，主書者惡諸侯之君事夷狄之。"此見劉氏寶楠《孟子正義》引包氏慎言《溫故錄》如此。此可爲《春秋》外夷狄之證。

夫吳爲太伯、仲雍後，非楚荆蠻及他夷狄之比，而入於夷則夷之，足知中國禮義之盛。反是，則爲夷狄，亦可見夷狄之不如諸夏矣。又況據明允論《春秋》謂："天子之權，孔子不得已而以與魯。"

夫以天子之權與魯,蓋以魯爲秉禮之邦,而又周叔伯之國,則猶是尊王室攘夷狄之意也。噫,夷狄即有君長,不過以力主盟諸夏,彊暴踰制,未能一秉周禮,故不如諸夏之亡君。劉氏寶楠斯言,最得邢氏之義,可以與昌黎、明允之説互相發明矣。

《論語》"夷狄之有君"章,邢疏與朱注不同。今欲專申邢疏之義,試詳引他書以證其説

(堂課六名)

蔣　谷

孔子作《春秋》,内中夏,外夷狄。其諄諄然垂戒萬世,無一不致其嚴而爲之防者。始於會潛,而終於會黄池。嗚呼,其旨微矣!

始竊疑孔子雖憂世,何以能見之於微,而知之於早哉?及觀答子張之問曰:"殷因於夏禮,所損益可知也。周因於殷禮,所損益可知也。其或繼周者,雖百世可知也。"又何其信之決耶!今讀《論語》"夷狄之有君"章邢疏,而恍然矣。

《湯誓》曰:"惟皇上帝,降衷于下民。若有恒性,克綏厥猷惟后。"恒性者何也?謂禮也,義也。五帝三王繼天立極,克綏厥猷,而斯民覺,斯道明。如日月之經天,江河之緯地,雖世運有升降,政教有隆替,古今人事有推遷,斯道有晦盲否塞,而卒不能廢也。羿浞之禍,夏統中絶者蓋四十年,靡奔有鬲,更無所謂共和者矣。而少康復位,夏道粲然更新。癸暴辛虐,東周襲空名。火於秦,黄老於漢,佛於晉,魏、梁、隋壤亂離析於五季,非必幽王之出居於彘也。然而統作無君觀可也,斯道固依然也。元之混一也,其禍變又出於

春秋、戰國、秦漢、六朝、五代而外，以其時考之，去春秋絕筆一千八百六十一年矣。乃能見微於一千八百六十一年之前，而知著於一千八百六十一年之後，蓋其憂之也深，故其慮之也長。其慮之也長，故其思之也審，而鑒之也精。

韓子曰："如古之無聖人，人之類滅久矣！"何也？無羽毛鱗介以居寒暑也，無爪牙以爭食也。然則如今之無斯道，人之類滅久矣。何也？無其國富也，無其兵強也，無其機械變詐之工、技藝測算之巧也。方今夷狄之患交於中國，其變且百出而不窮，孔子未嘗不逆知之，憂之於亂之未來，而推極於亂之究竟，則以道之不能有顯而無晦，亦斷不能有剝而無復。運際其晦而剝也，而夷狄乘之；運際其復而顯也，道固依然不廢也。朱子曰："三綱五常，終不得變。如四時之運，春後必當是夏，夏後必當是秋。其間寒暑不能無繆戾，然四時之運，終不能改也。"邵康節曰："千秋萬世，中原有人。"皆有見于此者也。

以邢疏之義求孔子之言，而證以百世可知之語，則後世夷狄之禍，其既往之迭出者與其未來之不可測者，并其所以終局者，雖皆未嘗明言之，而要無不可知之矣。夫孔子之聖，古今之變，固不難逆知之。邢氏生宋真宗之世，夷狄之禍猶未甚烈，而其說乃及於此也，有見哉！

凡死於兵者不入兆域辨

（堂課一名）

丁庶凝

前人每疑《周禮》非周公之書。觀《小宗伯》"凡死于兵者，不入兆域"之言，益信。

解之者曰："戰敗無勇，投諸塋外以罰之。"夫自古效命疆場之人，必爲忠義勇敢之士。戰陣死前不死後，如謂以不死爲上，豈將教人退縮乎？如謂死者由不勇，烏獲爲晉所擒死，項籍爲漢所敗死，后羿、養叔最善射亦死，荆卿、聶政之徒亦皆死。又如關侯、王彦章，皆一時名將，亦不免於死。豈烏獲、項籍之屬亦猶不勇乎？烏獲、項籍之屬之死，非由於不勇死者，安得反示以罰乎？死于兵者示罰，豈退縮偷生者而後乃賞乎？

古今之法制，有驅人以爲國亡身者，未有沮人死國事者也。《禮》曰："以死勤事，則祀之。"夫死事且將崇之以禋祀。又曰："死寇曰兵。"注曰："言當享禄其後。"如此，猶恐人有所不勸，故兵法又斬退縮者以鼓迫其力。此古今天下之通義，安得反罰死者不入兆域耶？

且下文云："凡有功者居前。"夫戰功，必有奮勇争先始。今立制先罰死兵者，爲之軍者，將奮先圖功乎？奮先則難保不死，死且將受罰，不奮先則功何自有？而賞何自得？是二者皆無一可也。曾謂周公立法而乃悖謬若此耶？

竊嘗謂《周禮》一書，秦漢人纂紀周公之法制，而其間每有大謬無理者，則皆劉歆所竄入。蓋歆諂阿王莽意，莽居攝遭喪，故歆僞竄有王爲臣服之禮；莽好魘鬼禮神，故歆僞竄有擊壤射神之禮；莽好紛更郡國之界制，故歆僞竄又有郊甸稍都之禮。此死于兵者不得入兆域，亦歆阿莽喜吉惡凶之意而僞竄者耳。不然，六藝羣經皆古聖賢教人以盡忠孝之書也，周公聖人也，安得有此沮人忠義之制哉？

凡死於兵者不入兆域辨

（堂課二名）

李楷材

嘗讀顧亭林先生《日知録》，見其疑《周禮・冢人》"凡死於兵者，不入兆域"之義，以爲"不入兆域者"，鄭注謂"戰敗無勇，投諸塋外以罰之也"。而其疑義引齊敝無存之死，齊侯三襚之，與之犀軒直蓋，而親推之三，以及魯童汪踦之死，而孔子曰："能執干戈以衛社稷，可勿殤也。"二事以爲未必一概。又引隋文帝仁壽元年詔："凡戰亡之徒，宜入墓域，以爲達古人之意。"而其載文帝詔則云："投生殉節，自古所難。隕身王事，禮加二等。"而世俗之徒不達大義，致命戎旅不入兆域，虧孝子之意，傷人臣之心。興言及此，每深愍歎。且入廟祭祀並不廢闕，何至墳塋獨在其外？噫，先生蓋可謂汲古之深，而於經義能知所析疑者矣。愚竊就先生析疑之説攷之。

按，敝無存之死，見《左氏》定公九年傳。杜注"三襚"云："襚，衣也。比殯三襚，深厚禮之也。""犀軒直蓋"，杜注以爲"犀軒，卿軒；直蓋，高蓋"。"親三推之者"，杜注謂："齊侯自推喪車輪三轉也。"據此，則没於兵事，其葬禮之厚可知。即云齊侯於敝無存容有加禮，何至並兆域亦不入耶？

且孔子之"勿殤汪踦"，《檀弓》鄭注"勿殤"義云："欲以成人之喪治之。"是童子而没於兵事即不得以童子例之，何況其非童子？竊謂先王緣情制禮，人情之所不安，即禮制之所不出。矧《周禮》爲周公手定之書，豈有死於兵者不入兆域，虧其後嗣孝子之意，而傷一時人臣致命之心，如隋詔所云者乎？

然則此"不入兆域"之義，例以齊侯之禮敝無存，證以孔子之"勿殤汪踦"，而參以隋文之詔，誠有如先生所疑者。愚故引而伸之，以昭先生析疑之意如此。若或泥於鄭注之說，而謂此死兵者爲戰敗無勇之士，故罰之，使不得入兆域，不知戰敗無勇，則當退縮不死，且經何以云"凡而知死者之，必皆無勇也"？

總之，《周禮》經秦火後，爲殘缺不完之書，而後儒又或不免有竄亂。此蓋亦其竄入之說，均不可知。但鄭注不敢以臆見改經，故多存異義，使後人自明。即如賈疏此注，引鄭《曲禮》"死寇曰兵"注謂："當饗禄其後。"蓋即所存異義也。此非僅注疏家體例宜然，亦見古人慎於解經之意。而先生乃獨就其疑義所在，旁通而曲證之，斯可謂善讀鄭注而有功於經學者矣。

然則前人謂先生之學極博，而且極精，不於此而益信歟！至戰亡人墓域之詔，始於隋文，則可以見隋以前且拘守此制。經學之不明，其貽誤豈淺鮮哉？

泰伯三以天下讓解

（堂課一名）

蔣　谷

經傳言"三"如三復、三思、三仕、三已之類，言九如九族、九合、九門、九國之類，言十如"聞一知十"之類，以及言百官，千人，萬姓，兆民，皆舉成數言之以見意。此古義也，不必穿鑿湊合，必求其數以實之。

《論語·泰伯章》"三以天下讓"，邢昺疏鄭注謂太王疾泰伯，因適吳越采藥，太王殁而不返，季歷爲主喪，一讓也。季歷赴之，不來奔喪，二讓也。免喪之後，遂斷髮文身，三讓也。謹案：伯逃荆蠻，匿迹埋名，武王有天下，訪求乃得仲雍之後而封之。赴之不來之說恐不足據，皇侃義疏范注謂太王病，託采藥於吳越，不返。太王薨，而季歷立，一讓也。季歷薨，而文王立，二讓也。文王薨，而武王立，三讓也。夫武王之後，三十七王八百七十三年，何莫不出於其讓？如所云，豈未有天下之先當言讓，既有天下之後便可忘其讓耶，羅泌《路史》説與范同，王充《論衡》謂太王薨，伯還，季再讓，不聽，三讓，曰：“吾斷髮文身，刑餘之人，不可爲社稷主。”黄氏東發極韙之，謂可破父死不奔喪之疑。果爾，則奔喪遜位，臣民自共見共聞，無得而稱，又作何解皆過泥三字，徒爲亂説，以實其數，其説率不免於拘牽。得之者，其朱注乎？朱注云：“三讓，謂固遜也。無得而稱，言其遜隱微，無迹可見。”“固遜”二字之義，即在“隱微無迹”四字之中；三讓之解，即在“民無得稱”句中。民之所以無得而稱，是即所以謂之曰“三讓”，且即所以名之曰“至德其遜，隱微無迹”，可見二語誠爲此章至當不易之解。

第又謂太王有翦商之志，泰伯不從。泰伯之德，當商周之際足以朝諸侯有天下云云，後人更揚其波，遂生出讓商之説。夫天下固猶是商之天下也，何得言讓？且商君也，周臣也，臣之於君，更何得言讓？夫子言“三分天下有其二，以服事殷”，事固臣之分也。彼言事，此言讓，聖人之言，乃不倫如此乎？

案：《詩·魯頌》實始翦商。翦，毛《傳》訓齊，謂周至太王，規模氣象始大，可與商並，故曰齊。據此，則不過追述王業所自起，與《書》言“太王肇基王迹”正合。《書》“太王肇基王迹”，蔡仲默《集傳》云：“太王雖未始有翦商之志，然太王始得民心。王業之成，實基於此。”説翦字與毛異，尊師説也；説太王與毛同，不黨其師也。仲默，朱子高弟，可謂善匡朱子之失者矣。

夫朱注固在所當尊，而朱注之失，亦正不必諱，致蹈阿私之弊。謹就其“隱微無迹”之説而更申之。伏攷泰伯、伯夷，均讓國者也。孟子稱伯夷“隘”，孔子雖未嘗明言，而第許之以賢。至於泰伯，則稱其“可謂至德”。何哉？竊以謂泰伯處伯夷之境，有伯夷之心，行伯夷之事，而並不著伯夷之迹，更不使伯夷之父有廢長立少之名，更不使伯夷之弟有天倫之愧，較之伯夷之讓，益無閒然。其讓之曲而盡也，所謂"三讓"也，所謂"固遜"也，所謂"隱微無迹"也，故曰"可謂至德"也。曰以天下讓者，《日知錄》謂當其時以國讓，自後日言之則以天下讓。又曰："泰伯去而王季立，王季立而文、武興，雖謂之以天下讓，可矣。"此説是也。

學者惟過泥"三"字，所以必求其數；過泥"天下"字，所以不察朱注之失。其不翳蝕書之本旨者幾何哉？

武王夢帝與齡説

（堂課一名）

丁庶凝

嗚呼，讀古書者不可不細心體察也！記載武王夢帝與齡事，後儒疑之者多矣。而不知此經之有闕文，而事初無可疑也。

孔子曰："父母之年，不可不知也。一則以喜，一則以懼。"解之者曰："常知父母之年，則既喜其壽，又懼其衰。而於愛日之誠，自有不能已者。"是篇自文王之爲世子也至此，皆言文、武之孝道。文王憂王季不安，至行不能正履，憂之甚而心不在於行也；武王憂文王有疾，至寢而遂有此夢，愛之至而結爲夢也。

或曰：愛文王，宜夢帝與文王齡，而與己何也？曰：此經之有闕文也。何以知其然也？下文文王曰："我百爾九十，吾與爾三焉。"夫"我百"之言，必有自來也。而經文未明，故曰經有闕文也。經之闕文當若何？曰上文文王之問夢無端，下文文王之百齡亦無端。此其間或爲文、武並有夢，或武夢帝並與齡，而先以與文王者告文，而文因問武所自得焉？此固已不得而知，然而必有闕文，無疑也。

抑愚尤有説焉。孔子志欲行周公之道，故嘗夢周公；武王憂父有疾，故夢帝與齡。心思之所切，結想而成夢。由此觀之，文王之百年當爲武王之所夢者也。夫鬼神之事，君子之所不言也。夢中之鬼神，尤事之荒幻，而垂以爲經，何耶？

曰：《禮經》之載此，所以教孝也。重意也，非重其事也。朱子曰："讀書當先觀其所措意。"孟子曰："不以詞害意。"此之謂也。文王遂果九十七而終，武王遂果九十三而終，何也？曰：此或後人之所誤竄也。國朝惠氏棟校宋本無此二句。且文、武之年壽無稽，自《書傳》、《史記》、《大戴禮》、鄭《注》、《竹書紀年》、金履祥氏《通鑑》，皆互異，而孫氏泌、胡氏銓、歐陽氏修以及國朝孫氏希旦、朱氏彬、惠氏棟斥駁之已詳。《欽定御纂禮記·御案》曰："此直傳聞之誤。削而不論可矣。"要之，武王之此夢，武王孝思之所見也，有其事而不重其事。必欲疑其事者非，必謂誠能通天，而天果實與之齡者亦非也。是以質之細心讀書者。

履帝武解宜宗毛不宜宗鄭說

（堂課二名）

李楷材

《大雅·生民》之什，謂姜嫄履帝武生稷。毛公詩傳以爲帝者，高辛氏之帝，蓋姜嫄履高辛氏之迹，而後乃以生稷也。鄭康成《箋》則云："帝，上帝。姜嫄從祀郊禖之時，履大神之迹，如有人道感己，於是遂有身。則履迹者，履上帝之迹，非履高辛氏之迹也。"其說頗爲荒誕，而後人囿於康成之說，紛紛聚訟，莫決其疑。

爲之說者曰：聖人之生，必有異於常人者。且后稷生乎巨迹，事見《列子》。而緯書所載："天帝有靈，威仰之屬。"蓋即康成所謂"上帝""大神"者也。不知緯書起於哀、平之世，雖閒足羽翼經傳，然大都怪奇不可爲訓。至於《列子》之書，則《莊子》荒唐之類，何得據以解經？使其可據，則毛公爲周末戰國時人，又親受業於荀卿，詩學淵源，於《列子》爲切，不應不知此事，而作傳故留缺陷，以待後人據《列子》補之也。説者又疑緯書、《列子》不足據，然《史記·周本紀》亦載此事，説與康成同，似可以申鄭矣。不知《史記》一書，雜采百家傳記，未必不沿《列子》而誤。且毛公在子長之前，何得因子長之紀而反疑毛公哉？

如曰康成之感生帝説出三家之詩，於經學亦有師承，不可執毛《傳》而偏廢鄭《箋》。然烏知三家之詩義據遠不如毛？故毛詩卒行，而三家廢，又烏得執三家詩説附會康成而輕議毛公哉？

總之，《列子》異端，緯書妄説，史遷好奇，誠有如前人所言者。而康成乃外毛《傳》而別存異説，此其所以不如毛也。況以愚所聞，康成先通韓詩，而後專主毛公。故平生箋詩，服膺毛公詩。故訓傳閒有異哉，亦大都不離乎韓詩。蓋説詩者存疑之意，不可據是以疑毛公也。

或者不達此意，輒執康成之説妄致疑於毛公，甚且謂如毛公説，則稷生不異常人，何以下有"置隘巷"諸端？不知稷因郊祭而生，父高辛欲表其異，故有隘巷之置。此義毛公《詩傳》已顯言之，而何煩後人之疑哉？否則，橫生臆見，輕疑古人，非惟乖謬於毛公，其亦非善讀鄭康成《詩箋》者也。

履帝武解宜宗毛不宜宗鄭説

（堂課四名）

李法坤

天生聖人，不可以常情測，要可以常理論也。如《生民》詩"履

帝武"解,毛以帝爲帝嚳;武,迹也,言從帝而見於天。履帝武,即履
帝嚳迹也。鄭以帝爲上帝,祀郊禖之時,有大神之迹,姜嫄履之,如
有人道感已,遂有身。鄭説荒誕,不如毛説正大,則宗毛不宜宗鄭,
此定論也。

難之者曰:子以履迹爲誕,則履迹而生者,必義《孝經·鈎命決》:
"華胥履迹,怪生皇羲。";帝嚳《路史》:"帝嚳父僑極取陳豐氏履大人迹而生嚳。"
不以爲誕,獨后稷爲誕乎? 嗟嗟,是殆泥於讖緯之言,而未知儒者
窮理之旨也。

夫天生聖人,雖異常人,扶輿之精孕之,山川之英毓之,河海之
秀鐘之,五行范其體,萬善備其躬,固有禎祥之兆矣。然不過氣化
形化之理,豈有人之一身,無人道而可與鬼神交感孕育乎? 且伏羲
之生雖不可攷,而帝嚳之父,《路史》既言取陳豐氏而後履迹,則嚳
之生安見其無人道乎? 嚳之生如是,則后稷之生可知矣。

難之者又曰:信若子言,其如經文何?《詩》言:"厥初生民,實
惟姜嫄。"又言:"不坼不副,居然生子。"且置之"隘巷""平林""寒
冰"。使嫄爲嚳妃,稷爲嚳子,則配合生子,人之常情,何必歆其母
而不及其父乎? 又何以言"居然生子",故作驚訝之詞乎? 其何以
求而得之,又懼而棄之乎? 曰:是殆不然。夫詩人之言,例得專美。
《思齊》太姒,文王之母,不美王季。若據此詩謂稷但有母,亦將據
《思齊》而謂文王無父乎? 且居者,安也,求而得之,蓋幸詞,非驚訝
之詞也。且棄者非懼而棄之,實以異而棄之也。《左傳》襄二十六
年追述宋平夫人之生異而棄之之事,則稷之棄,何莫不然? 吾故曰
天生聖人,不可以常情測,要可以常理論也。

以旗物辨鄉邑解

（堂課一名）

袁丕承

《周官·鄉師》以旗物辨鄉邑，旗畫熊、虎者，物雜帛者，辨別也。鄉，六鄉之眾；邑，公邑之民。注疏雖未明句讀，而釋義則明。其辭略而猶待旁證者，則《大司徒》《大司馬》《鞶人》《小司徒》之注疏，皆明徵也，尚何煩議？

特考經所以致用協時，乃爲通古熊、虎爲旗，雜帛爲物，頒於司常定名也。然司常掌九旗之物名，旗亦爲通用字。《管子·兵法篇》：“旗，所以立兵也，所以利兵也，所以偃兵也。”足以括《大司馬》“作旗”“偃旗”諸軍法。玩其言直截，知旗在周初或定名，或非定名，而《管子》變古之後，豈猶有專畫熊虎之旗哉？

《荀子·正名篇》：“物也者，大共之名也。”董子《繁露》亦曰：“洪，名也。物本非雜帛旗類，《大司馬》辨旗、物之用，以旗、物各帥其民。‘物’與‘旗’似皆通用字，司隸辨其物。”注謂：“衣服兵器之屬，皆非專言雜帛也。”然則辨鄉邑之鄉，師未必專用熊、虎、雜帛者，剋在周以後哉？

大夫士建物，州里建旗，縣鄙建旐，見《司常》。鄉家載物，郊野載旐，百官載旟，見《大司馬》。鄭氏鍔以大夫士，鄉遂“遂”非“鄉”，鄭據誤本。當從阮校勘作“家”百官州里，四者皆大夫士。郊野縣鄙，二者皆公邑之吏。果如所言，鄉邑兼用旐、旟，則鄉師旗物愈不得爲定名也。不然，鄉邑別名既有州里鄉家郊野縣鄙，又有異名百官大夫士以率之，而所載所建猶木及旗，旗反屬鄉邑外之軍吏師都之用，而用以辨鄉邑，愈混淆矣。故曰以旗物辨鄉邑，旗物不必爲定名也。

夫旗物不必爲定名，鄉邑當亦非定名。周鄉邑即爲定名，周後之鄉邑亦不能復爲定名，何也？《大司徒》五州爲鄉，《小司徒》四井爲邑，鄉師所辨，人皆有定。《小司徒》疏："鄉萬二千五百家，家出一人正卒，一人羨卒。一鄉合二萬五千人，菜時曰一井八家。姑以下地言之：凡起徒役，毋過家一人，則一井但八人耳。知一邑合三十二人。自井田法廢，所謂"平天下"者不平，所謂"不患寡而患不均"者終於不均。矧一鄉一邑，人何由均處而定？《説文》："鄉國，邑國也。"其爲郊居者通名，蓋已久矣，尚安能泥五州四井定鄉邑哉？

人有恒言《周官》兩次誤王家，愚謂不然。新莽、安石直泥《周官》之迹耳。《周官》何嘗誤之耶？即以鄉師論，以旗物辨鄉邑，不泥古旗物之定名，不泥古鄉邑之定名，只求一辨焉已爾。悖古不可泥古，可乎？

以旗物辨鄉邑解

（堂課二名）

張鴻範

《周禮·地官·鄉師》以旗物辨鄉邑。鄭注："陳之以旗物，以表正其行列，辨別異也。"賈疏："陳列眾庶之時，亦植旗於行首，辨鄉邑者。"田獵之時，非直有六鄉之眾，亦有公、邑之民分別之。

按：鄭氏此注，略於鄉、邑。賈疏並引司常熊、虎爲旗，雜帛爲物，以及建旗、建物之説，明鄉者六鄉也，邑者公邑也。六鄉之眾，六鄉之大夫頒之也；公邑之民，公邑之大夫領之也。六鄉之大夫，即司常所謂"師都"，則其所建者，旗也；公邑之大夫，即師常所謂

"大夫士",則其所建者,物也。鄉之行首建旗,邑之行首建物,故以旗、物即可以辨鄉、邑也。賈君此疏,非善於申明鄭注,而實爲鄭氏功臣哉。

但賈疏皆有所本,又非博證於鄉師之外者不足見其説之磧。《大司徒・五州》爲"鄉"注:"鄉,萬二千五百家。"《小司徒・四井》爲邑注,此古者鄉邑之制也。六鄉者,鄉之名也。公邑無名,故疏謂三等采地之外,皆有公邑。是公邑在六鄉之外也。故疏又謂:"凡出軍之法,先六鄉,次六遂,次公邑。"此"六鄉公邑"之説之可證者一也。

六鄉之眾,即《大司馬》辨旗、物之用。疏謂:"六鄉之內,家致一人爲正卒。"是一鄉得萬二千五百人爲一軍也。"公邑之民"即疏謂六鄉外之羨卒也。正卒在一軍之內,故曰眾;羨卒籍六鄉之外,故曰民。此"鄉眾邑民"之説之可證者二也。

《司常》"師都建旗"。注:"師都,鄉遂大夫也。"疏:"鄉遂大夫領眾在軍,故同建熊、虎之旗。然則鄉遂大夫不當建旗,以在軍故同建旗。在軍,則自軍將以至伍長皆曰軍吏"。故《大司馬》曰:"軍吏載旗。"與《司常》合也。《司常》又言:"大夫士建物。"注:"大夫士雜帛,言以先王正道佐職也。"據《大司馬》疏,則此大夫非鄉遂之大夫,即不爲軍吏之公邑大夫也。鄉大夫領正卒以在軍,公邑大夫領羨卒以佐軍,謂佐鄉大夫之職,故建物以明其佐之之意也。此"鄉建旗、邑建物"之説之可證者三也。

疏解上以司徒之大旗致眾庶,謂"植旗,期民於其下",可知此旗、物亦以期鄉邑之民於其下也。但鄉大夫之旗小於司徒,故彼言大旗,而此但言旗。王氏應電謂:"鄉邑之民各在其旗物之下,不相干是也。"易氏祓謂:"鄉邑既聚,則旗之相類者眾,故各以旗、物辨鄉邑之名。"蓋鄉邑各識其名於旗、物之上,使不相混。故曰以旗、物辨鄉邑,而疏説之可證者四也。

有此四可證,則賈疏之碻,不尤顯而易見哉?雖然,自井田之
法壞,則萬二千五百人爲鄉,四井爲邑之制已渺不可知矣。鄉邑不
可知,又安知建旗、建物之意耶? 讀《周禮》法鄉師,法其辨焉可也,
何必拘以古法論?

卷二　史學

李德裕建籌邊樓論

（湯藩憲課六名）

李楷材

事有驟聞之似爲奇策，及細揆以當時大勢，則又似不盡然者。

即如唐韋皋招來南詔，以剪吐蕃羽翼。迨李德裕帥蜀，乃改易皋之故轍，而并南詔以拒之。論者以爲唐之策吐蕃，計無有善於皋策者；而德裕輕改其策，似尚未喻皋建策之意。不知唐在當日，力足以拒吐蕃，本無待於南詔。況蠻夷之人貪狠成性，得志則肆其欲，否則妄生邊釁。皋歿後未幾遂以稱兵犯蜀，即其驗也。故不察其積久之患而狃於目前之利，即智者亦或不免失策。德裕之拒南詔，蓋有見於彼己之大勢，而能慮夫久遠者也。

或曰：皋此策非一人之私見，蓋鄰侯嘗言之矣。不知策之既失，即出諸鄰侯亦不可謂之得。否則此策果奇，何以皋行之轉貽邊患？德裕反之，遂威行南詔、吐蕃也。且夫借力何常，必借之而彼可以爲我用，并不能爲我害者則借之；若貪一時之利而貽後日之患，則何如勿借？而謹爲防範之，猶足以杜敵生心也。此蓋德裕所夙夜綢繆，而決之於心者。故於帥蜀日即作籌邊樓，圖二邊形勢及餉道、部落於上，蓋見夫拒吐蕃之不必用南詔，而因深籌夫扞禦二邊之策也。

噫，德裕將略，即此已可想見，而後相武宗，威行蕃鎮，尤足徵其運籌有過人者。獨惜維州之降，以牛僧孺故，不竟其策吐蕃之謀，論史者所以有遺憾哉。然而籌邊之計，固加於韋皋一等矣。

《太史公自序》書後

（陳藩憲課一名）

李　堃

　　蒙讀《太史公自序》，而後歎班氏之少太史公者，有自來也！

　　雖然，班氏誤矣。"先黄老而後六經"，太史公先人之言也。《序》稱太史公者十有四，稱其先者七，自稱者五，其二則父子共之者也。論六家之太史公，太史公之父也。太史公何嘗先黄老而後六經哉？升孔子於"世家"，傳老子於管、晏之次，夫人而知之矣，匪止此也。深於黄老者，莊周也，猶仲尼之弟子也，一則附傳，一則列傳。善言黄老者，蓋公也，猶儒林之申公、轅固生也。一則無傳，一則列傳。至自敘遊迹，則曰："講業齊、魯之都，觀孔子之遺風，鄉射鄒、嶧。"而於橋陵、苦縣弗過問焉。敘述作則，曰成一家之言，厥協六經異傳，而於關尹、南華弗屑校焉。太史公何嘗先黄老而後六經哉？

　　嗚呼，漢興，治法本尚黄老，獨太史公立説著書，斷斷焉以六經是尚，孔子爲歸，成其父志而不囿於其説，可謂加人一等矣。而班氏猶然少之，似於全書皆未深察，匪獨讀《自序》而誤也。

陶侃溫嶠論

（興臬憲課一名）

丁建中

　　丈夫不幸而生季世，自度才不足濟變，力不足匡時，則棄軒裳，狃泉壑，甚至逸游荒醉，絕理亂之聞。後之人讀書尚論，猶有憫其遇，原其心，爲之惆惆而悲者，若猶竊人之禄也。微論領雄鎭，典重兵也。即守邑若彈子大，田不過一成，師不過一旅，聞國之急，被髮纓冠赴之，分哉，非有甚異也。

《晉史》紀蘇峻之亂，於赴難諸臣，予溫忠武獨甚。蒙謂忠武固當予，而史氏獨甚之者，長沙桓公有以成之也。桓公具濟變之才，負匡時之力，恭勤聰敏，以禮自閑。嘗投捴蒲酒器，以防廢事。又嘗破陳敏，擊杜弢，合甘卓，討王敦，功績皆出忠武右。因與元規有隙，建康不守，若秦越人之視肥瘠。迨忠武勸之屢，僅遣督護以兵赴，已非諸侯敵愾之義矣。旋召還，久之乃戎服行。既又思歸，是豈復心王室哉？其赴也，不過自謀容足地；其不遽歸也，恐義旗之果迴指耳。作八州督者，其存心若是，宜忠武見予於史氏，校他人爲獨甚也。

雖然，忠武無桓公，終不失令名；桓公無忠武，將不知居於何等。奚以知其然也？忠武不偕桓公行，不過兵少食乏耳。事不濟，與卞壺、桓彝死於戰陣，名益彰矣。桓公無忠武一再約之，擁兵自衛，坐令逆峻肆虐。凶燄儻熾，則爲甘卓矣。否則大憨就殲，王師早捷，朝廷以尺一之書責其觀望，將對以何辭？即不然，史氏紀之，如後世何？

梅陶謂桓公明鑒似魏武是已，忠順似孔明則夸。蒙謂擬忠武宜。

陶侃溫嶠論

（與臬憲課八名）

尹鐘琦

前人每少陶桓公，以爲蘇峻之難，遲迴不赴，不及溫忠武遠甚。余謂忠武固忠，而以此疑桓公臣節，則猶未知史氏載筆之誣也。

夫明帝崩，庾亮以后兄之親，受顧命之重，而激成蘇峻之亂。及桓公與忠武討平蘇峻，斯時亮在朝，懼桓公之致討也，乃用忠武謀，折節詣桓公拜謝。亮豈能無介介於心者？況亮與桓公夙有隙，而與撰晉史者，乃亮門下士之王隱。然則桓公事紀錄失實，有自來矣。觀《晉書》隱本傳，隱奉詔修史，而貧無資用。書不就，乃依征西將軍庾亮於武昌，供其紙筆，書乃得成。則誣桓公，夫有所受之也。

或者疑石頭之平賊，功出於桓公及忠武，何以僅誣桓公？且晉史雖作於王隱輩，而實成於唐代，容有異代史冊，肆情矯誣者，不知忠武與亮無郤，故誣桓公而不及忠武。唐代之史臣隔數百年，多仍據隱輩舊文，未可以是論桓公也。

宋陳忠肅公有云："陶公被誣，以晉之刑政不行於庾元規也。"又曰："元規以筆札啗王隱，折翼化鶴之事，隱與杜元業共爲之。"蘇子瞻亦謂陶公忠義之節，橫秋霜而貫白日，晉史書折翼事，豈必有是？據此而論，則桓公之忠，當與忠武相等，不可因史文之曲以沒桓公之真。否則，史載桓公夢折翼，寤寐之事，史官何由知之？此事朱文公亦早致疑。即一節類推，而晉史載筆之誣，可以渙然意解矣。

余嘗讀劉知幾《史通》，見其《曲筆篇》謂秦人不死，驗苻生之厚誣；蜀老猶存，知葛亮之多枉。噫，人如武侯，猶不免於人怨，曲筆貶之，而何怪桓公之被誣哉？審是，而桓公忠節，雖與忠武並稱可也。

嘉靖大禮論

（林臬憲課一名）

李 塈

嘉靖大禮，議者如訟。綜其大端，厥有九事。考孝宗一，叔興獻二，不帝興獻三，不稱皇考四，不立廟五，稱本生六，辨爲人後七，謂繼統非繼嗣八，稱宗祔廟九。皆謬也，而其故皆原於誣古。

古者廟統與世統別，論先後不問倫次也。世宗既繼武宗爲君，生繼其帝統，死繼其廟統，則孝宗祖矣，烏可考之？父母易稱，始於濮議而不可法也。張璁謂稱興獻妃爲皇叔母，則當以君臣禮見。此實精於言禮者，不惟可正叔興獻之失，並可正伯孝宗之失，惜乎其不舉漢事而鑿鑿辨之也。

漢哀帝嗣孝成，使明臣議。考孝成，則當叔恭王；考恭王，則當伯孝成。乃《漢書》皆不聞，僅云：“追尊恭王，爲恭皇帝。”世祖以元、成、哀、平代四親，使明臣議，則當尊南頓君爲伯叔曾祖考。乃《漢書》亦不聞，僅稱曰“皇考”，則世宗於興獻，帝之皇之考之，不爲過也。彼新都一則曰“據定陶”，再則曰“法世祖”，豈諆世宗不學乎？抑己實未之攷乎？誠不解。

且漢哀之於恭王，世祖之於南頓，君匪惟帝之皇之考之也，又嘗立廟。或曰：“此後王之制也。”然攷《喪服‧小記》曰：“王者禘其祖之所自出，而立四廟，爲一所自出。”《尚書‧太甲》疏曰：“庶族自外入繼，雖承正統之後，已立四廟，猶必別立己之高祖之下之廟。”是古原有立出王之廟者，張璁言之不爲謬也。

新都必不許，並謂世祖不爲南頓立廟，抑何其誣？夫璁未嘗無謬説也，如謂漢哀、宋英乃豫養宮中，猶爲人後也；陛下入繼大統，遺詔未明著爲孝宗後。又曰繼統與繼嗣不同。意謂漢哀、宋英倫序相次，乃後其身體爲繼嗣；世宗與武宗爲兄弟，倫序相埒，不能後其身體，衹後其爵位爲繼統。不知爲人後之説，衹天子諸侯及卿大夫有爵邑者得言之，他不能也。爲人後者，爲之子，後其爵位，即後其身體也，繼統即繼嗣也。新都不此之辨，轉爭立廟，其謬與璁等。

璁知世宗不爲孝宗後，而不知爲武宗後，其謬又與新都等。第請去興獻本生號，及不附稱宗祔廟之議，又不得謂之謬也。然必何如而後皆不謬？曰：祖孝禰武，立興獻皇考廟，而尊之爲帝；不稱本生，不稱宗，不袝太廟。憲章周漢，以宋爲鑒。天經地義，與行俱協。謂予不信，請觀毛氏《大禮議》。

嘉靖大禮論

（林臬憲課五名）

袁嘉端

小人哉，張璁也！雖然，君子不以人廢言，尤不以人之後言廢前言。

當明世宗立，議尊興王。楊廷和、毛澄諸君子必欲其叔興王，考孝宗。嗟夫，孝宗固有子武宗，武宗且已爲帝。今逾武宗而考孝宗，是置武宗於無何有之鄉也？曾謂漢哀帝、宋英宗事與此類乎？張璁機智之徒，迎世宗意而求合，其心可誅。顧其始上之疏曰：“陛下循繼統之義，非爲孝宗後，宜別立聖考廟於京。母則尊與父同。”竊以爲嘉靖禮議莫允於此，不帝，不皇，不宗，不袝廟，而世宗尊親之心安，於孝宗、武宗之統繼，則孝宗、武宗亦安。斯天理人情之言，誠不可以人廢者。

當是時，楊一清以通達宏偉之才，猶且謂璁疏一出，聖人復起不能易彼，豈希坿璁意耶？抑以諸君子議考，孝宗而反忘武宗，實未如璁疏允耳。持璁也狡，一議可行，必再議、三議而無已。故一清勸席書赴召，早定大議，毋亦逆知璁必有後言乎？乃舉朝不虛心集益，薄新進，堅舊議，撼門而哭。諭之弗退，遂至杖獄交作，善類一空。諸君子爲國家故不顧身家，其忠直不可及也。獨惜禍以激成，君子黜則小人陟，璁益以狡，狡者遂不止一璁。桂萼、何淵、嚴嵩簧舌加厲，由是稱帝，稱皇，稱宗，而入廟，而位武宗上，以藩王陵天子,以太廟作私室,不亦哀哉?

孔雀之毒人也,先以美羽毛而近人;小人之毒天下也,先以爭禮而箝天下。璁性本忮愎,群小又蠅聲和之,人無賢愚,惟以從違爲誅賞,而明一代之元氣衰矣!向使諸君子早定大議,必欲立武宗嗣,則啟諸太后求武宗姪輩立之可也。既立世宗,則弟無棄兄而嗣伯之理,繼統即以奉廟祀可也。即不然,體世宗心,別立興王廟,不必待璁也言之。璁也言之,則採,而不廢之可也。乃前議未允,後愈堅持。世宗一怒,事不可挽。

程子曰:"熙豐新法,吾黨激成之。"愚謂嘉靖僭禮,亦諸君子激成之,於小人乎奚責?

嘉靖大禮論

(林臬憲課八名)

秦光玉

楊廷和、毛澄諸人,以爲考孝宗不宜考興獻,且以帝興獻爲非。張璁、桂萼諸人,以爲考興獻不宜考孝宗,且以帝興獻爲是。予謂二説皆有可取,二説皆未盡善也。何也?

爲考孝宗之説者,輒藉口於漢哀之於成帝,宋英之於仁宗。不知哀帝、英宗皆預養於宮中,預立爲太子。若世宗則於武宗大行之日始入繼大統,故武宗遺詔曰:"倫序當立。"又曰:"惟在繼統得人。"時慈壽皇太后尚在,不聞以世宗爲嗣,則璁、萼以爲考興獻也宜矣。

然其考興獻而遂帝興獻,則又不然矣。夫舜爲天子,未嘗帝瞽瞍;漢宣帝履尊位,未嘗帝戾太子;世祖光復舊物,未嘗帝南頓君以上。世宗又安得以私情而帝興獻哉？若尊興獻爲帝，是以小宗而亂大宗之統也，則楊、毛諸公之上疏力爭也亦宜。

故吾於嘉靖大禮考興獻之説，則取璁、萼而不取楊、毛；帝興獻之説，則取楊、毛而不取璁萼。

嘉靖大禮論

（林臬憲課十五名）

張鴻範

大哉，我皇上於醇賢親王尊號而定之曰"本生考妣"。曰"本生妣"，洵足正千古議禮之失，而爲萬世法也。惜乎，明世宗之庸，不足以語此。

世宗以興獻子承武宗統，雖亦當嗣孝宗，究與漢哀、宋英異。皇叔父母之議，揆之情理，本有未合。世宗以稱叔爲非，不能自定尊號，勢不得不下議群臣，委曲折中，以申孝情。楊廷和等集議之初，果能準情度理，自不妨於司馬王珪之言變通盡善，尊以考妣，稱以本生，使世宗知本生之稱不失爲子，考妣之意已極尊崇，則世宗之心安，興獻之號定，張璁等之言何由而入哉？乃執意不更，世宗不懌，而璁等之言遂入矣。璁等之言入，則雖帝后興獻，世宗猶若不足，遂至有皇考之稱。

夫曰帝后，是以藩服而僭君號也；曰皇考，是知有興獻而不知有孝宗也。悖禮亂倫，若此其甚，況又稱宗祔廟、配享明堂乎？升庵諸人撼門大哭，殆亦有激而爲之也。激之愈甚，世宗之怒愈不可解，杖至於死，戍至於不赦，大禮未定，而大獄已成矣，豈不謬哉！

雖然，陷世宗於不義且不孝者，璁等耳；而璁等之得以進言者，實廷和等不能早定大禮以致之也。璁等之罪固大，廷和之咎亦安所辭？

我高宗純皇帝御批有曰："使集議之初早定本生名號，或可隱全大義。"嗚乎，當矣！故我皇上恪遵祖訓，崇號本生，允爲萬世公論。

陳平周勃優劣論

（林臬憲課二名）

李楷材

陳平、周勃，同時佐漢，議者或優平而劣勃，或優勃而劣平。愚謂皆無足優者。

諸呂作難，定天下安劉氏者，灌嬰也。而論者推功於平、勃，誤矣。平爲丞相，聽邪謀，以南北軍屬産、祿，使勃有將之名，無將之實。一旦變起倉卒，勃不得入軍中，則平已智盡能索矣。鄉使紿説不行，矯節而謀洩，平、勃有相牽就縛耳，如祿、産何？前古用此以辱國殄身者眾矣。

平、勃之事幸而集，則嬰爲之藉也。呂氏雖三王懸國，兵權已擅，而皆無將才。當諸侯合從西鄉，空國兵以授嬰，是時呂氏所恃者，嬰耳。而嬰頓兵於滎陽下，暗與諸侯連合，以待其變。由是呂氏勢孤，故酈寄之謀得入，而公卿將士曉然知産、祿之將傾，故矯節閉殿，莫敢齟齬，以生得失。譬之於射，平、勃矢，而嬰弦機也。向使呂祿自出以當齊、楚，而産兼將南北軍，縱不足以倡亂，以賊諸大臣有餘力矣。呂氏本欲待嬰破齊，合而後發，故雖聽酈寄之言，尚未遽決。及賈壽自齊來，知嬰謀，然後以印屬典客。蓋自知無以待

173

嬰,而欲改圖以緩死,故得因其瑕釁而乘之。

由是觀之,定天下、安劉氏者,嬰也,非平、勃也。其推功於平、勃者,誤也。何足優哉?雖然,勃厚重少文,平則譎詐自矜,失相臣之體。彼善於此,則於勃猶有取焉爾矣。

寇準論

(林臬憲課七名)

吳克仁

剛,美德也,剛以生勇,勇以有爲,而幹濟出其中,不濟以學,亦且至於粗疏,至於任性而不覺。寇萊公,剛者也,迹其立朝戡亂,秉正而嫉邪,鎮靜而堅定,不撓於旁議而爲所奪,非剛者能如是乎?

北宋名臣輩出,求其果毅有爲足以定大亂如萊公者,蓋不數數覯。澶淵之役,契丹以數萬方張之寇,烽逼京師,勢在得關南之地而甘心。是時,小夫選耎之徒倉皇不知所措,其黠者又倡幸蜀、幸金陵之議,棄社稷以圖存。而萊公獨從容鎮靜,請帝自將渡河,軍事一以自任,卒能轉危爲安,功在社稷。嗚呼盛已!

而王欽若乃以城下之盟、孤注之喻讒之,不知澶州之和出真宗意,萊公固欲戰而不得者也。且乘輿一出,將士用命,人思勤王。當時又有王超、李繼隆、石保吉諸軍,扼其吭而拊其背,其謀蓋出於萬全,豈一無成算而爲之哉?

蒙謂萊公此舉,實不可及。後世釁起彝狄而輸幣削疆者,正惜無萊公之孤注一擲耳。夫萊公之爲人,其大端固不可及已。至於短王旦,薦丁謂,破除官例,誠有如旦所言"好人懷惠,欲人畏威"者,然皆以不學無術故。

金玉至剛也，爲用於世亦至大而可貴；而鍛煉、琢磨之不施，則雜而不純，峭屬而不器。人質美而無學，其失亦若是焉耳矣！而況過剛則不得於君上，見愠於羣小，以疏以放以死。噫！如萊公者，倘亦所謂太剛則折者非邪？

問：《綱目》於荆軻書盜書劫，於張良書韓人書狙擊。許良爲韓復仇而不許軻爲燕復仇，其義安在？衡以史法，是歟非歟？

（林府憲課八名）

褚焕章

秦自始皇立，有併吞六國之勢。荆軻以一匹夫而爲燕刺始皇。皇之不死，燕之不幸也。使荆軻一發果中，則六國未亡而秦先内亂，燕丹收合六國餘燼以向秦，恐秦之亡不待二世矣。豈非六國之幸哉？天方向秦，事之不成，天也。

或謂荆軻之刺，適以速燕之亡，詎知秦人虎狼其心，不吞噬燕不止。彼三晉、楚、齊各國之滅，未嘗有刺秦王事也。軻即不刺，燕亦必亡。乃《綱目》於軻書“盜”書“劫”，而於張良博浪之刺始皇，則書“韓人”書“狙擊”。是於張良則許其復韓仇，而於荆軻則不許其復燕仇也。

夫荆軻之刺，刺於燕未亡，秦未帝，天下未一統之時；良之刺，刺於韓既亡，秦既帝，天下既一統之後。是軻之復仇事成，而燕可存；良之復仇事成，於韓無補。軻之刺秦事難於良，關係燕之存亡，亦重於良，乃衷良而貶軻，何也？

即謂燕丹不能選將訓兵，如昭王之發憤自強以復齊仇，而僥倖於行刺之詭計。然以之責丹可也，以之責軻則不可。軻爲燕臣，知爲燕用而已，功不成而以死殉之可以，謝燕太子可以，對燕先王而無愧色。書之曰"盜"，非史法矣。

《綱目》本非出朱子之手，乃其門人趙師淵所作，以張良終佐漢滅秦則嘉之許之，以軻身死而燕滅則貶之賤之。論成敗，不論是非，豈得謂春秋書法耶？宜侯朝宗、袁簡齋、劉海峰輩名爲駁之之論也。今人以出紫陽《綱目》而不敢議及，誤矣！

狄仁傑論

（林府憲課七名）

吳　琨

古之所謂社稷之臣，其志節必有大過人者。至事處於無如何，不能強以力回，亦當別謀恢復。若天下有變，忍辱含恥，依阿取容，小人而已。唐之狄仁傑，其殆近是。

夫仁傑當高宗時爲侍御史，檻折廷争，義不苟容，固賢者也。至武后廢中宗，立朝稱制，唐宗室屠戮殆盡，何卒無一言諫止歟？曰：仁傑非真心唐室者也。使仁傑誠有匡時之志，當李敬業起兵時，當爲唐宗室大臣言武氏圖謀神器，唐之子孫將靡有孑遺，今復以李孝逸將兵討敬業，敬業破則武氏可安枕而臥，李氏必旋踵而滅。何若乘此以大義密諭羽林將士，尅期應之於内？天下豪傑憤武氏久矣，必有投袂而起者，孝逸之軍固可收而用也。而後帥義旅下房州，奉天子以遷京師，正武氏之罪於七廟而黜之，是一舉而唐室再造，仁傑爲不世勛矣。嗟夫，仁傑智謀遠駕平、勃，豈獨無聞諸呂、灌嬰之事與?乃計不出此,坐失機會。敬業後遂無敢問武氏鼎者。此仁傑所以俯身女主,與世浮沉也。

或曰:盧陵王廢而復立,非仁傑姑姪、母子之喻,何以感動武氏幾希之天良歟?曰:姑姪、子母之喻,李師德已前言之,非仁傑之力也。況仁傑不爭之於未廢之前,而言之於既廢之後,使武氏天良盡滅,悍然不顧,仁傑又將何計以處此?

曰:仁傑薦張柬之爲相,且薦姚元崇、桓彥範等,卒成反正之功,非仁傑之力,唐祚何以絕而復延歟?曰:張柬之果賢,仁傑宜早用之,乃待其老而後薦於武后。使柬之早死,事當奈何?況仁傑又安知柬之之能復唐也?假令柬之爲相,亦如仁傑擁高位、享厚祿,覥然坐視,則唐家之天下終喪於武氏之手,仁傑何以對君父於地下耶?

嗟乎,仁傑一再爲武氏相,盡心乃事,撫慰百姓,四海大悅,是使唐祚之不遽復者,仁傑爲之也。而後世反以復唐之功歸之,謬矣。使仁傑當武氏革命時,縱不能爲李敬業之討賊,亦當爲武攸緒之高蹈,尚可告無愧於天下,乃甘屈身以事牝朝,有愧其女兒不欲子事女主者矣。

蓋仁傑者與時浮沉者也。夫以小人行小人之術,其迹易窺;以君子行小人之術,其奸不覺。故天下後世爲所欺也,安得謂社稷之臣哉?

韓非李斯論
(史縣尊課一名)

孫光祖

非不殺斯,不足以行非之術;斯不殺非,不足以保斯之命。非、斯皆陰險之徒,狠鷙之才,以放言高論之荀卿爲師,以刑名法律之殘忍爲學。非若見用於秦，必殺斯，始得大行其術；斯知非之見用之，必殺之也，故先發以制之。人謂韓非之才出李斯之上，而斯乃譖而殺之。吾謂李斯之智實出韓非之上，而乃能殺非也。小人無朋，千古一轍，豈獨韓非、李斯也與哉！

韓非所作《説難》《孤憤》《五蠹》《説林》，其書猶有存者，誠太史遷云："引繩墨，切事情，明是非，其極慘覈少恩者也。"始皇雄猜剛斷，雅與非合，故見其書而即有"與此人游，死不恨"之嘆。始皇用非，非將挾其術以輕殺天下之人，何有於李斯？非之於斯，剝牀以膚，切近災也，而謂斯能忘情於非乎？李斯忌扶蘇，立胡亥，嫉蒙氏，黨趙高，五刑三族旋即隨之。蓋其嚴偶語之禁，定挾書之律，孔孟之徒棄其業次，天下之人囂然喪其樂生之心，縱始皇不死，或扶蘇嗣位，秦必晻忽亡國，天下起而誅之。李斯之禍，亦何可逭也？韓非、李斯皆抱殺人之術者也。李斯用其術而殺非而亡秦，韓非之術未及用，而自殺其身。然至今日言刑名者，皆曰"精於申、韓"。襲其名猶足以殺人，況用其術哉。

夫尼山、鄒嶧及門豈有非、斯其人者？蘇子謂李斯以荀卿之學亂天下。荀卿之高談異論，有以激之，韓非何莫不然？然則師友淵源，不可不慎也。

韓非李斯論

（史縣尊課七名）

李熙仁

戰國之士互相傾軋，絕少同心共濟之美，良以棄道德而任詐力。故兩不相下，至於相傾；相傾不已，極於相殘。而其究也，皆身敗而名裂。此無他，我本有可傾之道，而又授人以可傾之隙也。

韓非、李斯者，皆荀卿之弟子也。荀卿澹於仕進，言稱孔子，非棄道德而任詐力者也。然卿雖尊孔子，而深忌孔子之徒，乃故爲"性惡"之説，以傾孟子。非與斯以刻薄之性，專學刑名法術。其於師也，不啻棄長取短，昧其源而揚其波，遂盡棄道德而惟詐力之是尚，其不相容而卒相傾也宜矣。

斯勸秦政焚書坑儒，峻刑酷法；又阿趙高旨，矯詔殺扶蘇，滅蒙氏，天良早已漸滅，匪惟萬世之罪人，亦嬴氏之禍水也。非以韓之公子謀欲強韓，至不見用，而欲爲韓聘秦。即上書秦王，謂聽其言，可以亡韓、魏，臣楚、趙，親齊、燕。嗚呼！以羈旅之臣而遽欲爲人滅其宗國，其天良漸滅，何異於斯！然則斯不傾非，非必傾斯，宜斯之先發制人哉！

其品皆可勿論，論其才焉可也。或者曰：傾軋生於嫉忌，固小人之常。然必才勝己者乃謀殺之，否則雖傾之，而未必殺也。斯深忌非才，故不念同學之誼，而操同室之戈，是非才遠出斯上也。或又曰：斯之上書秦王也，以漸而進，豈若非交淺言深，以取殺身之禍哉？且斯忌非才，竟能殺之，非則不察其忌而託身焉？是斯有知非之明，而非無知斯之明也，斯才似又出非上也。殊不知二子文章之美，洵足分道揚鑣，蓋非以深曲勝，斯以古峭勝也。非之遺書，深明法術刑名之奧，非斯所及。至上書之遲速，則斯已仕秦，故量而後入，非尚待用，故急於自試。

且得禍不在此也。二子之得禍，特以玩君於股掌之故。向使變其刻薄之心，竭智盡忠，忌我者其奈我何？乃非《説難篇》窮形盡態，是以詐力加於君，而玩之掌上也。斯與趙高表里爲姦，殺嫡立庶，亦以詐力加於君，而玩之掌上也。爲臣若此，所謂有可傾之道，復使忌之者得窺其隱，所謂"有可傾之隙"也。惟斯根蒂較深固，乃得後亡。非果才有高下也，斯以讒殺非，高又以讒殺斯，雖天道好還,亦氣機相召耳。

雖然,二子小人不足論也。特怪荀卿明王道、述《禮》《樂》,乃以欲傾孟子,而故爲高遠奇闢之論駭人聽聞;而二子得其一體,遂任詐力,逞新奇,以濟其刑名之學。是舍師之長,法師之短,而變本加厲矣。故非以其術亡身,斯并以其術亡國,皆荀卿開其漸;其傾軋之機,亦荀卿開其漸也。東坡謂"荀卿爲禍首",豈苛論哉!

范滂論

(史縣尊課七名)

李熙仁

甚哉,東漢氣節之盛,可謂卓絕千古矣!蓋君子小人迭爲消長,桓、靈之世,君子道消之世也。奄豎竊命,太阿倒持,李、杜、陳、李諸公相繼罹禍,坐黨死者以數萬計。范滂以黨禍自詣獄死,其母曰:"汝今得以李、杜齊名死,亦何恨?既有令名,復求壽考,可兼得乎?"其輕生重義,母子同心,東漢氣節之盛,可見一斑矣。

或者曰:氣節太盛,東漢所以亡也。言好名太過,相率偕亡,而剝削元氣也。愚謂不然。彼死難諸君子,豈真欲以死求名哉?亦誅索太急,避之無可避耳。雖其間不無可以死、可以無死者,而滂究非其倫,不得訾其母子之好名也。

又或者曰:滂聞捕時,未嘗不可逃匿。捕滂者權奄意耳,非真君命也。天下之大,何患無容身地?奚必以身自詣獄,委命寺人之手乎?且縣令郭揖願與俱亡,從之可也。而必硜硜然蹈非辜死,是知經而不知權也。殊不知滂若逃匿,則連累以死者必多。張儉之逃,累死者至二萬餘人,是其證也。況滂名遠出儉上乎?觀其謂縣令曰:"敢以罪累君,又令老母流離。"可以知其心矣。

彼議滂殉名,皆不知滂之爲人也。滂之爲人也,少厲清節,爲州里所服。性剛勁,疾惡如讎。嘗爲清詔使案察冀州,登車攬轡,慨然有澄清天下之志。其志趣如是也。及其在道,守令贓汙者皆望風解其綬去。劾奏權豪二十餘人。其識斷又如是也。洎乎與李、杜繫北寺獄,以竇武、霍諝救釋歸。南陽士大夫迎之者,車數千兩,鄉人侍側應客。滂曰:"是重吾罪也。"遂遁還里。其斂抑又如是也。方將陶一世,使萬物得所,安忍以己罪累他人哉。惜也生不逢時,用不盡才,又與諸君子以次就戮。滂之不幸,漢之不幸也。

然則滂遂無可訾乎?曰:有之。當不可爲之世,而乃處持清議,出劾權豪,未合"無道則隱,危行言孫"之義,比申屠蟠似乎不及。然砥節礪名,心不忘世,亦聖人之徒也。

至其母之賢,又所謂非是母不能生是子者矣。蘇子瞻與其母慕其爲人,有以夫!

書《史記·滑稽傳》後

(堂課一名)

丁庶凝

自古拒諫之主,莫如秦皇、二世。方其燔詩書,彈人目,大興木土,與一切縱欲昏暴事。死於諫者不知凡幾,皆忠義正直之人矣,卒無濟於事。優旃以侏儒下流,輕謔笑談,乃能屢輟暴君之艷羨,而立改其陛楯之嚴法,幾令千古之諫死於忠義正直者無所解於其拙,則滑稽之較勝於忠義正直,豈不遠矣哉!

181

雖然，古今天下卒重忠義正直，而不以滑稽爲然者，蓋滑稽之流得進，必其君適爲秦皇、二世之倫。君子之事君也，不敢謂吾君不能爲堯、舜，何致舍禹、皋之道而出於滑稽之途？雖不幸以諫得罪而死，亦惟順受其命耳。不然，苟見其君猶秦皇、二世。

孔子曰："邦無道，穀，恥也。"《易》曰："君子見幾而作，不俟終日。"斷無君子而肯蒙恥貪無道之禄，不爲見幾而引退者。又豈甘輕其身爲優旃下流，而用此滑稽之術哉？

書《史記·滑稽傳》後

（堂課十五名）

錢良駿

嘗讀《滑稽列傳》，未嘗不掩卷太息，曰："嗟乎，史公之寄意深遠矣！"立《滑稽傳》，特借以自傷耳。

觀髡諷齊王，解強楚圍，罷長夜飲；優孟敦友誼，表叔孫敖於没世；優旃惜陛楯之沾寒，警寇機於未至。之三子者，幸君悟而用之，得伸其諷諫，可無憾矣。史公以李陵之禍，忠而見疑，信而見忌，身遭極刑，心仍眷眷於君國，視三子之調笑諧謔，猶能悟君心、全友誼，己則未獲其一耳，豈不傷哉！

或者不察，謂史公好奇，徒以詞鋒調笑見長。又或謂特爲諷諫立傳。以愚視之，皆非也。蓋猶《伯夷列傳》特借古人以自傷耳。嗟乎！史公之寄意深遠矣。

班《書》惠帝、高后皆有紀，
而遷《史》不紀惠帝，其旨安在？

（堂課二名）

張　璞

遷《史》不立惠紀，重承統也；班《書》並紀惠、后，尊先帝也。馬之變例，班之持正，千載而下，讀其書，自可通其意；而遽執一例以概，謂班優於馬，恐不足以服子長心也。

當高、文之際，政由呂后。孝惠在位，若綴旒然。繼惠嗣立者，既非劉氏子，又元年號令一出於后。此十五年中，漢之天下非后治之，伊誰治之？蒙意《史記》者，歷代之通史也。作通史則重在聯古今相承之統，而不可拘於常例。若必立惠紀，則廢帝及少帝勢必俱立紀而後可。此二人者既皆不終，又實非劉氏子，不可閒王位，不可以濫立紀。如是又虛此八年無君。若於孝惠崩後始立后紀，則后之治天下又實不始此，有違事實，斯不如徑立后紀爲得其實。故后以女主立紀，與項羽以偏霸立紀，皆史公特筆所以聯歷代相傳之統也。不然，漢興以來，《諸侯年表》亦嘗列孝惠之七年後，列高后之八年矣，何作本紀竟全沒孝惠耶？可知其非無意矣。

至於孟堅，專修漢史，斷代成書，自應尊崇先帝，豈可仍史公變例，致在位七年之先帝併於后紀之中？則紀惠於后前，與退項羽於列傳，固臣子所不得不爾者乎？

然則一正一變謂之義，各有當可也，是可以知良史之用心矣。

翟義論

（堂課一名）

丁庶凝

自古國家鼎革之際，未嘗無感恩悲憤，思揭竿起義圖報故主之臣，然顧慮游移，往往日久氣奪，而終乏敢行其志者，非盡事勢之屈人，而皆義勇之不足也。

夫感恩起義，此明以身家報國矣。倘必思計出萬全，則舊君以人君之勢，猶不免於亡，況己以一身一家而欲傾天下已成之勢乎？昔者王莽稱假皇帝，攝漢事，天下明知其必篡，而莫敢誰何。翟義以區區東郡太守，不謀家，不待卜，決然討賊，爲天下倡首。夫義豈不知其勢之必不敵莽哉？而見義勇決，不如是不足以言感恩圖報也。人臣之當死國難，匹夫匹婦皆知之。然而恒少其人者，蓋成敗之慮一萌，則忠烈之心頓沮。義之起兵討莽，其事雖不成，而足以裭莽之魄矣。

或曰：莽初居攝時，未敢遽存篡漢心；自義敗，始自以爲獲天人之助，而篡志始決。君子作事須萬全，義之輕舉何益？徒啟莽之篡耳。曰：是所謂以成敗論人者也。莽之篡漢，義起兵敗，固篡；義不起兵，亦必篡。莽之弒平帝，義初未嘗啟之也；弒平帝非篡漢之迹之顯然者哉？況天下有以人心不服而止逆謀者，未有以人心不服而反愈肆其逆謀者。翟義之起兵，欲倡率天下。天下每苦倡率，觀義一起，而郡國皆震，三輔之豪傑蜂起，響應可知矣。至於事之成敗，則有所不計者也。

君子之舉事，問名義，不問利害。苟不顧名義而但欲計利害而行，豈尚得爲君子乎？吾方憾世之爲翟義者何少也。使漢大臣中有二三翟義，莽何敢萌竊篡之志耶？不此之咎，而反咎翟義之無成。嗚呼，諸葛武侯不能必滅曹，文信國不能必興宋，史忠正不能必有濟於明，而獨執此議義，豈如劉歆、揚雄輩，而乃無可議乎哉？

翟義論

（堂課二名）

李楷材

班《書》稱翟方進相成帝，而其子義為東郡太守。於王莽居攝日，知莽必篡漢，乃起兵討莽。余謂義非獨漢之忠臣，亦方進之孝子也。

夫自古無不孝而能忠者，即未有忠而不克孝者。是以古語云："求忠臣必於孝之子門。"又曰："移孝作忠。"蓋二者事雖殊途，而理實一貫。義之忠於君如此，則不必問其平日之盡心門內何如，但觀其善體父志，以仰酬國恩，事固無有切於討賊者。然則義之所為，蓋一舉而忠孝兼盡矣。

或曰：義討賊而禍至覆宗，又害於而家，以薦及其母。忠則忠矣，謂之為孝，烏乎可？不知為人臣者，義不得顧其家。昔王經以忠魏而致其母見殺，經母以為以此並命，雖死何恨？夫經母婦人，猶知以子忠見殺為死得其所，則義之起兵而禍及其母，斯固無害於孝矣。如曰禍母兼覆宗非孝，然則方正學之刑十族，將遂不得為孝乎？吾有以知其不然矣。

故昔嘗論王祥，以為祥不能忠於魏，即不得謂之孝。蓋即大夫之孝，與凡民異。此身既以許國，則父母所望於子者，亦惟求其忠於而國，否則有負於國，即不足以對父母。觀史載起兵之初，其言曰："父子受國厚恩，義當為國討賊，以安社稷。"則義之所以體父志者，誠有非區區小孝之爲。此固無慚於卿大夫之孝矣。是則由討賊論義，可爲漢之忠臣；由報父子漢恩論，義並可爲方進之孝子。而論者不察，輒執一孔之見，而苛求之失義遠矣。

噫，在三大節，人有其一，已可以傳後世，即生平略有小疵，亦在可原之列。何況義一舉兼盡，而其他生平亦大都無可議哉？余故表而出之，以著義之爲人，且以見忠孝一源，未有事君非忠而尚可謂之孝者也。則論古者，充類於義焉可也。

翟義論

（堂課四名）

蔣　谷

事有不當逆覩成敗利鈍者，當舉國若狂，助桀吠堯之時，誠能疾首痛心，豎髮裂眥，勃然激其忠義之氣，奮身而起，以聲大義於天下，蓋有功於萬世者也。

漢平被弒，莽賊竊國。劉（秀）［歆］顛倒五經，揚雄文章掃地，紀逡、郇越、郇相、唐林、唐遵素有清名者，咸蒙羞而忍垢，斯固無廉恥之尤者。然吾獨怪夫中外諸侯、朝野吏民，何爲遂甘心厥角稽首，若唯恐後，乃至頌莽功德者竟四十八萬七千五百七十二人之多？嗚呼，世衰道微，人心澌滅，乃如此哉！

大義就淪，君子思焉。蓋西漢自元、成、哀，皆遭際承平，縱情嗜欲，任用外戚。元病在優柔，成失於荒淫，哀病於嬖倖。且自文、景、孝武、昭、宣之後，藩鎮日削，而内復無賢相以輔之，是以中外俱就衰弱。莽以此無所顧忌，而又挾四十餘年外戚尊寵之勢，遂乃包藏不軌，矯飾僞行，竊取名譽，以愚天下之耳目。天下之大勢陰已歸之。且夫朝野上下之間，何以甘受其愚弄而不覺哉！蓋蚩蚩之氓無足怪矣，而公卿大夫見其行事，未嘗不知其悖理乖義，嘆噎太息於私家之居，而稱譽贊歎於公庭之上，而終不以易目前之富貴。小人或反幸乘此而頌符命、表勸進以要富貴。是故正氣頹靡，上下昏蒙，晦盲否塞。若翟義者，豈非豪杰之士哉！以一己之身而扞國家之難，顯揭奸謀而暴之日中，大聲而疾呼之以警當世之憒憒。觀其言曰："吾父子身受漢恩，義當爲國討賊。設令時命不成，死國埋名，猶可以不慙於先帝。"推此志也，雖與日月爭光可也。論者乃謂義不量力而隕其宗，以此詬義，此蓋拘墟者之見，殊未知義之所成就者爲甚卓也。抑吾嘗攷其父，方進爲相九年，跡其前後行事，殊不屬人意。有子如義，足稱亢宗。且義固至今如在者也，孰謂義隕其宗乎？

夫西漢之末，積弱不振，莽賊移祚，事勢使然，由來者漸，自非一翟義所能救。即不得以此苛求於義，當此之時，設使無翟義及劉崇其人者，疇復能聲大義於天下哉？

士君子生遭翟義之世，明知勢處積弱，萬無可救；而惟大義所關，不得不勃然奮身以爭之。雖事蹶身死宗隕，如翟義者，有所不避，亦絶不以成敗利鈍爲心者也。

翟義論
（堂課六名）

李朝福

翟義討賊之忠，盡人而知之。余則謂義此舉有關於漢室中興，厥功亦不可謂不鉅。

方莽之居攝，依託名義，假輔翼沖人，以闇干天位，此其奸在漢廷。有識者容或知之，草野蚩蚩之氓未必喻也。故劉崇以宗室起兵，從者不過百餘人。及義之起，則聞聲響應者且至十餘萬，而三輔亦因之震動。觀於當日，莽聞義兵起，大懼，乃依《周書》作《大誥》，以敷布四方。則莽之惶急而爲收拾人心之計，亦可見矣。是故義此舉雖不成，而義聲一震，六合雲從，遂無不謳吟思漢者。及舂陵一起，新市、平林之眾皆附，不可謂非義之倡義有以鼓動人心也。

或曰：莽即破義後，遂一意篡漢。故天下人灼知其奸而聚徒群起，似不當歸功於義。不知苟無義，則天下人心尚徬徨而無所主。自義爲之倡，而名分有在人心，乃得所指歸。觀當時群盜起兵，皆假漢室爲名，可以知矣。然則天下之誅莽以爲漢者，發端於崇，而大振於義，則雖謂光武中興，義與有功焉可也。

尹起莘以爲義討賊雖不克，而聲大義於天下，使莽罪益以暴著，可謂有功於漢。斯言先得我心。而昔人論高祖伐楚，謂非董公遮說爲義帝發喪，聲罪致討，則名不正，人心亦未知所歸附，而大事亦未必成。吾謂翟義亦光武之董公也。且夫陳涉亂民耳，而太史公以其能首大難，鋤暴秦，遂取而列之世家，何況義身爲漢臣而又有功於漢哉？

余故標舉義生平之大，而其他細微略而不論，以見漢之人心未去，而再得天下者，義之力也。嗚呼，義豈獨忠也哉！

孔融論
（堂課一名）

蔣　谷

嗟乎，漢賊不兩立，正邪顧安能並存哉？是故非漢誅賊，即賊誅漢；非正除邪，即邪害正，此勢之所必至者也。

當曹操奉車駕，移許都，挾天子令諸侯，霸圖已據乎上游。此時外之爲鯁者，操獨憚一袁紹耳。紹四世三公，勢傾天下，共推盟主。橫大河之北，擁百萬之衆，足以圖操。然紹以愎諫，反爲操破。紹既破，而外之爲鯁於操者去矣，操篡漢之謀成。而內之爲鯁者，復有一孔融。此豈操之所能忘情者哉？論者乃謂融恃其才望，數侮操；又嘗短郗慮，慮以是構成其罪。融身族同糜，乃其自取。嗟嗟，此蓋不揆情勢者之言耳。

夫人處衰亂之朝，而內懷狂瀾砥柱之志，斯必羞伍。夫柔懦姑息者，而不能不嚴氣正性，抗論莊言，以與強梁奸宄者爭衡而奪其氣，安在乎其不忤耶？且融即不忤操，而操遂能容融矣乎？蓋融之心固已決不能容操矣。操尚烏能容融？如郗慮、路粹者，直不足論；即無慮、粹之枉奏，天下之爲慮、粹而承望風旨者，又豈少耶？

或曰：融何不潔身而退，得無昧於明哲保身之道乎？不知禍亂之未來也，見幾而作，可謂智矣。至於擾攘頻仍，破碎敗壞，不可收拾之際，國已無人，而責望在一己。此時國且難保，君尚不保，融獨何心而忍望保其身家妻子乎？夫庸庸竊位者既無復望矣，而慷慨豪傑之徒又欲責之以明哲保身之義，不且欲速其國之亡，而令篡弑者之無所忌憚哉？或曰：融不去，即不死，將奈何？曰：漢一日存，爲一日臣子，盡一日職分，而必力持一日紀綱，以冀夫機之萬一能轉耳。

嗚呼，設天欲存漢，而使融志得成，彼曹操者又能爲融容乎哉？

孔融論

（堂課二名）

李楷材

人每以孔北海志在靖難，而意廣才疏，迄無成功，爲北海詬病。余謂此不足以掩北海也。

夫北海固少形才短，然其立朝，義不附操，忠貞之節，橫秋霜而貫白日，漢廷不可無是臣也。抑又嘗聞古人之論人者，爲守兼優爲上，其次爲不足而守有餘，若無守而僅才可有爲，則品斯下。北海蓋有守者也。有守而惜乎其才不足以濟厥守也。然雖才短而守終固，則在漢季終不失爲正人，而斷非阿附操者所可及。

如但以才論，則操非奸雄之才耶？然爲漢計，則願有北海而不願有操。觀於操之虐煽王室，毒流四海，非操之奸雄不至此。然則人臣亦何貴乎僅有才哉？況乎北海之不克誅操，非北海不能謀操，而操當時大勢，雖有智者無從圖之也。否則，後之韋耿諸人，豈非欲誅操者耶？而皆不克。是操之不死，此其間有時會存焉，而非盡人謀之不臧耳。後人觀於昭烈、武侯，席荊、益，力欲討操，以扶漢室，而經營畢生，卒不得一竟其志，亦可見操之勢強，有未可以遽謀者矣。不此之察而輒責北海曰才疏，然烏知即不必論北海，而昭烈君臣之雄才何以亦不能得操而甘心耶？是知北海之才疏，當在於守北海之日，而不在於不克誅操之時。且吾人盱衡古人，但當論其志向邪正所在，而不必拘其事之成敗。即如陳蕃、竇武，謀誅宦官，不成而死。及後人論蕃，雖惜其微少於才，然未嘗不悲其志。如北海者，亦陳蕃諸人之流也。

噫，北海生平處家立朝之際，俱有大過人者。即曰疏於才，亦當在《春秋》責備賢者之列，而非謂其人概不足取。何況范史之論北海"意廣才疏"，蓋深致惋惜於北海，特徵其詞以見意。何論者不知，但泥於范史之片言，而輒以之訛北海耶？余是以悲北海之志，而推論當時時勢如此，且以破拘儒一孔之見也。

孔融論

（堂課六名）

路安衢

天下之忌我者，未始非天下之成我者也；天下之殺我者，未始非天下之知我者也。忌之益深，殺之益急，而我益得齫然於名義之中，不爲僞命所汙，不爲奸鋒所懾，豈非古所稱"烈丈夫"者乎？漢之孔融，殆其人矣。

融少時以見李膺、匿張儉知名當世。及其爲北海相，曹操方盛，融無所協附，海内之士莫不延頸企踵，想望其風采。既敗於袁譚，操乃薦融於獻帝。尋遷少府。當此之時，操之於融，幾如董卓之於蔡邕，則融固操籠中物矣。操何爲忌之而殺之哉？然而神龍非可馴之物，人而龍，亦豈可馴耶？操之薦融，於融非不爲知己。乃欲以待荀彧、華歆者相待，則知融而未盡知乎融者也。使操而真知夫融，必不肯薦之於先；使操而不知夫融，亦何至殺之於後？是薦之即所以殺之，而殺之正所以知之耳，豈過論乎？説者有謂融以激揚諷議，恃才陵物，與禰衡輩戲侮曹操，故及難。不知邪正不兩立，忠奸不并容。融即不侮操，操豈遂忘情於融？非曹殺公，則公必殺曹，先哲嘗言之矣。

觀於論盛孝章、郄鴻豫，其英偉豪邁之氣，咄咄逼人，固操所望而畏者。就其生平而論之，殆亦干將、鏌邪之不懼缺折者歟？宜乎蘇子瞻以融爲人中龍也。顧當其時高蹈南陽者，已有臥龍；遠適遼東者，亦有"龍尾"之喻。而以融視之，出不逮諸葛孔明，處不逮管幼安，核其所至，迨遜於管、葛二龍而優於荀氏之八龍者乎？

問：明代賢相，三楊並稱，比而觀之，亦有優劣否？

（堂課一名）

李楷材

古之所謂賢相者，貴其有過人之量，而能容人之才；又且持國家大體，而不察察於細故以爲明。若是者吾因綜核明三楊，而於士奇髣髴遇之。

夫所謂過人之量而能容人之才者，何也？如士奇於榮。因宣宗有疑榮意，遂力稱榮之才，以爲非己所及。雖聞榮嘗有短己之言，然終不以介懷。故能與榮並力於國，而俾榮得盡其才，斯誠無愧乎相臣之量矣。又況士奇生平立朝，如保全趙王一節，善處人骨肉間，雅有李鄴侯保全廣平王之意。而其他諸端不苟細者，亦彰彰具載史冊。則信乎得相臣之體，而不專察察爲明者耳。

若溥者，相業不如士奇，而器量之寬廣似之，故生平建白雖少，然無愧與士奇并稱賢相。昔人謂漢之曹參繼蕭何爲相，而能不改何規畫之舊，故卒之堪與何齊名。吾謂溥於士奇，亦庶幾有焉。然則史稱溥雅操。信乎其雅操也，否則如榮之短士奇，不有信任士奇之宣宗，士奇得以無所掣肘哉？

抑又思之，榮之短士奇與張江陵之陰軋高拱大略相同，特拱不幸而遇神宗，士奇幸而遇宣宗，故排擠有行有不行耳。總之，士奇賢相也，溥之器量有近士奇，亦賢相之亞也。

如榮，則有才而不純。以云果敢任事則有之，而豈足當賢相之目哉？況按《士奇傳》，榮受邊將饋遺，而其家致富，曾孫業且以貲敗。史氏榮本傳又擬以姚崇之不拘小節，則榮者毋亦簠簋不飭而不滿於時論與？但就才論才，則其才不惟遠越乎溥，亦且較愈於士奇。在明一代相臣中，亦可謂矯矯者矣。

雖然，此就三人入相后言之也。若夫士奇在建文國難時與周是修諸人約同死，然卒食其言。此蓋亦榮、溥逮事建文而復事成祖之比。是則士奇立身本末，原有可爲後人責備者。然其後要豈失爲賢相哉？余是以根本史傳，善善從長，斷士奇爲賢相，次之以溥，而不能無遺憾於榮也。

劉晏論

（堂課一名）

錢良駿

刑者，所以服天下之心也。一輕用之，則天下畏其失刑，而奸邪反側之徒將援以爲口實，而禍生矣。故《綱目》書法：凡大臣之有罪者，或書曰“誅某”，或書曰“某以某事，坐法伏誅”。若無罪而殺之，不去其官，不貶其爵，而直書之曰“殺”。今書“殺忠州刺史劉晏”。嗚呼，此德宗之失刑歟？

夫唐值安史之亂，府庫空虛，閭閻馨竭。非有晏之理財以佐軍興，則用兵數十年，國用益蹙，勢必至橫征暴歛，損下益上，則唐之不亡，亦幾希矣。觀其因平準，幹山海，制萬物低昂，操天下贏紬，歛不及民，而國用以足，軍需以濟。是唐之中躓而復振者，晏之力也。烏可以楊炎之傾險，搆成莫須有之獄，而使之含冤地下哉？

顧或者曰：劉晏，桑宏羊之流，言利臣也。其見殺也，固宜。曰：不然。宏羊小人也，當武帝時，方竭天下以事匈奴，宏羊希帝旨，朘削刻剥，以益其上。晏值唐用兵之際，非善爲調度，則軍民匱乏，而國勢何以復振？且晏之出納，必委之士類。理財以養民爲先，固非損下益上者，宏羊輩不可同日而語矣。宏羊之殺也，以與上官安謀反。論其罪，固當死；即論其事，亦實有據。晏與朱泚書，辭多怨望，其書固可驗也。德宗蔽於楊炎而不之察，竟置之死，不亦失刑之甚乎？

又或者曰：史稱楊炎與劉晏各争權恃氣。及炎坐元載事貶，晏頗快之意。晏之爲人，亦快快者流耳。曰：不然。晏之結怨楊炎，在誅元載時。晏之鞫元載，職也；炎之怨劉晏，私也。炎固不能容晏，然能搆晏於死者炎，而所以殺之者則德宗也。使德宗當日知二人之有隙而燭照之，以實按其事。如晏果與朱泚謀反，則誅之將不勝誅；如無其事，則將釋之，以明無罪，不亦毫無遺議也哉？然此非德宗所能也。以德宗之不明，内蔽於楊炎，外蔽於庚準，互相誣搆，而欲晏之不死也，其可得哉？

嗟乎，自劉晏殺後，而田悦、李正己以爲懼，未久而遂倡亂。其後朱泚相繼叛逆，豈非以德宗之失刑不足以服奸雄之心，使之歛迹而畏法耶？讀史者見《綱目》書"殺劉晏"之例，未嘗不流連太息，爲晏惜，且更爲德宗惜也。

劉晏論

（堂課十一名）

傅景星

世嘗以劉晏見害於楊炎爲惜，而吾謂無惜也。炎不害晏，則晏之忠且廉者何自而見？故夫炎之害晏，乃其所以成晏而已矣，何則？

人臣體國經野，苟能有利於君，有利於民，其功亦偉矣。然有利於君民，兼有利於身家，亦終爲計利之臣，而猶不足以取重於當時，見稱於後世。至有利於君民，併無利於身家，忠矣，抑廉矣，功在社稷，德在蒼生，而坦白之懷獨不見諒於同儕，遂至以猜忌嫌私之端搆鼠譖誅掠之禍，使天下咸太息其人之無辜，而重爲惜之，斯則其生平之所不没也已。

劉晏以少年入官，勤幹愼密。爲舉其大綱，鑄錢幣，興鹽鐵，多在富國裕民，蓋長於理財者也。然古今權算之臣，曾不乏人，或侈議擴充，而妄耗官帑；或總絜綱目，而中飽私門。其能者非不搜山海之藏，儲官府之用，而借公肥己，以國足家，往往皆是，議者恒無取焉。晏總國計出入二十餘年，謂爲清貧無資，其誰能信？薏苡猶興謗，矧爲國帑而猶幸？楊炎一奏，大爲之出力也。迨詔賜以死，官掠其家，家徒壁立，室僅書藏，而晏之忠廉乃大白於吾君，大白於天下。謂炎之害之，非所以成之也乎？使晏而或有奸私，則炎雖極意彌縫，亦盡敗於是日矣。又使晏而不遇楊炎，亦孰知其公爾忘私、國爾忘家有如是之清貧者？

雖然，晏則可以無憾，獨炎以天子大臣甘爲元載奸黨以讒陷忠廉。晏之忠廉益顯，炎之讒陷忠廉之罪益不可逭。然則炎之害晏，乃其自害也，爲小人者庸有幸哉？

衞鞅論
（堂課一名）

張　璞

世皆論鞅變法，爲天下萬世蠹國害民之罪魁。吾謂積弱之世，安得有鞅者？

秦自孝公,始致富強,鞅之力也。鞅能變法,卒能持法,使舉國無異議,可謂決矣。孝公專任一鞅,雖甘於變法,能使外患內憂一舉而空之,卒致後世兼并天下。蓋弱而能修德,不強何害?不修德而并不能強,弱乃自危。故法非不可變,變而能持,則足以矯弱爲強。

鞅固欲矯弱也,然吾於前人之論鞅者,獨信一語焉,曰:作法自斃。從來武健嚴酷之吏,未有不干造物所忌也。

衛鞅論
(堂課二名)

李楷材

嗟夫,才之爲禍烈矣哉!敢於菲薄先王之法,而以爲不足守;敢於排父兄百官之議,任天下之怨,而以爲不足恤。岸然挾其堅忍之力,施其酷烈之術,獨斷獨行,無所顧忌。雖足以富強其國,然而五帝三王相傳以來,其流風餘澤之猶有存者,遂由此滌蕩盡矣。後之人雖欲復之,何從而復之?此衛鞅所以爲千古罪人也。

王荊公以官禮之書,誤人家國,僅曰"泥古而不通"耳;鞅直以先王之道爲不可行,而鄙之薄之變易之。故愚以爲:荊公,學究也,學究之禍,僅足以禍一時;衛鞅,才人也,才人之禍,則足以禍千古。且夫才如衛鞅,其禍固如彼矣;乃有才並不如鞅,竟敢非五常、薄三王,見異而遷,其禍又將亂天下後世而更甚於鞅。

然而人主甘心焉而不悟者,則與秦孝公、宋神宗同一溺於富強之説耳。孟子曰:"遵先王之法而過者,未之有也。"有國家者宜如何慎擇與共天位之人?而士大夫亦當惴惴焉,謹其心之所嚮,恐一不當,即足以賊人心、害風俗而禍天下後世,爲衛鞅之續也,噫!

衛鞅論

（堂課五名）

李熙仁

甚哉，知人之難也，而用人尤難！秦孝公用商鞅新法，而國驟強。說者曰：鞅之術可以強秦，亦以亡秦。乞今觀之，強秦之功不敵其亡秦之罪，其終受誅夷，宜矣。然所以致此者，孝公知之未盡而用之，大過故也。

蓋鞅以刻薄之資競尚功利，開阡陌，課農桑，習戰攻，信賞罰。於時野無曠土，國無游民，勇於公戰，而怯於私鬭，不數年而秦益富強，蔑視諸侯。后世踵鞅成法，遂夷六國。此強秦之說也。至於專事刑威，不施仁義，民之力耕而力戰者，皆畏威使然，非真心悦誠服也。故怨毒之在人，深入骨髓。始則怨家發難，以殺其軀；終則怨民揭竿，以滅其國。此亡秦之說也。

而愚謂功不敵罪者，何也？蓋秦雖踵鞅之法，倖成帝業。然以不仁得天下，復以不仁守之，苛法苦民，甚於塗炭。秦之帝本無足取，則鞅之功奚取焉？況乎以不仁得，亦以不仁失。二世而亡，禍不旋踵，皆鞅爲其厲階。其功之不敵罪，盡人知之，而不知孝公自貽伊戚也，何則？鞅獨創新法，毅然自任，可謂有過人之才。用其術者，國不患不富，兵不患不強。所患者，無孝弟忠信之教以率民，僅任刑殺以圖功，故終貽怨毒以自滅耳。而孝公乃相見憾晚，重任無疑，雖謂其知之不盡，而用之太過也。孝公其何說之辭？

夫明主之馭臣下也，鑒美察惡，舍短用長，故使貪使詐皆盡其才。鞅之才，惟可圖富強耳，未嘗聞聖人之道也。爲孝公者，苟能以謀國之任委賢相，以牧民之任委良吏，而專責鞅以耕戰之事。而為之戒其苛刻，察其功過，定其賞罰。如此，則可收富強之功，而杜酷虐之害。秦之利亦鞅之利也。計不出此，而舉國以聽於鞅，屏絕仁義，專任刑威。惠文王雖誅鞅族，而不廢鞅法，且踵之而加厲焉。及至始皇，遂焚書坑儒，流毒四海，原其所自，鞅固禍首，而孝公者亦罪之魁也。

雖然，秦，虎狼之國，君臣同惡相濟，無足論矣。後世有喜鞅術而陰效之者，皆甘蹈覆轍者也。夫惟以五帝三王之道為本，當變故迭出之世而神明變通，國其庶幾乎？

衛鞅論

（堂課二十四名）

張含英

夫進退之際，用舍之間，君不能獨斷者，必資於所敬之臣。臣進言而不用，使刻薄者出境，將不獨禍此國，且禍其所往之國，并禍天下，更自禍其身。

如衛鞅者，刻薄人也，公叔薦於惠王，王不用，公叔請殺之。快哉此請也！設惠王殺鞅，則公子卬或不虜，六國或不滅，秦亡或不於二世也，井田之法或至今猶存也。乃使之為秦用，以創制新法，良可慨已。然秦得其術，以滅六國，亦以自滅其國。

鞅之相秦，即其術以滅秦國，亦以自滅其身。有為鞅謀者，謂其納趙良之言，罷秦國之政，或可免難於未作。不知鞅至是雖欲變計，亦無所施矣。百姓仇也，六國敵也，惠文王之怨不可平也，公子虔之刑不可贖也，商於之邑不可以自蔽也，亦翹足待亡而已。

嗟嗟，挾刻薄狙詐之資以售其富強吞并之術，正如毒藥然。其攻病也，非無一時捷效，而其潰腸刻骨之禍，蓋有不可旋踵者。彼溫公、荆公猶取其徙木立信之小節，亦爲彼之功利所移也已。

龔遂以農桑樹畜治渤海論

（堂課首名）

蔣　谷

千古能清盜源者，龔遂而已；千古能弭盜者，龔遂之法而已。剗除其根株，而不使更滋其萌芽，轉移之間，易萑苻爲良民，改盜藪爲樂土。

是何法之至而用之神哉？問監司督捕者幾何人？曰無之。問分緝協緝者幾何人？曰無之。問捕役丁壯幾何人？曰無之。問殺若干賊、獲若干盜？曰無之。問盜賊何在？曰盡去。問何去？曰皆相安於渤海，皆良民矣。嘻，其用亦神，其法亦至矣哉！

今夫渤海，非本盜藪也；弄兵潢池之衆，非生而萑苻嘯聚之徒也；弓弩刀劍之習，其初皆鉏鉏田器之民也。盜賊之源，蓋起於齊俗奢侈，好末技，不田作耳。而其末流乃遂至於群起爲盜。若使上之人忍而以盜視之，有必欲勝之之心，則海濱遐遠，不沾聖化之徒，亦必群然與上相持，而萑苻嘯聚、弓弩刀劍，其勢遂聚而不可復散。勞師征剿，荼毒生靈。大兵之後，饑饉隨之。剽竊刼掠，其風愈熾，而渤海乃真天下盜藪也。嗚呼，冤矣！遂惟清其源，反其奢侈，躬率儉約，勸之農桑，導之樹畜，竟能不殺一賊，不捕一盜，而盜賊自息，是何法之至用之神哉？

世之以弭盜自矜者，問其法，曰監司督捕而已矣，曰分緝協緝而已矣，曰捕役丁壯而已矣，曰殺若干賊獲若干盜而已矣。此其遏盜之流且不足，惡能清盜源者？故論龔遂之治以諷之。

洛蜀黨論

（堂課一名）

袁丕承

自陳司敗誣孔子以黨，而孔子謝之。君子曰："黨之誣也。法孔子謝過已爾，爭何為者？"雖然，小人誣之，謝過是也。若黨之機自我而煽，黨之名自我而市，是豈與小人之誣我者比哉？可異哉？

朱光庭、賈易師伊川而劾東坡，東坡徒亦交相齮。洛人、蜀人，炎炎以起。光庭輩後生淺識，焉用責？責伊川、東坡之不教正耳，豈惟不教正且居黨首？曾亦一思國事乎？元祐變熙、豐，章、呂小人黨猶盛，洛、蜀爭爭而劾，劾而先後罷。是小人所禱祀於天，恐天不鑒而竟鑒焉者。始也冀君子之隙，繼也盡之於一網；迨其後，籍元祐黨，立碑端禮門，又推立於各州縣，又增定之而立於朝堂。無論洛、蜀外諸賢，即伊川、東坡，小人不復洛、蜀之而凶之、姦之也。人之云亡，邦國殄瘁，夷狄遂起而漁利之矣。悲夫！悲夫！

推宋之禍始，必專罪洛、蜀，則苛。然使洛、蜀不相爭，小人未易乘間，轅北社南當不若是速耳。惜乎東坡卒常州，不復與伊川相見。當伊川遭禁，察學術，察著書，且逐學徒，吾意伊川回思之，當亦悔洛與蜀爭之誤也，非悔因黨遭禁也；悔國家禍，禍於爭黨爾。范純仁極力合之而不能，小人合之而欲離不可，豈非爭黨殷鑒哉？

吾曩論東漢黨錮，謂君子家修不能以孤陋成學，則必廣交游，交游不可不擇也。則必同志，所交而盡同志，互相切磋，集思廣益，戒標榜之名，存胞與之量。其出也，不以同我者即賢、異我者即不肖。盡心政事，大公無私，焉用黨？乃陳蕃、竇武短於才，其下之范滂、杜密非訐朝政，遂至錮者錮，鉤者鉤，殺者殺，禁五屬者禁。黨人亡而漢隨之，較以宋之黨禍，尤速而烈。然宋之洛、蜀始以君子爭君子，非若漢黨之攻小人。

莊子曰："大惑不解。"宋黨之謂也。愚故責賢者備，雖《道學》之伊川，《文苑》《循良》之東坡，皆不敢諱。

洛蜀黨論

（堂課四名）

袁嘉端

李斯禁天下以黨，而秦亡；石顯斥蕭、劉以黨，而西漢亡；曹節害陳、竇以黨，而東漢亡；牛僧孺抑李德裕黨，而唐亡；魏忠賢鋤東林黨，而明亡。小人禍君子，百計不可思議，惟名之曰"黨"，如竭澤而漁，如焚山而獵，無弗勝者，異哉。

宋程子頤、蘇子軾之所謂"黨"，乃以君子仇君子，以君子敵君子，一言之隙，謗聲四起。彼有不黨洛不黨蜀、中立無阿好之劉摯、劉安世，且亦判之曰"朔黨"。噫，諸君子洵君子也，然國家何賴有此君子哉！古之君子之爲天下計，必將重視國事，不私己身，公卿士大夫和衷共濟，有善共決，不善共正，無一不爭自濯磨以爲助。群則有之，黨矣爲者，乃道學、文章勢不相下，既非范、李、高、顧之激濁揚清，又非蕭、劉、陳、竇、德裕等之力扶善類。舉朝沸騰，角立爭雄，如仇如敵，求以名勝，而國事皆所不問矣。

且夫黨也者，偏也，私也，依阿也，朋比爲奸也，皆以人而分者也。諸君子不分以人，而分以地，何哉？洛有頤，而無一非頤黨；蜀有軾，而無一非軾黨。於是居朔之摯、安世等，亦遂真成一朔黨。天地生才，豈若是囿？矧洛、蜀、朔外，復有地有人，將何以知所埘耶？抑埘之不能，將又別立一黨耶？

考熙、豐之時，王安石相，論者有"南士作相，多引南人亂天下"之説。夫南北何常，居人必互有賢愚。必斥南方爲無一可用，是即洛、蜀之分之漸也，不亦異乎？

嗚乎，秦、漢、唐、明之黨，爲小人誣之敗之，而其報國家之心可告天下，不宜因其誣敗而不爲之諒，反謂其亡國家也。洛、蜀諸君子，則自甘不韙，實無以報國家。上適有哲宗之庸，下更揖章、呂之人，吾見其冰炭水火，小人不以爲洛黨、蜀黨，而概之曰姦黨，而宋之事壞矣。誰謂紹聖之禍，靖康之□非元祐時伏其端耶？

吾觀慶歷、皇祐間，仁宗詔戒朋黨，思至深，慮至遠，故范、韓、富、杜志同道合，雖有異議，益見公忠。孔子曰"君子群而不黨"，良然。何元祐之非其人也！雖不黨有呂大防，知調停小人以消患，不知調停君子以濟時；浸至黨人碑立，潰亂善類，司馬、文、呂且蒙黨名，無秦、漢、唐、明黨人之釁端，有秦、漢、唐、明之大禍，斯宋事之不幸，而不得不令諸君子分任其過也。

是故古之君子，其視己身也輕，而視國家也恒重。

洛蜀黨論

（堂課七名）

錢良駿

論者以洛蜀分黨，爲君子攻君子。以愚觀之，程子不惟君子，蓋學聖賢之學，行聖賢之行，而爲聖賢者也。其分黨也，子瞻自分之,於程子何與?

程子不失爲聖賢,子瞻不得爲君子。不得爲君子,其去聖賢遠矣。以自遠於聖賢之人,而與恪守聖賢之道之人同朝共事,譬之冰炭水火不相入,豈待分標樹幟而始各爲歧異哉?觀程子在經筵,動必以禮,此正孔子所謂事君盡禮者也。子瞻譏其不近人情而深嫉之,又玩侮之。噫,以禮法自持,猶以爲不近人情,勢必越乎範圍,放浪形骸,而後方可謂之近人情乎?此程子所以不失爲聖賢,而子瞻所以不得爲君子也。

而或者曰:子瞻才有餘而德不足。其出知方州,民皆繪像以祀。其學術固有足取者,謂之非君子,不亦過乎?曰:不然。所謂君子,不忌人,亦不矜己者也。子瞻一見經筵禮遇之隆,頓生媢嫉,自恃其才與學爲天下宗仰,而恩遇反出程子下,於是積不能平。因程子拘於歌哭同日,遂以叔孫通制禮嘲之。不知哭則不歌,孔子之行即程子所學之行也。子瞻詆之,是以詆程子者詆孔子也。豈有謂之君子而敢以訕笑詆孔子乎?

又或者曰:子瞻不得爲君子,固矣。程子學聖賢,視其門人互相攻擊而不救正,抑豈聖賢之道乎?是又不然。昔叔孫武叔毀仲尼,子貢痛責之,而斥其不知量。子瞻之詆程子,是叔孫之毀仲尼也。孔子不能禁子貢之抗辯,程子安能禁賈易、朱光庭之劾哉?且賈易、朱光庭之劾子瞻也,程子未嘗嗾之使劾。子瞻之劾程子也,其疏云:"臣深嫉程頤之姦,不假以辭色。"由此觀之,孰得孰失,不亦彰明較著哉?

又或者曰:程子於子瞻,始譏以不近人情,而不之較;既玩侮之,而不之計。胡一聞叔孫通制禮之言,遂因怒以啟瑕釁,不亦能容之於前不能容之於後乎?是更不然。夫訕笑之,玩侮之,特子瞻之矜才使氣,故程子不屑與之較。至於以叔孫制禮譏之,是自外於聖賢而以孔子之言爲可嗤也。此而不怒,乃真所謂不近人情矣。豈以聖賢自任之程子而敢出此哉？故怒其訕己，怒其自外於聖賢矣。賈易、朱光庭見其不平而劾之，亦非僅爲程子劾也，爲自外於聖賢者劾也。是豈程子之不能容子瞻哉？抑子瞻之自棄於聖賢，可知矣。

嗟乎！元祐初政，正聖賢道行之時也。向使子瞻自斂其才與學，與程子和衷共濟，則聖賢之道行矣。乃子瞻以媢嫉之私詆之，不惜餘力，卒至互相攻擊，兩無所裨，而章、蔡之徒得以一網羅盡。君子爲程子惜，未嘗不爲子瞻咎也。然而程子終不失爲賢聖，子瞻究不得爲君子也，可慨也夫！

卷三　雜文

緬越畫界善後事宜論

（崧督憲課十九名）

李楷材

緬、越畫界之役，屢煩中國之使，而中國迄未有盡善之策。此其受患之所由然，不在於既畫之後，而在於未畫以前。

識者謂中國不能自強，故事事落英、法二國後。即事後議補苴，而動輒受制於英、法二國，牽前躓後，莫知措手。此蒿目時艱之士所爲拊心而扼腕也。且夫今日之滇與昔日之滇異，昔日之滇以緬、越爲藩籬，今則藩籬撤而滇孤露。然滇爲川、黔數省門戶，爲英、法窺伺中國所之爭，則又不得不急籌備禦英、法之策。厥策惟何？蓋終不離乎古人之所謂屯田者近是。

或者曰：屯田經費甚鉅，目前帑藏支絀，何從得此經費而屯之？況聞近議興團，何能於團練之外復事屯田？不知吾滇歲需他省協餉至數十萬之多，國家且不惜此鉅欵，以養額兵及招募之練軍。何況屯田興則兵自得食，於國家餉糈亦不無少補。但患無以其策言之於朝者耳，何患其中厄而不行哉？抑又聞之，團練者其事可應卒，而不可爲常者也。今議者如以爲成事不可止，則何如於團練中暗寓屯田之意？未始非變通行法之善者也。

總之，屯田無地不可行，而行之亦必見效。其在於古，如武侯之於渭濱，趙充國之於金城，類皆以屯田儲軍實。而朝則乾隆中張公廣泗曾用以定黔省臺拱諸苗。而尤切者，則明陳用賓之撫吾滇，以一十二屯田經緯滇西騰境八關,即其先事之師也。

舉此爲例,則滇南邊地何嘗不可行? 患在行之經始無其人,而當事無肯肩此重任者。則雖有補苴之一法,不亦徒託空言哉? 否則,以滇西南邊防論,屯田乃其急務,而何況在緬越畫界,既受想英、法之後也。

代太常博士答劉子駿書

(陳藩憲課一名)

李堃

蓋聞右文必稽古,多聞尚闕疑,主善乃爲師,攻異斯貽害。某等雖寡陋下劣,嘗奉教於大人先生矣。

曩者周道凌夷,諸侯放恣,邪説鋒起,正術寖微。羣籍之傳,百王之法,其廢而未盡墜者,齊魯之間,蓋亦斷斷如也。始皇大燔,戍卒淪敗。戮餘之士,與器俱燼,六學遂更缺而不可綴。泊乎大漢受命,神聖繩繼,賢良贊襄,孔道重光,逸書間出。乃立博士,設學宮,收五經之散亡,尋千載之墜緒。兼容並納,殊途同歸,蓋至是而已備矣。近復奉明詔,辱清問,廣建三學,增置四家,責書綦嚴,勿容再默。謹陳其惑如左,幸垂覽焉。

宣尼刪書,上應列宿角亢無廿九之躔,簡冊無十六之佚,況掌故所受,濟南所傳,後學鉤稽,實資大傳。今壁中古文,安國不及傳,都尉未有説,僅校文字,析句讀,執今律古,符合殊難。既寡師承,匪可意逆。若夫詩學,已有三家,並衍西河,昌於昭代。毛氏雖曰同源,然溯其授受,則有三傳、四傳之異。且其訓詁與世大殊,令其廣嬗藩校,不加禁抑足矣,列之辟雍,僉曰非宜。

周末諸侯去籍，《禮經》早亡。漢興，高堂生傳十七篇，雖皆士禮，然可推而致之天子，嗣得古禮。篇目增多，節文俱備。然取夙所誦習者讀之，奇文殊體，紛歧不一。其他未經見者，概可知矣。以列學官，時滋聚訟。

至於《左氏》，尤所未詳。好惡同聖，雖見《論語》，玩其推獎，亦似並時。然與乘如周，實惟敬叔，觀書周史，時尚無修《春秋》之志。孔門文學，首稱游、夏，獲麟絕筆，莫能贊辭，矧左氏哉！且其爲説，實不傳經。公羊氏曰：“主人習其讀，而問其傳。”先師有言：“讀爲經，傳爲訓詁。”《左氏》記載詳而訓詁略，傳經之誼，詎若是哉！間嘗披繹其詞，若夸稱魏獻，豈信史所爲？右譽晉文，螯黜霸之旨，至熊化蛇鬬，神降石言，則語怪、語神，不經甚矣。

夫學古有獲，《書》教也；先民是程，《詩》教也。用高、曾之規矩，不見異而思遷。工藝且然，況學者乎？今此數家之言善否疑信，姑不具論；即有古訓，仍異師傳。稍避斧鉞之威，必干章甫之議。謹布下悃，惟執事圖之。

代太常博士答劉子駿書

（陳藩憲課二名）

李湛陽

子駿足下：

曩辱賜書，責僕等黨同門、妒道真、違明詔、失圣意，僕等低徊誦之，不過以不立《左氏》取足下怨。然僕等於《左氏》之立不置一辭，固非漫然。今足下責之過甚，若猶付之於不辨，恐疑者益疑，非孔門友直之道。謹略陳固陋，惟足下幸察焉。

僕等聞之，子輿氏之稱《春秋》，其事則齊桓、晉文，其文則史、孔子曰，其義則"某竊取之"矣。是通《春秋》者，亦通乎事文與義而已。自《公》《穀》傳《春秋》，綴學之士不敢踰尺寸，雖分文析字，煩言碎辭，如足下所云"雖老死不能盡一藝"；然兢兢一藝之中者，正其守微言而通大義也。猥曰"孔子没而微言遂絕，七十子喪而大義遂乖"，當乎？否乎？

漢之興也，六經大明，《春秋》之傳，尤其盛者。董江都、瑕邱江公之徒，固非不考情實，隨聲是非，何以於《公》《穀》傳之，而不及《左氏》也？稱《左氏》者，有太史司馬遷。遷亦從善服義之尤，言宜可信。蓋《左氏》之書，其事博，其文偉。今上欲立之，斯立之矣，何妨擬議？顧其書藏秘府，世無真知。

聞足下校秘書，日引傳釋經，又竊竊私增竄之，非《左氏》舊。石碏純臣，考叔純孝，君子裒之，宜也。而乃齊周、鄭爲二國，亦增之爲"君子言"。夫左氏周人，必不至慢周如此，不當立學官者一。陳敬仲八世莫京，魏畢萬之後必大，晉三卿子孫必復其始。即曰讖緯，必不能鑿鑿如此。乃亦增之以誣古，以啟亂，不當立學官者二。《左氏》溯士會遠矣，下迄漢亦遠矣；而乃自會之後，其處者爲劉氏之文，是明明增之以媚大漢者，不當立學官者三。請經師之傳經，最重家法，《左氏》古文出孔壁，人已疑之。足下又增之，又強僕等以信之，則慎家法之謂何矣？不當立學官者四。

僕等謬職博士，博士，守經之人也。去僞存真，乃分內事。足下思以僞淆真，謂過而廢之，不如過而立之。僕等故愈以生疑：孔門本無僞書，左氏焉有僞作？《公》《穀》深於義，《左氏》深於事與文，未嘗不可以并行，特無如出之足下之手也。足下勉乎哉！凡物之僞者，國家禁之，而況於書，烏容僞？

往者僕等之默無一言，不欲攻足下之僞，厚也。足下復讓之切切。若以爲往古傳記，惟足下得之，《左氏》之不立，罪在僕等。豈知《左氏》不立之過，乃在足下哉？

足下勉乎哉！僕等惟專己守殘而已矣！

永嘉學派流弊論

（陳藩憲課二名）

李湛陽

宋家事功之學，世推永嘉。然吾謂非獨永嘉胡安定治事之教，其尤著者，特安定教治事兼教經義，內外交修，弊不至流。永嘉之流弊，則勢有不能無也。

考永嘉之學，始王開祖，繼丁昌期，衍於周行己，遞授受於吳表臣、吳松年、鄭伯熊，而大盛於薛士龍、陳傅良、葉適、陳亮。其兼師橫渠之學，則有沈躬行；兼師伊洛之學，則有許景衡；兼師紫陽之學，則有陳埴、葉味道。嗚呼，盛哉！雖然，盛之至，衰之兆也；盛之名，衰之實也。當薛氏浡起時，盱衡千載，抗心於禮樂制度，以求見之事功。其獨立不懼之概，亦可謂狂矣哉！陳氏嗣之，力主變通當世之治具。而又高論有葉，推倒智勇有陳。拔幟於宋家南渡後，殆幾幾敵紫陽之徒也。紫陽之徒安得不以功利目之哉？

明王守仁之學主良知、主不動心，是也。而一再傳後，弟子失初祖，或標虛無以為主，或標冥悟以為主，浸淫入於禪。宗紫陽者遂以禪目之，蓋亦無辭以解爾。永嘉始求事功，而後乃易為功利，殆與王氏流弊等。然而禪非王氏罪，則凡永嘉之流弊而可盡罪永嘉哉？

夫事功非聖賢諱言，特專言功利，非躁即苟，非苟即霸。況有不止於霸者，汲汲圖世之用我，而不能以己用世，素位而行，失守不計，毀節不計，皆意中事，可無隄耶？

209

水之就下,勢也;學術之愈趨愈下,勢也。事功非不可言,惟言之易滋流弊。然則世之言事功者,先反而求之義理,其可哉?

永嘉學派流弊論

(陳藩憲課三名)

吳克仁

聖人之道,體用兼賅,未有有心性而無事功者也。然功利之見則無之。故仲尼之徒,無道桓文之事者,彼其心一於誠,顯於理,存之爲心性,發之爲事功,同條共貫,無以異也。

宋儒昌明正學,延續聖緒,駕漢唐而上之,淵源洙泗,獨得薪傳。然其派既歧,純駁不一矣。程朱之學,純之純者也;陸氏則近於禪。永嘉諸子以攷經制爲事功,顯究聖道之用。其初未嘗不正,傳之既久,遂有專爲攷據騖爲功利者,而學術駁已。

攷永嘉學派,導源程門袁氏,至薛良齋而大,得陳止齋而昌,而葉水心、陳龍川亦爲其學之杰,唐説齋、錢白石則與之同調。葉西山、陳潛室則修朱子之學,又永嘉之別派也。諸子轉相授受,支流益繁,遂屹然爲宋元一大學派,烏虖可謂盛已!

至於國朝,其風愈盛。魁儒鴻生,務爲攷據名物之學,如顧亭林、江慎修、秦樹灃輩,體大思精,皆爲一代名儒,特流風所被,海內宗之。一時高才之士,剏爲“漢學”之目,詆宋賢爲空疏,甚至穿鑿附會,支離不可究詰。故孫芝房著《篘論》,謂近世漢學家用私意分別門戶,致釀粵逆之亂。言雖過激,要亦不得謂無因者。此考據之過也。道咸以來,頗尚經濟之學。龔定庵、魏默深崛起一時,實不可及。至於今日,競談時務,力求富强,而士氣囂張。見之不大,言之不純,徒慕新法,無益時政。欲變治而不得要領,其弊也偏,其失也矯，此功利之過尤甚於攷據者也。

君子之爲學也，立體達用，不乖於正。學術之偶偏，積之久，則移易人心，成爲風氣，可不慎歟！夫近世學者之弊，未必悉出於永嘉，然其事有相類者，故備論之，俾承學之士知所擇云。

永嘉學派流弊論

（陳藩憲課十三名）

周文龍

永嘉學派自薛文憲公良齋始，其父徽言學於武夷。良齋自十七歲起，從荆南辟書寫機宜文字，獲事伊川高弟袁溉。既得溉學，於古封建、井田、鄉遂、司馬法之制，靡不研究講畫，思以行於時。厥後留家以禦金人，保伍以弭賊盜，授田以實邊圉。而且談兵則以仁義紀綱爲本，持敬則以參前倚後名齋。是其生平行事固無大謬，惟言於孝宗曰："人主爲社稷計，惟恐士不好名。"識者於是知永嘉之學非純學也。

夫三代以上，惟恐好名；三代以下，惟恐不好名，前人嘗言之。然小人好名，必能畏義。君子則素畏義者也，而好名焉，必至矯揉造作，急功近利，釣名譽於當時，爛聲施於後世，其流弊何可勝道哉！

按：永嘉講友，曰鄭伯熊等；學友，曰葉適、陳亮、張忠甫等；其門人，曰陳傅良等。歷數傳，凡數十人，而止齋學最純恪，青出於藍，是有功於永嘉者也。水心天分高，放心砭古，賢哲不免，然至理名言，堪與朱、陸鼎足，亦無累於永嘉者也。若夫永康，自謂晬面盎背，不及先儒，而拓開萬古，推倒一世，可以自信，是其才思高邁，故禮法難覊。口説皇王帝霸之畧，一身不能自保，苟非朱子勸其絀義利雙行、王霸并用之説，以懲忿窒，欲遷善改過焉，其流弊何可勝道哉！《朱子語彙》云："陳同父學已到江西。浙人信向已多，家家談王霸，不説蕭何、張良，而説王猛；不説孔孟，而説文中子，可畏哉！"

又或問：永嘉諸公多喜文中子。朱子曰："然，只是小。"然則孔子戒子夏曰："無爲小人儒。"又曰："無欲速，無見小利。"不此之務，而沾沾於獻《太平十二策》之文中子，是永嘉之弊。蓋蔽於不學魯《論語》，而學擬《論語》者也。買櫝還珠，智者不爲。故葉文修公味道、陳潛室植易學於朱子，而其派亦漸桃矣。雖然，狂瀾雖挽，餘波未平。彼忠甫續傳爲敖繼公，繼公門人爲趙孟頫，不顧名義，帝胄事元，急功近利，弊至於此。

要之，學固期於有用，而弊即在急於見用。漢儒之言曰正其誼，不謀其利；明其道，不計其功。宋儒之言曰漆雕開已見大意。可以救永嘉派之流弊矣。

問：近代理學家夏峰、潛庵尊程朱，而不攻陸王。若熊孝感、陸平湖則攻陸，而尤集矢於王，不遺餘力矣。夫陸子、陽明非如異端害道也，儒者本躬行，以著書爲明道計，何暇分門別户，争勝負乎？能揭其宗旨而暢言得失否？

（林臬憲課十八名）

施汝欽

有宋南渡後，朱陸之學徧於天下，然互有異同。朱子之意欲人先博覽，而後歸之約；陸子之意欲人先發明本心，而後可以博覽，宜其有所牴牾也。至有明王陽明先生，始主良知之說，而獨崇信象山，詆訾朱子，目爲影響支離。

國朝大儒繼起，如孫夏峰、湯潛庵、熊孝感、陸平湖，皆心程朱之心，學程朱之學。然熊、陸兩先生直斥陸、王之學爲陽儒陰墨，實禪家之根本，害斯道之異端。而明儒羅整庵之《困知記》，陳清瀾之《學蔀通辨》，我朝張武承之《王學質疑》，張孝先之《正誼堂集》，皆力排陸、王，不稍假借。

夫陸子荊門之政，足見躬行；陽明功業文章，亦斷非禪家所能。而數君子必如是攻之者，豈故爲詆毀先儒以好辯哉？蓋天下萬世，學術人心之所係，有不容已焉者也。今夫適燕者，必審其正路，勿迷於歧途乃可至也；涉海者，必辨其津涯，勿誤於斷港乃可往也。今欲入聖人之門，而不即程朱、陸王分別觀之，幾何不適燕而南其轅，涉海而航於港哉？是故孫與湯之不攻陸、王，以其所學乃合陸王、程朱而并取之。既并取之矣，宜其不欲攻之也。而熊、陸之攻之者，謂楊墨行則孔子之道不著，陸、王盛則程朱之學不明耳。

竊嘗平心而論之，程朱之學，居敬以立本，窮理以致知，反躬以踐實，終身致謹於視聽言動、倫物日用之間。事事躬行，心得篤實，而無空虛之弊病。若陸之與王，謂心即是理，但求此心之速悟，不必循塗守轍，而自合於道。推其弊，必至蔑視禮法，不復約束於規矩之中，將有縱恣之病，甚至虛無寂滅，入於佛老。又何如學程朱之學者，爲實有可據乎？

故夫兩先生之極力排之者，皆探見程朱之精意而確有所得；又洞見末流揚陸、王之波而助其燄者，其弊不可勝言。蓋憂道至深，而覺世至切也。若夫隨聲附和之徒，未知程、朱之理，未見陸、王之書，而輒妄逞筆舌，以自居衛道之功，是又熊、陸兩先生之罪人也。

問：古之謀人國以兵，今之謀人國以商，
　　故講求時務者謂宜振興商務。
　　或又謂商務爲舍本逐末。
　　其道果何從之善歟？

（史縣尊課二名）

李　堃

　　戰不以兵而以商，此環球諸國地力已盡，甲兵既足，閭閻殷富，貨財充斥者之所爲，以之謀我中國，謂爲舍本逐末也宜。然則中國將遂務本不逐末乎？未可也。中國士迂農惰工窳，惟商尚勤於懋遷，而儉於度用。利源外溢者，籍此挽百之一二。第苦於征榷，艱於轉運，其勢亦甚岌岌。

　　振興之法，雖遽難廣造舟車，厚集帑幣，然裁釐薄稅，亦少足甦之。或嫌國用不足，蒙以爲撙節外銷各費，力興礦學，足以相抵。且商務日盛，釐稅日增，理相盈虛，無或爽者。然此仍逐末之説也。

　　若夫務本，則農學尚焉。然有一法可以訓農，并可以練兵。各直省設農務學堂，凡土地之已經開墾者，教諸農以西法樹藝培壅。果校常歲得二三獲，則仿漢制舉力田科法，或獎以功牌，免其徭役。其未經開墾者，視本省兵額，以半留營，以半歸農。將弁率之農師教之，辟治阡陌，鑿疏溝澮，就洳爲塹，結營成村。晝則于田，暮則歸伍。旬一操演，月一考校。至冬大閲，黜陟勤惰。首年倍餉以半給之，半留營爲田器籽種費。次年全餉，三年半餉，四年不給餉，五年納賦。兵歸農至四年，即以應給不給之餉。又加額募兵，留營訓練。其先留營者，又令歸農如前法。則十二年後，無曠土，無游民。無事遣之，無兵不耕；有事集之，無農不戰。兵食并足，又豈徒以商

214

戰哉？然至是而以商戰，亦莫不勝者。以本既立，可以藉農以養兵，可以藉兵以保商也。

此法行之腹地，或未盡善；行之邊省，則爲當務之急。雖西人農學，須兼明算學、電學、化學及製造機器，乃可有成此土之事。不能貴諸農與兵，艾蓄三年，井掘臨渴。姑以中法試之，亦免河上逍遙者徒爲太倉之蠹，而潛草澤者或不致倚東門而嘯乎？

曩者司農議裁兵，而苦游勇無歸。近日海上興農學，而苦瘠地無力。此法若行，二者皆舉，而商務亦藉以振興矣。

問：六書轉注古義，前人論者最繁。究以何説爲折衷至當？試舉其詳而明辨之

（史縣尊課十名）

李楷材

嘗讀許氏《説文敘》，見其《敘》稱："《周禮》八歲入小學，保氏教國子先以六書。"六書者，蓋即倉頡所造，後世遞相祖述，所謂指事、象形、形聲、會意、轉注、假借是也。然指事、象形五者，前人異説尚少，惟轉注，則説者紛如。

國朝曹氏仁虎著《轉注古義攷》，中載裴氏務齊舊説，謂"考"字左回，"老"字右轉，故曰"轉注"。又鄭氏所著之《六書淺説》，則謂轉注如"玠""瑁"字，古人本作"介""冒"，玉旁其轉注也。豈知六書轉注，許氏取"考""老"爲例，蓋謂"考"即"老"也，"老"即"考"也，原非以左回右轉取義此意。段氏懋堂注許書已言及之，而引《爾雅》"初""哉""首""基"諸語爲證，可謂得許氏之意。況如裴氏説，則但

取"考""老"字文之回轉爲義,於許氏"建類一首,同意相受"不可通矣。至於許氏"珨""瑂"之類,則又混入形聲,不可以爲轉注也。總之,六書中指事、象形及會意、形聲爲體,假借及轉注爲用。

戴氏東原説最爲確切,曰:"爲用者,明乎其别於制字之體也。"别于制字之體,則轉注以意不以文,許氏所謂"建類一首,同意相受"者此耳。後人不知此意,輒拘於形跡以求轉注,而不知其謬於許氏,如裴説其最著者,而鄭氏者又别創新解,以惑蔽後生耳目,皆不可以語六書轉注者也。

雖然,此皆轉注之顯而易見者耳。若夫轉注之晦者,則以假借爲轉注。段懋堂注許:"所謂既假借,然後與假義之字相轉注。未假借則與本義之字相轉注也。"噫,吾人讀段注許氏一書,而明乎轉注之意,則不至爲前人所惑。不爲前人所惑,則明乎轉注之顯,而轉注之隱亦類推而通也。於以津涉乎許氏,而六書不難知矣。

卷四　賦

盤江賦 用《文選》江賦體

（崧督憲課一名）

李　堃

　　如巫黔之嚴邑，跡牂柯之舊踪。睠馮蠵之効順，遂夷蠻之道通。湧二灘而經始，告萬里而朝宗。總東池之眾派，網西粵之羣瀧。極委輸於番禺，注沱氾於盧容。積涓澮而成大，殊源派而同中。

　　漂山汩阜，蟠地浮穹。耀儀流月，飾怒驚風。道無煩夫禹鑿，略欲盡夫堯封。信南交之巨壑，足比壯於岷江。其北則沸檻儻塘，濫觴亂石。蟺蠵烏撒之城，蜿蟄黑關之壁。岡徹原平，沙滙地矗。秋斂峽空，春融波積。絡四郡之餘涓，滙三苗之大澤。繞蘭村而聿洼，儷花山之怒減。其南則盤州肇混，與古載淪。循揚宗而迅邁。夾濮水而共犇。瀠昫町之舊墟，攏來唯之巨津。迷合首括，橋梁遞吞。逕寶甯而安隆，遂合軌於凌雲。枝歧既同，駢溪來注。潭淪泱瀼，渤蕩沮洳。滀漯潰淪，盤猛洄泝。鼓逸氣以衝焱，感炎精而蒸霧。東蘭迷鳳嶺之標，北柳失象州之路。踰廣鬱而長征，與溫流而塗附。

　　若乃猛陵之野，廣信之皋，高要之域，南海之郊，經途瀴溟，積浸紛淆，包浪括灘，受封納牢。邇谷王之所居，乃分彎而來朝。仰餘息於昕夕，表靈貺於汐潮。鱗則鯛鱅鮻鮀，鰈鱨鰥鯉，鮦鮠鱧鮋，鮨鮥魡鮪。凡坎德之効靈，咸順時而貢媺。鰛圉圉其足跂，魢洋洋

217

其目比。禺燦錦其流黃，鰩敷文其凝紫。鬎抽刀其畫波，鰻載石其弄水。或在藻以暢機，或依蒲以寄喜。采剴凱於圜淵，聲撥剌於別氾。羽則鸏鷉鳥鶏，海雉澤虞。鷄鶌鶒鶒，鶻鶒舂鉏。或振翮而事浴，或戢翼而防濡。匹下集而糾頸，鱗作而其在味。泛春波而桃漲，涵秋影而蓼疏。亦江干之常觀，匪靈瀆之奇輪。

若乃鶺鶒熙景於其洲，翡翠晞陽於其岸。鷄鶒下飲於其涯，孔雀迴翔於其畔。或□翼以嬉游，或張屏而懽忭。拖鷫尾而修延，振綠衣而蒽倩。霞簇虹消，日華雲爛。姓若霰霈，梳必雨濺。縈天網之所絡，實瑰寶之所與。即神姦與物怪，亦芽蘗而句萌。蚌胎珠而驗政，魚化石而作兵。濱泗瀾而廣斥，渚孕砆而抵瓊。珧供珌餻，蛹備杯擎。眠泉狎委，魷鯖充盈。鮹腸空洞以居子，蛇尾屈鉤以攫生。瀨鮮馬頭以飲泗，潭鱷龍吻以瞰行。咸含卵而滋育，亦溷跡而寓形。

若乃青帝景明，白藏氣肅。宇愛消澄，瀾狂就束。陽侯静其破硪，屏翳罷其霠昱。於是乎榜人治騧，舟師戒艭。艨艟鴉尾以相銜，柎筏鰤髻以競逐。枻鼓纜牽，霜征星宿。凌徑順流，登潬邁沊。通財貨於遐陬，極娛游於荒服。凡口食鼻飲之儔，雕畫鏤身之族，狼脀裸種之邦，馬流漢裔之俗，莫不持陽邁而宵嗅，奉八蠻而潛鸄。戀遷之宏，廣利之福，爾其觸川瀆之妙觀，動思古之幽情。仰雄風於孝武，際極盛於漢京。刳尉佗之宮室，動夜郎之膽旌。候勁風以縱柂，趨過辨而揚舟。集師朝臺之下，假道建陵之坰。既游涌之甚馺，豈泝回之未能？

方今四夷内覬，八關不扃。佛狼眈視，越疊弗庭。礮則實夫重甲，舶則運以女丁。千里一瞬，萬夫莫攖。天吳無所肆其志，颱母無所效其靈。幸上流之嶮介，軫未委之渤溟。既慢藏而垂誨，宜豫戒以申令。沈魚雷於中瀨，聚蚊艇於別汀。重椑桓以為衛，穴窟室以成營。成金墉以眾志，恃坎窞而徒怦。

218

諸葛武侯上《出師表》賦

以"漢室之隆，計日可待"爲韻

（裕撫憲課一名）

李　堃

諸葛武侯志向霄陵，忠將日貫。揮六出之雄師，留千秋之神翰。繩其祖武，偏安占巴郡之三；還於舊都，初業續惠陵之半。比造攻之伊尹，義締翼商；陋發縱之蕭何，事縣毗漢。

當夫寶鼎將分，大弓旋失。詔遜位而匪甘，讖當塗而竟吉。山陽龍種，悲早託諸鵑㖒；江左蛙聲，逐無須乎鹿逸。猶幸支延豐沛，誕蜀主於涿州；居然業繼高光，標宗英於帝室。無如鵲枝依晚，蛟雨得遲。三分已定，半壁難支。不應急虎將之讎，霆摧江漢；可惜致猇亭之敗，日迫崦嵫。滅魏吞吳，在先帝非無思也；託孤寄命，維宗臣何日忘之？

威欲加諸許鄴，功且著於蠻蒙。志思殲夫羣醜，心仍念夫幼沖。厥鑒匪遙，眼看桓帝靈帝；試箴其闕，體連宮中府中。果能張聽周諮，深恤益州之敝；自爾親賢遠佞，力追先漢之隆。氣概激昂，中情鬱滯。欲敵愾以尊王，須得人以弼帝。補袞則責之允褘，代庖則委之琬裔。攸之則倚作樞臣，向寵則任以戎衛。既汲引之皆賢，自和衷而共濟。內憂不作，稍可抒負扆之虞；外患如平，或亦爲歸田之計。

爰迺垂涕陳書，瀝情載筆。危言總是由衷，密語無殊造膝。取《周書》數策，文莫吾猶；除《伊訓》一篇，古無其匹。微論氣像，儼然內聖外王；即語辭章，亦足熙天耀日。

既而伐魏無功，興劉不果。兵方駐於漢中，賊適疲於江左。又復臨表心酸，徇師志頗。讎豈肯與戴天，力惟盡其在我。諸葛不死，休云此計全非；先生之風，敢曰與權未可？

迄今璽更數歸，玉凡幾改。柏已老於西川，桑又生夫東海。尋出師之跡，憑吊三秦；緬上表之忠，抗希千載。一籌莫展，何妨閣羽扇而耕；九聘難期，姑且寄草廬而待。

諸葛武侯上《出師表》賦

以"漢室之隆，計日可待"爲韻

（裕撫憲課五名）

李楷材

世傳諸葛武侯《出師表》有二：一見於《蜀志》本傳，而《武侯集》亦載之，即所稱《前出師表》是也；一則本傳所無，并集中亦不載，而旁見於張儼默記及習鑿齒《漢晉春秋》，裴松之注《三國志》引之，即所稱《后出師表》是也。

然後一表，《武侯傳》與本集皆不載，僅見於習氏私史及張氏筆記，故前人頗疑其僞。攷趙順平卒在建興七年，而《後出師表》乃在六年，則前人之疑此表不爲無據。惟何義門攷證《蜀志》，以爲此表事秘，故《蜀志》失之。而本傳亦不載，僅鈎致於其姪喬恪之手。觀恪本傳，可以明此表之非僞。然細按《吳志》恪傳，但云：近見家叔父表陳與賊争競之計，未嘗不喟然嘆息。亦未明言表之有二，又安知恪之所謂表者，非即《前表》而必爲後一表耶？義門之說，亦惝怳無稽矣。即曰"順平之卒七年"字，乃史文"六"字之誤。此說亦見《蜀志攷證》。然如何氏所言，亦未足申此表之灼然非僞也。

　　大抵此表見於習氏《漢晉春秋》，則必東晉以前人偽託，故陳《志》不載，而習書載之。然讀史者事實以史傳爲據，愚故推廣前人之意，衷之本傳，謹撰爲斯賦，而一析《後出師表》之偽，以見攷古者之當本史傳云。其詞曰：

　　客有問於憑虛主人曰：子見武侯《出師》兩表乎？少主扶持，老臣謀算。審勢規時，迎機立斷。心每繫乎中原，表再上乎玉案。忠與日月同昭，文與雲霞并爛。蓋將以躋王業而拓偏安，討魏賊而興蜀漢者也。

　　主人曰：嘻！子何攷古之粗率也！夫文必辨其異同，事必核其始卒。論以確而有憑，心以細而乃密。惟具燭照鑑觀之明，乃無道聽塗説之失。斯則庶幾論古之儔，而可以入乎古人之室。即如此兩表者，千秋傳誦，亘古昭垂，如日月之合璧，如珊瑚之交枝。美有兩其必合，文并古而爭奇。而《后表》則事或鄰於矛盾，詞遂病乎支離。此蓋纖兒之所偽託，所以古人先我疑之。否則《出師》兩表，并見孤忠。感先帝之知遇，佐後主於幼沖。將以除肘腋之伏莽，將以懲亂賊之首戎。宗臣則古今景仰，大名則宇宙誰同？人既與阿衡伯仲，表當并伊訓比隆。奈何一則史文堪稽，一則本傳莫繫。雖滂沛乎一心，竟顯晦之殊勢。何載筆之若斯，非吾人所意計。是知蕭《選》之所未登，本集之所見佚。表雖并傳於今，文究嫌其後出。雖或補見於裴君之注，與夫私記於張氏之筆。然而疑竇紛滋，牴牾事實，羌偽迹之顯然，固昭昭乎若青天之與白日。若子者僅影附乎古人，未能斷之自我。蟲既笑乎應聲，目亦昧乎觀火。但知世傳武侯表之有二，而烏知其隨聲之非可哉？

　　主人既卒詞，客乃稱曰：鄙人固陋，罔知擇採。若先生者，固鑑古之罔離，載籍之淵海。請得就北面之列，而開茅塞以有待。

賜新及第舉人宴賦

以"閏三月丁卯，賜宴迎春苑"爲韻

（湯藩憲課二名）

李　堃

側席求賢，闢門籲後。滯迹霞騫，湛恩膏潤。既雁塔以紛題，復虯觴而疊晉。不須歎黄齏斷本，過夏頻年；且共看紅杏發花，添春借閏。

宋太宗御極之二年，皇猷初焕，治本窮探，芳搴杜若，幹采楩柟。望風雲之聚會，俾雨露之遍覃。俊彦原寡二少雙，能建功於第一，科場儻拔十得五，自佐運以登三。迺啟蒿宫，迺虚蓉闕。召集英髦，咨詢黄髮。籍按道而分呈，策臨軒而親發。臣操蚓唱敢圖，就日瞻雲；帝校鴻文生懼，掎星遺月。卷披絑九，藝覽紗襹。沙斗金爍，榛刈蘭馨。三千牘雀攟擷翠，五百人錢選同青。無心獲張齊賢，亦將謂太公望子。榜首得吕蒙正，曾何異傅説感丁。俊比何蕭，才皆龔鮑；鐵中錚錚，傭中佼佼。喜早動夫珠旒，歡更騰夫葩瑶。錫天家之袍笏，故應鸞綍載申；既帝室之大烹，何待雞人唱卯。

蓋又有迎春苑賜宴之命。迎春苑者，朵殿鄰三，御園列四。花亞垣紅，萍鋪池翠。水木明瑟之中，雲漢昭回之地。入門或寡，總緣近天子之居；瞻宇載欣，況又拜大君之賜。其宴也，授几梧宫，肆筵蘭殿。酒自堯樽，饌分禹膳。黄竹聆閬苑之音，朱櫻頒寢園之薦。騎動珍來，歌遲曲徧，合賡在藻之章，不羡探花之宴。兩其演睿思，攄皇情，揮玉札，動金聲。陋漢才於汾水，紀周醮於鎬京。書向法宫,落紙群欽草聖;頒來靈囿,到門即有花迎。是蓋勵精圖治,雅化作人。紹休聖緒,敦勸儒紳。既鳳噦而歌吉士,宜鹿鳴以宴嘉賓。方將用作甘霖,塵清函夏;且共趁兹佳日,苑賞宜春。皇上立賢無方,以人爲本。鄉貢俊良,谷希棲遯。聽臚依太液之濱,授職升蓬萊之巘。豈第瓊林飲宴,齊赴冰廳;行將芸省觀書,聯趨上苑。

麻姑擲米成珠賦

以"麻姑游戲玉觴前"爲韻

(興臬憲課一名)

丁建中

濟陽之山,有沖應元君者,奇追奔月,道契招霞。嘗戲玲瓏之玉,能開頃刻之花。佩明珠兮名靈粟,握鮮米兮變神砂。閒同上界真人,來探玉蘂;不似天台仙子,祇飯胡麻。翺翔珍野,倚徙瓊都。方看白鸞之舞,忽聞青鳥之呼。云蔡經之故宅,集王遠之仙徒。深望環珮風瑲,攜來紅友;莫畏銀河露冷,浥并黄姑。遂迺驂赤鳳,御文虬,越蓬島,度瀛洲。流觀乎方丈,周覽乎神州。催龍軿而戾止,行麟脯而夷猶。具言五百年來,之子久煩思念;不意九重天下,先生噬肯來游?

杖履載親,釵裠狎至。屨錯綦交,簪遺珥墜。有花孕之初分,已蘭心之早識。因於稠眾之前,偶動娭嬉之意。殷勤乞米,不裁魯國之書;宛轉弄珠,欲作漢皋之戲。何事取禾,居然握粟。舒鳥爪之纖纖,揚蛾眉之曲曲。麾肱兮於意云,何脱手兮從心所欲。非同馬援,惟知平地爲山;儻遇肩吾,應詡翻庭委玉。晶瑩兮若蚌胎之剖於合浦，的皪兮若鮫淚之泣於海罿。其嵌於爪間也，味若衙之緱鶴；其落從指下也，鬙若將夫神羊。蟻將穿其曲孔，鸚莫啄其餘香，陋石家之百琲，侑王子之一觴。

方平知其狡獪，任其留連，謂余老矣，憐姑少年。假蟬鳴以變幻，宛鯨目之勻圓。相與軒渠告別，匆遽言旋。不覺月落括蒼山外，星稀華子岡前。

龍泉觀補唐梅賦

以"梅花香色玉溪詩"爲韻

（林臬憲課三名）

張儒瀾

空山雪滿朔風催，琳館春回綠萼開。劫火不焚香更遠，樓東如換采蘋來。花猶古態，樹問誰栽？道士告余曰：此所謂補唐梅也。嗟哉！吾聞唐梅之生也，枝高鶴據，根老龍拏，千朵萬朵，如霧如霞，挺生天末，宛在水涯。閱蒙段元明之幻夢，無杜韓王孟之吟花。幾歷滄桑，頻換紅羊，荒山遠引，直幹無傷。置身天地外，高臥水雲鄉。一朝辭世還姑射，千載空潭留剩香。則有後起之英，上觀之側，名重荒陬，品超香國。香淡淡兮飄山阿，影疎疎兮覆階城。有素女之幽閒，來雅人之物色。謂此偃蹇山中，徘徊水曲。似園蝶之紛飛，誤潭龍之出浴。幸碩果兮僅存，遂唐梅兮命續。祇今新樹燦紅雲，不見舊枝橫碧玉。歌曰：當年既感羊權配，此日還悲和靖妻。兩美豐姿難再見，空餘寒月照寒溪。又歌曰：補梅彫謝剩枯枝，當日唐梅誰見之？自恨予生何太晚，年年去作弔花詩。

龍泉觀補唐梅賦

以"梅花香色玉溪詩"爲韻

（林臬憲課四名）

季　珅

　　鐵心吐艷石腸迴，妒煞唐家作賦才。今日玉笙山下路，眼中真見數株梅。梅身傴塞兩枯槎，寂寞潭邊閱歲華。雲起不隨龍化去，人閒留得古時花。

　　曾聞玉照堂，萬樹洩春光。驢背無人衝暮雪，龜玆有譜弄寒香。天荆地棘，瓜分豆剖。玉斧輕揮，石碑深刻。昔也邊山，倏焉異域。誰賞孤芳？誰探消息？任絕巘之蠻煙，埋傾城之國色。池枯沈劫灰，山凍失深綠。一縷剩花魂，默默冰與玉。

　　東風已到鎮煙溪，料理鴉鋤手自攜。願徙他山十萬樹，也同楊柳補蘇堤。飾丹臺而錦簇，耀黑水而明漪。霧深訝鶴，春暖眠驪。獨慚臘藥破，難和杜陵詩。

龍泉觀補唐梅賦

以"梅花香色玉溪詩"爲韻

（林臬憲課十六名）

張含英

　　老樹千年花不開，鴻都觀裏客稀來。冰魂一縷誰呼起，猶似唐人舊種梅。山是梅之窟，潭爲龍所家。老龍飛出水，化作古梅花。

南荒豈有羊權宅，忽見仙人萼綠華。年深歲久，地老天荒。尋芳渺渺，補恨茫茫。貌依稀兮衣冠優孟，形彷彿兮虎賁中郎。橫斜明月渾如夢，點綴春風別有香。時則數點怒開，一灣如墨。寂寞歲寒，逍遙香國。枝橫黑水之間，影動彩雲之側。何古何今，此花此色？

古色已成空，今花仍不俗。銅鉼換故枝，玉笛翻新曲。仙蹤去而復還，春夢殘而能續。美人依舊上陽妝，亭亭月下立寒玉。歌曰：唐梅久化去，天寶事休題。且自憐疏影，寒潭水一溪。又歌曰：蜀國淹留杜拾遺，謫仙只謫夜郎夷。當年南詔無知己，補罷梅花更補詩。

卜式願輸家財助邊賦

以"布告天下以風百姓"爲韻

（英糧憲課一名）

季　珅

稽漢史之前書，得齊王之太傅。當朱紱之未來，荷青簑而如故。躬耕有獲，竭力輸將。隨牧多閒，留心邊務。解識君臣有義，續高詠於同袍。豈第兄弟相容，泯怨歌於尺布。

當孝武之世，宇內乂安，窮荒桀鶩。上谷烽傳，朔方警報。帝乃命將徂征，詰兵禁虣。倚衛霍之懿親，向匈奴而犁掃。沙迷翰海之旗，風製祁連之纛。露布頻馳，飛章輒告。然而勤師萬里，苦戰十年。但聞轉餉，未見屯田。粟腐太倉，縱有先朝之蓄；置開絶幕，應空少府之錢。縱然鬻爵議鍰，無多泉貨；況復算緡通貨，徒擾民天。

式也跡溷牧人，心誠長者，偕村豎以驅羊。際縣官之匱馬，遂乃財願家輸,書曾親寫。無須毛伯之求,不待報王之假。取諸宮中,獻之陛下。輸不望其絭朱,綏不期其紆紫。本與物以無爭,豈有冤而待理?第念九陛開邊,六師奉使。賢既效夫馳驅,富宜輸其積委。非情自情,逸軌無軌。冀抒天子之憂,忽迕相臣之旨。爲之奈何?不我屑以,厥後降虜實繁。徙民屢空,内府帑虛。有司費眾,又復持下幣以樂輸,并外縣而捐送。毀家抒難,士夫遜此慨慷;分土建官,商賈庶知規風?

　　帝於是賁殊恩,破常格,綸載頒,褐初釋。爲郎粉署,布衣草屬之身;賜爵青鋪,玉檢金泥之冊。似此積而能散,寡二少雙;允宜同升諸公,諷一勸百。迄今景仰高風,稱揚卓行。兼葭深溯水之思,葵藿擬向陽之性。竊恨馬遷無傳,莫由補良史之遺,何來潛室多言,詎足爲名流之病?第能入粟,助馨地以開封;奚用習文,佐登山而昭姓。

楊升庵高嶢別墅賦

以“雲間海樹入冥濛”爲韻

（普鹽憲課一名）

李　堃

　　碧雞關下綠沄沄,蕭寺鐘聲隔浦聞。籬外疏花紅向日,屋邊修竹碧連雲。日晚銜山,雲閒抱關。茅衣春換,瓜蔓秋芟。窗含丹嶂迥,堦漱玉流潺。説有金閨彥,來居木石間。彥之居兮桂湖,又迴翔兮蓬海。衣著錦兮纂文,筆發花兮錯采。胡眕此而牽蘿,天畢生而折苣。辭可託夫蹇修,情難通夫荃宰。

　　已矣哉!夢斷九重天,愁縈七曲路。常依青草湖,永詠黄花戍。且築屋而倚松，亦移堂而講樹。壁虛虎虁，巖陰蛇蟄。泉浣硯寒，池流杯急。看雲扶短筇，説古聚臺笠。侵晨褰幔放霞飛，傍晚到門邀月入。歌曰：曦光淨沆瀣，海氣入空冥。不羨東坡叟，高吟浴日亭。

又歌曰：花前怕説海棠艷，階下翻驚躑躅紅。更有山禽聽不得，子規聲裏雨濛濛。

楊升庵高嶢別墅賦
以"雲間海樹入冥濛"爲韻

（普鹽憲課七名）

李楷材

窮年遠戍，萬里辛勤。廬真蝸角，客寄蟭蚊。夢迂迴乎，蜀道迹遥。滯乎滇雲，則有新都太史，放逐身閒。淚既流兮閭闔，歌未唱乎刀環。赦雞竿其望斷，書雁繫以飛還。猶耳羈樓託足，對景開顏。

買宅於燕雲之表，卜居於山水之間。其爲地也，平曠迤邐，蕭疏爽塏。山縱入而非深，水中央而宛在。漁樵之寄迹偏宜，城市之喧囂頓改。既左麓而右林，復枕山而面海。泉石生涯，羈棲小住。茅茨則三間兩閒，荒園則十步五步。因樹編茅，蒙蒿得路。閒中歷日不知，世外春秋幾度。披襟野客徜徉，對門估帆争渡。此中足花鳥雲霞，彌望皆江天煙樹。

太史於是桐帽棕鞋，煙簑雨笠。隱居而屋小容匏，潛蹤而身藏類蟄。擬楊雄元草之文，誦工部浣花之集。聊且逍遥，於焉室入。招吟朋而舒嘯，情放浪而忘形。客來青眼，談匪白丁。人依

228

石坐，户帶雲扃。茶鼪未歇，酒盞遑停。澆胸中之磊塊，詎醉鄉之沈冥。流連物景，遣興詩筒。座有妙香之供，門無俗客之通。三弓闢地，半畝成宮。寄昆華兮逆旅，忘身世之飄蓬。羌縱心而乘化，識樂趣於洪濛。

楊升庵高嶢別墅賦

以“雲間海樹入冥濛”爲韻

（普鹽憲課十三名）

崔　淮

山水兮平分，花落兮繽紛。來訪碧嶢之宅，疑對雲中之君。思公子兮情不已，恨美人兮心如棼。是爲升庵別墅，而高踞乎滇雲。

庭綠映山，林青抱關。柴門臨水，石徑縈彎。清風來去，明月往還。放浪形骸之外，寄懷天地之間。遺跡雖陳，流風如在。青史難誣，白雲不改。地勝林泉，人懷文彩。一官貶謫，萬里淹留。幾許飄零，半生湖海。流落投荒，浮沈遣戍。撫時序兮遷移，怨嬋娟兮遲暮。魂傷蜀道之難，腸斷閨中之句。柔情牽陌上之花，寫怨寄長亭之樹。

迄今則門外人稀，渡頭風急。桂棟兮藥房，荷屋兮芷葺。目渺渺兮愁予，感茫茫兮交集。湖光澄萬頃之波，暮色愁千山之入。拱翠堆屏，檐際映欄。西山一碧，遠岫四青。俗塵不到，山鳥時聽。緬騷客之芳躅，神惝怳於杳冥。乃爲之歌曰：人去吟壇冷，人來圖畫中。臨風懷往哲，結想入冥濛。

松凉月坐華亭寺賦以題爲韻

（林府憲課一名）

李 堃

禹山詩札，滇海吟筇。七言絕唱，兩地離悰。瓜及期而猶戍，萍至老而浮蹤。那容石室金堂，依雲栽杏；只合琳宮寶刹，獨夜聽松。則有華亭寺者，宸山飛閣，鑑水開堂。霞褰桂殿，雲護芝房。天子題"大圓覺"，風人擬"小滄浪"。每當臺散千花，來神仙之游戲；不特園藏萬竹，幻世界爲清凉。松影常交，松聲間發。亭午猶陰，中宵不歇。雲霏地而冥濛，濤飛空而蕩汩。葉扶樓聳，便聽貞白之風；枝亞溪迴，初掛昏黃之月。

爾其晚煙澄，疏雨過，碧落清，殘霞破。挹輪桂於山門，團鐙蓮於佛座。正宜曳杖，踏犖确而遥來；儘可橫琴，披蒙茸而小坐。又況地鄰別墅，山共僧家。輟筆寒泉之上，停杯曲沼之涯。芒鞋幾兩，羅徑三叉。聞鐘得路，依樹結跏。岸鋪水平，玩秋光於八月；林染霜丹，辨遠景於五華。

若乃微颸徐度，清露載零。曙隨鴉誤，秋共猿聽。鬢凝光而愈白，衣積影而轉青。何須漁火疏星，動詩情於煙舍；第恐清輝香霧，落鄉思於錦亭。無何銀漢將傾，金盆欲墜。吟苦蛩僵，唳餘鶴睡。飆振木而硬黃，煙迷莎而冷翠。歸途不遠，逡尋給諫之莊；借榻何妨，詎異感通之寺。迄今鹿苑間過，雞園偶駐。遺墨尚存，精藍如故。尋芳躑而低徊，仰高山而景慕。松聲萬壑，空吟李白之詩；月色三更，誰擬謝莊之賦？

卷五　古近體詩

籠　鶴七言律
（裕撫憲課一名）

李　堃

笯裏誰知客是仙，湘筠寬織主人憐。寒梅夢斷三更月，香稻謀疏二頃田。占得閒庭纔幾尺，歸來華表定何年？回旋恥作長沙舞，豈有聲聞直到天？

盆魚

免共波臣泣不禁，盆池終久勝蹄涔。滌來餘瀋容吞墨，移近虛堂便聽琴。有限春漪恣濡煦，無多地位判升沈。檐花落盡漁郎遠，咫尺江湖萬里心。

籠　鶴五律
（裕撫憲課六名）

金爲銘

雞鶩盡同儔，氄氃羽不修。生來雲水性，誤墮稻粱謀。局促天爲小，昂藏骨自遒。樊籠如可脫，長唳向高秋。

盆魚

偪仄復偪仄，琉璃三尺盆。僅能活鮒命，未許登龍門。鈎餌免灾患，江湖勞夢魂。揚鬐不忍去，勺水主人恩。

231

給水車七律
（湯藩憲課二名）

李　堃

羣鴉銜尾勢聯聯，見説飛來自日邊。水部車龍新奉使，春坰秧馬正于田。何須渠決方爲雨，但得機圓便代天。翠浪分疇無錫道，賦詩應憶太和年。

獻農具七律
（湯藩憲課三名）

孫光祖

不親耕耤始周宣，無逸豳風美意矚。王業艱難思禹甸，田家農具獻堯天。明珠徑寸渾無用，元日三推大有年。入廟觀瞻翻愧色，宋文奚逮乃公賢。

給水車七律
（湯藩憲課四名）

李上理

車製分頒出九重，唐家故事憶文宗。斡旋利豈同秧馬？庌轉功真倍水龍。三尺波翻珠泪泪，一犁花灑雪溶溶。東坡莫詠鴉銜尾，機器今宜付老農。

獻農具 七律

（湯藩憲課五名）

季　珅

無逸何勞繪廣平？艱難稼穡九重明。苦翻禾譜從頭製，遙縢農書拜手呈。取鍜休嫌州聚鐵，攜鋤還望帝銷兵。軍儲不用供天下，黛耜初親萬井耕。

和東坡趙閲道高齋 用韻

（陳藩憲課一名）

李　堃

補天人代天工勞，還山人與山爭高。槃槃之才嶽嶽品，眼中此輩曾未遭。偉哉天水毓雄彦，未典劇郡先諫曹。威禮中外既騰縟，不覺身爲夔與皋。宦久忽憶鱸魚膾，疏上便脱麒麟袍。規畫園林得勝地，批判風月揮吟毫。齋次仍遣孤鶴守，琴囊不用官奴操。歸耕有願今果遂，雲霄萬古雙羽毛。王城冠蓋浩如海，俱有故理蕪蓬蒿。羨公清峻妒公逸，也妨李振招鄭遨。

和東坡趙閲道高齋 用韻

（陳藩憲課二名）

李湛陽

匣中刀不試孟勞，詩中頌不爭崧高。退坐小齋且守拙，上觀千古古人遭。趙公往日別衡茅，趙公來日辭官曹。無往無來性愛士，髦蘇欣逢九方皋。題公高齋崛而麗，如翻舊曲鬱輪袍。三衢之屋

233

勢搖動，筆力震震揮秋毫。今去宋時一千載，服膺蘇詩服公操。百
尺長松貌嶽立，愷之頰上添三毛。終南捷徑吁可辱，紛紛流俗皆蓬
蒿。願言老驥好伏櫪，山中樂趣招由敖。

江陵仲宣樓
（興臬憲課一名）

丁建中

逦迤高城接水湄，朱樓粉堞鬱參差。昭邱草沒知何處？楚望
流交尚昔時。暇日銷憂王粲賦，東風迴首杜陵詩。荊山不放遊人
眼，終古登臨有怨辭。

江都文選樓

縹囊緗帙久銷沈，椒壁都來野粉侵。早日金釵迎法帔，祇今銅
輦夢秋衾。二分月色仍無賴，六代雲英尚有音。辛苦襄陽諸大雅，
蕭樓重葺漢江潯。

任城太白樓

謫仙狂客兩忘形，曾倚危闌倒玉瓶。日下已聞天帝醉，江頭忍
共楚臣醒。紛紛題壁爭詩伯，落落窺檐讓酒星。人物風流銷歇盡，
任城山色爲誰青？

益州籌邊樓

籌筆何人繼武侯？益州重起贊皇樓。令嚴鼓角三邊壯，圖老
山川四壁秋。雪外蓬婆穿鐵軌，江中灩澦避輪舟。平泉毅魄呼能
起，未必憑軒不涕流。

徐州燕子樓

芹泥簌簌落空梁，十載孤棲定斷腸。燕子飛來猶繫縷，鼠姑開

後不宜霜。釵分鏡破天難補，被冷燈殘夜自長。好句催將紅粉墜，不應重恨校書郎。

榆城寫韻樓

踏遍蒼山想著書，感通寺裏寓樓孤。不知倚樹看龍女，曾否簪花傚象奴？自古才人多竄逐，於今小學更荒蕪。擬從僧舍求原稿，滿目蓬蒿瓦礫鋪。

江陵仲宣樓[①]
（興皋憲課三名）

孫光祖

日暮聊爲莊舄吟，遭時紛濁此登臨。他鄉信美非吾土，踰紀淹留感故岑。北向山陽穿望眼，東流江水瀉歸心。情懷眷眷無終極，涕泗憑軒墜不禁。

江都文選樓

講經空說雨花臺，何似高樓萬卷開？韻士騷人容尚友，縹囊緗帙妙删裁。六朝金粉抽身出，七代詞章過眼來。太子流風今未艾，可憐同泰没蒿萊。

任城太白樓

不問升沉豈暇愁？分曹賭醉飲層樓。天津橋畔成新築，采石磯邊憶舊遊。六逸高蹤塵外契，四明狂客飲中儔。謫仙名士真無兩，借問前身何所修？

---

①此詩及以下四首爲孫光祖所作《江陵仲宣樓》組詩同題詩。後文類似情況不再一一出注。

235

益州籌邊樓

百尺飛樓接太空，運籌誰似贊皇雄？已無刁斗驚梁益，豈有烽烟出段蒙？羽檄流星邊月白，眉山落日大旗紅。鼓鼙聲起思良將，安得唐家李衛公？

榆城寫韻樓

四壁圖書供點竄，一編風雨足清高。樓臨洱海波瀾闊，屋倚蒼山結構牢。轉韻旁參孫沈陸，古音推勘賦詩騷。南荒文教合開闢，手寫冰綃不憚勞。

益州籌邊樓
（興臬憲課四名）

李楷材

兵韜戰勝一樓中，籌畫文饒迴不同。指掌分明具南詔，笑談安坐却西戎。三巴遠勢江山闊，十萬臨邊子弟雄。偉略已遥陳迹在，至今憑弔感秋風。

江都文選樓
（興臬憲課七名）

金爲銘

百萬牙籤自校讎，阿摩曾此建高樓。六朝金粉增新豔，半壁淮河俯眾流。江左自應推庾謝，鄴中從古屬曹劉。蕭梁事業今黃土，賸有文光射斗牛。

任城太白樓

青州西畔濟州東，太白樓曾賀監同。遺蹟至今詩史伴，斯人一去酒徒空。狂吟直欲追黃鶴，痛飲曾教繫玉驄。再造唐家惟薦士，何須醒眼識英雄？

益州籌邊樓

境接梁州又嶲州，沿邊險要盡來周。西川節度新開府，南詔山河遠入樓。千里江流趨白帝，三層局勢俯黃牛。不堪回首維城事，枉殺輸城悉怛謀。

榆城寫韻樓

潦倒詞場更酒場，錦江昆海路茫茫。平原自是佳公子，蘇軾長留快雪堂。煙雨一樓供醉筆，雲山千里入詩囊。祇今十九峰頭月，曾照羈人兩鬢霜。

任城太白樓
（興臬憲課十二名）

張　璞

依舊舢檣落檻前，我來憑眺倍潸然。高樓終古此明月，滄海於今憶謫仙。醉眼蒼茫小齊魯，孤懷落拓感風煙。先生在上休題句，學解金魚當酒錢。

益州籌邊樓

劒外崢嶸尚有樓，西南形勝望中收。江山圖畫常千古，風雨登臨起百憂。設險有人能禦侮，平蠻從此罷防秋。雄邊子弟今何在？父老猶傳李益州。

江都文選樓

（興臬憲課十四名）

蔣　谷

俯視邗江百尺逪，琳琅羅列亦風流。二分月色闌前落，七代風騷卷裏收。後日玉臺傳選本，當時金管擅吟儔。臺城同泰今何在？刼火難銷是此樓。

榆城寫韻樓

議禮詞臣哭九閽，荷戈南詔竟投荒。騷壇一代窮風雅，古韻千秋邁漢唐。樹棘啼烏生不赦，簪花騎象老能狂。前明著作推公富，樓址今猶界洱蒼。

益州籌邊樓

（興臬憲課十六名）

陳開乾

持節當年鎮益州，山川早畫錦江樓。難堪黨議牛僧孺，孤負歸誠悉怛謀。策敵功應蒙詔紀，磨巖銘許劍關留。西南今亦多邊患，安得文饒起運籌？

徐州燕子樓

髣髴清歌繞畫梁，舞衫空疊縷金箱。尚書舊宅留紅粉，洛下新墳種白楊。十載高樓終一殉，半簾明月照殘霜。簷前燕子銜泥語，休認烏衣王謝堂。

螺峯雙塔歌 用東坡《泗州僧伽塔》韻
（林皋憲課一名）

李 堃

光教寺塔傳古汴，琉璃磨塼鏡揩面。拔地崛起十三層，空中磴
道螺殼轉。幽窟俯瞰鶻盤樹，語鈴遠驚鴿窺飯。偉觀自分北征得，
來往悔逐番舶便。歸抵故山見雙塔，冀以新游釋夙怨。那知此物
如蓬心，掌托合配金剛變。我生百遇無一可，每因途窮絕貪戀。石
影名齋昔尚癡舊藏三塔倒影石，思游大鱉，訪三塔寺，不果，因以名齋，鐵花摩
厓今更倦。函經石讓竹䙡探，藏書屋乘茅龍換。細披雜識懷上方光
教寺一名上方寺，飛夢儻落宋京甸。

其二
（林皋憲課六名）

錢良駿

艤舟未獲游梁汴，坐看螺峰九疊面。石壁林立盤槎枒，闢草尋
蹊如螺轉。股栗陡上納霞屏，枯僧饋我青精飯。飲此捧腹望雙塔，
掌空突兀樓雲便。憶昔蒙段爭蠻觸，紛紛戰伐孰恩怨。唐碑已仆
鐵柱傾，桑田滄海百千變。元明終始幾春秋，角立知爲何朝戀？苔
磚鐫否阿育名，數典何心目亦倦。郭外聳峙東西高，歷劫纔脫紅羊
換。持較雙塔孰後先，急下螺峰游郊甸。

其三
（林皋憲課十四名）

吳 琨

有客有客來自汴，襟痕帶泥塵撲面。云聞吾滇山水奇，馬首纔

239

東復南轉。邀余同上螺峰尖，卻值人家午炊飯。滿城煙火浮城來，奇觀天與吾儕便。雙塔屹立摩青空，鈴語鏦錚咽幽怨。太息紅羊幾劫灰，空餘浮圖兩不變。忽看倒影三百尺，斜日催歸心轉戀。呼客直登最上層，遙矚西南游目倦。獻雉貢象無消息，封豕長蛇各畔換。何當抽箭射磚入，誓復越裳收緬甸。

五華山謁武侯祠 <small>用陸劍南游諸葛武侯書臺韻</small>
（林臬憲課一名）

李 堃

五華山草秋離離，諸葛未至胡爲祠。天威所讋百蠻伏，異代猶欽王者師。樓船莫識昆池路，唐兵惟剩龍關墓。駐蹕臺圮柳營荒，區區遺迹何足顧？解識攻心今古無，心戰戰勝千載餘。更將溪毛薦馬謖，平生片語箋心書。

其二
（林臬憲課四名）

季 珅

映階草色春離離，錦官親謁丞相祠。濟時願學聖中任，謀國當爲王者師。爭奈未得鵷鴻路，含涕空誓山陰墓。十年松竹圍草廬，夢裏了無諸侯顧。古人奇遇今則無，愧竊問學便有餘。華山再拜敬遺像，獨觀大略誠何書。

其三
（林臬憲課五名）

袁嘉端

刺天老柏雲離離，中隱漢家丞相祠。丞相死矣靈不死，驅箠三傑鞭貳師。吁嗟丞相頌載路,襄陽草廬定軍墓。回憶威已懾南人,可知天亦眷西顧。雲邊殺氣無時無,況驚蛟鼉來扶餘。安得丞相重渡瀘,名山補編陳壽書。

其四

（林臬憲課六名）

錢良駿

古柏交蓋松披離,鵁鶄不住啼荒祠。蕪山豈合臥龍臥?七擒昔來王者師。天威曾闢龍關路,南人罕見定軍墓。留作祠宇華山巔,歲時伏臘村翁顧。南陽西蜀何處無,渡瀘空記千載餘。升陔傴僂奠椒酒,龕火借讀征蠻書。

擬陳元孝懷古詩五首 七律

（林臬憲課一名）

李　堃

咸陽懷古

高臺矗矗抗驪山,說有靈真日往還。朱鳥虛煩窺殿牖,青牛早已出嚴關。秋風吹下金人淚,曉露凋傷玉女顏。悵望茂陵何處是,殘碑零落點苔斑。

燕臺懷古

歌殘易水酒人愁,擊筑聲中淚欲流。積慮先良求壯士,奢心逐沫劫諸侯。千金原市將銷骨,百計難償已斷頭。舉盞我澆昌國墓,絕交書莫悔輕投。

鄴中懷古

秋光仍共露華凝,掇月休言得未曾。風雅無妨由我肇,帝王原不許人稱。瓦猶如塚分真假，水自依城閱廢興。不識吹笙諸女伎，當年何處望高陵？

金陵懷古

六朝金粉莽榛蕪，尚説秦淮古帝都。燕子歌殘春殿閉，柳條攀盡畫樓孤。了無玉樹悲山鬼，猶有桃根眤酒徒。兒女英雄古蛩駏，武甯王祀莫愁湖。

洛陽懷古

銅駝街畔臥銅駝，年少曾聞此地多。作客陸機才博贍，憂時賈誼淚滂沱。屠牛工喻誰操斧，唳鶴難聞悔執戈。至竟還輸迂叟樂，竹軒藥圃暫婆娑。

燕臺懷古
（林臬憲課二名）

吳克仁

箭沈鼓死漢家營，斷草驚沙一望平。恒嶽北來延王氣，渾河東下動邊聲。不聞市駿黃金坏，屢見刑牲白馬盟。密邇津沽風浪惡，難將香餌餍饞鯨。

金陵懷古

一桁青山擁石頭，雲濤萬馬任東流。鶯飛草長三春夢，月缺花殘六代愁。鐵鎖沈江驚失險，火輪破浪慎防秋。憑誰更續蘭成賦，澤畔行吟動隱憂。

咸陽懷古
（林臬憲課三名）

張儒瀾

法變商君國驟強，天心早已速秦亡。儒冠坑盡餘禽獸，黔首驅來化虎狼。遷鼎師纔下函谷，造軍人已出咸陽。從知六國芟夷盡，非啟秦皇啟漢皇。

燕臺懷古

國都殘破起高臺，誓捲強齊亦壯哉。五霸以還無比迹，望諸而外盡庸才。火牛計竟殲騎劫，市駿謀空負郭隗。誰謂懸金能得士，老驥王佐幾曾來。

鄴中懷古

銅雀高臺委草蕪，當時孟德信非天。馬兒東下嗟無地，虎將南來議徙都。甲棄漢川終畏蜀，舟焚赤壁失吞吳。英雄事業欺孤寡，渤海他年竟合符。

洛陽懷古

都會由來汴洛雄，四方環拱此當中。三分漢鼎千秋恨，七百周年一瞥終。荊棘年年悲晉室，落花處處問隋宮。居人莫道當時盛，王氣西來日向東。

咸陽懷古
（林臬憲課四名）

季　珅

不收經籍收圖籍，壁簡憑誰證謬訛。一炬第知訶項羽，千秋那

243

解罪蕭何。閣中藜火初勝燄，夢裏金人又作魔。終是儒宗蒙難地，驪山瓜蔓掩蓬窠。

鄴中懷古

漳河東下亂流澌，銅雀臺荒枕水湄。愛子八齡曾獻賦，英雄一世最能詩。分香別殿成終古，飛蓋名區未幾時。懶對秋煙懷往事，興亡獨付硯材知。

金陵懷古

東南文物久凌夷，舟入秦淮柳亦衰。江水不淘亡國恨，天光常似醉醲時。松楸陵古樵尋路，花草庭空鬼唱詩。六代繁華原底事，百年興廢不勝悲。

咸陽懷古
（林皋憲課五名）

袁嘉端

百二河山險可憑，如何一戰失崤澠。利鋒銷盡金人鈍，廢籍焚時火帝興。仙掌耐寒天有露，妖脂棄水地無冰。東方饑死相如病，最是憐才漢茂陵。

鄴中懷古

可憐魏武不周文，銅雀臺空淡夕曛。生面獨開新樂府，初心頓易故將軍。小兒尚諷桓文賦，長子居然舜禹勳。寒碧漩流漳水上，獨留石馬臥秋雲。

咸陽懷古

（林臬憲課六名）

錢良駿

杜郵高望客心驚，千古興衰有廢城。西峙阿房悲楚燼，東流渭水帶秦聲。山河百戰歸劉季，印璽孤懸斃子嬰。一自蒼苔埋寶鏡，銅仙秋淚泣榛荆。

燕臺懷古

薊門蒼莽暮笳哀，慷慨悲歌亦壯哉。生友狗屠皆烈士，死來馬骨亦奇材。豈知一劍能傾國，徒歎千金枉築臺。市上若逢游俠者，也應攜手問秦灰。

鄴中懷古

漳水東流是漢恩，掀翻如襪老瞞魂。唐虞僞禪開三國，父子雄才萃一門。橫槊賦詩豪已足，分香賣履淚潛吞。銅臺荒草誰收拾，迷塚年年有燒痕。

金陵懷古

昔年飛燕啄皇孫，羅拜金川晝啟門。上殿麻衣甘一死，投荒緇牒竟孤奔。鷗絃已斷終王氣，獅嶺潛逃有淚痕。千古秦淮東去水，前朝遺恨石頭吞。

洛陽懷古

伊川披髮類狂巫，割裂先機兆五胡。西晉冠裳終掃地，東周禾黍誤還都。銅駝委棘青衣泣，石馬浮江碧洛扶。太息犬羊腥滌盡，嵩靈應合效三呼。

咸陽懷古

（林臬憲課七名）

張　權

諸陵王氣鬱嵯峨，秋色蒼然躍馬過。二世竟終秦日月，三章先定漢山河。神來宮觀黃圖壯，人去關門紫氣多。苦憶材官涇渭上，氐羌烽火走明駝。

燕臺懷古

涿鹿兵戈始薊邱，桑乾河水接盧溝。招賢駿馬先求骨，雪恨將軍肯借頭。但使溫風吹黍谷，何妨白日淡幽州。醫無閭漫誇形勝，長白巍峩壯冕旒。

鄴中懷古

空勞下蜀與窺吳，一綫漳流繞鄴都。父子才名開正始，帝王運會驗當塗。瓦飄銅雀香俱散，盤泣金仙淚已枯。莫上叢臺望疑塚，西陵松柏盡蘼蕪。

金陵懷古

摧殘玉樹鈌金甌，不獨東昏是故侯。宇宙將軍徒有號，琵琶天子共無愁。龍盤虎踞興王地，賸水殘山故國秋。虜馬渡江焚采石，建康誰濟魏公舟。

洛陽懷古

瀍澗東西相地形，中州王氣入圖經。周方定鼎能延世，嶽果生材必降靈。夾馬黃袍關運會，銅駝青蓋幾飄零。向東莫話夷門事，壯士酬恩已暮齡。

金陵懷古
（林臬憲課八名）

秦光玉

虎踞龍蟠亦足豪，秣陵王氣幾時消。羣雄割據分三國，半壁江山送六朝。天塹上游爭武漢，海門重鎮扼金焦。祇今南顧藩籬毀，燕子磯邊咽暮潮。

金陵懷古
（林臬憲課十一名）

陳　琮

無復當年玉樹歌，空餘六代舊山河。長橋幾見更紅板，畫舫重來泛碧波。勝國移都燕棣入，清時蕩寇楚材多。英雄往矣今休話，夜聽江聲獨枕戈。

金陵懷古
（林臬憲課十三名）

金爲銘

一載南都抵六朝，鶯花空逐秣陵潮。宰臣日第歌《金縷》，天子親爲按玉簫。閫外將軍成跋扈，朝中奸黨任嘩囂。誰憐開府揚州督，泣向江頭賦《大招》。

燕臺懷古
（林皋憲課十七名）

戴鴻文

誰割燕雲十六州，中原從此鈌金甌。可憐帝子俘青蓋，更遣孤臣泣白溝。涿鹿風沙殘壘暮，盧龍關塞陣雲愁。驅車莫若思形勝，人代茫茫總逝流。

金陵懷古

莽莽江流斷怒潮，投鞭天塹北軍驕。六龍南渡人何在，五馬東浮事已遙。空恃地形雄半壁，可憐王氣暗層霄。殘山賸水英雄盡，正統明初祇一朝。

大觀樓雨中望西山
用陸劍南《風雨中望峽口諸山奇甚戲作短歌》原韻
（普鹽憲課一名）

李塈

一樓突過雄川雄，四圍林谷幽而穹。滇池倒流五百里，積波半浸青夫容。天公猶恐厭游矚，輒鼓爐韝矜元功。果日乍藏凍雨至，千巖萬壑雲氣中。啟牖冥頑發靈怪，霍斂刻露歸空濛。乃知大觀妙於變，尋常勺水拳石同。俯仰憑闌未忍下，迅歸待看毗嵐風。

其二
（普鹽憲課二名）

朱焜

滇山羣立相軒雄，負勢爭欲陵高穹。俯海一峰更殊絕，雕鏤靈

怪含修容。今朝冒雨快登眺，顛米墨點圖無功。石林噓氣翠如潑，
橫影掀蕩長波中。意態奇幻妙倏忽，排空但灑青濛濛。昨者蓮廬
伴蝸偃，蠡管之窺將母同。憑欄呼酒縱狂噱，溼雲萬縷飛天風。

其三
（普鹽憲課三名）

季　珅

太華剗剡山之雄，昔從華頂捫蒼穹。腳底雷聲滿湖雨，湖樓環
泣秋夫容。嵐煙回轉漸迷罔，見希難與筞償功。今曉憑闌忽大悟，
不識山面緣山中。雲垂未垂水將立，其閒山色尤空濛。光景倏忽
氣慘慄，王洽潑墨將母同。作壁上觀喜得地，長笛橫倚珠簾風。

其四
（普鹽憲課九名）

李法坤

危樓遙瞰西山雄，芙蓉十二皴蒼穹。須臾造化逞奇怪，疊嶂盡
換晴霄容。陰雲離合畫難寫，始知人力輸天功。斜飈助勢海爲立，
電光亂閃虛無中。是山非山雨非雨，如煙一氣包溟濛。尋常鮮見
此境界，天地母乃羞雷同。人生奇遇偶逢耳，憑欄一嘯歌長風。

其五
（普鹽憲課十三名）

崔　淮

危樓遠勢爭山雄，高標拔地凌蒼穹。山與之角不肯下，屹對雨
中無倦容。西山西來特秀異，洩盡造化神鬼功。嵌空翠色撲煙外，
倒曳嵐影歸湖中。須臾雲峰更奇絕，天水一氣交冥濛。賢才下位
有如此，因時養晦將母同。何當斯樓重更上，飽看山色披雄風？

其六

（普鹽憲課二十名）

李熙仁

太華遠與樓爭雄，壁立千仞凌蒼穹。有如芙蓉初出水，大觀收盡青蒼容。今朝煙雨忽異態，洗滌冰骨知天功。山光樹色亂明滅，飛電閃灼陰雲中。美人一峰定何許，海天上下浮冥濛。神龍見首不見尾，出沒變化將母同。待晴我欲凌絕頂，買舟破浪乘長風。

滇中詠懷古跡五首

（普鹽憲課一名）

李　堃

天威逕

山飛瘴雨水飛濤，一徑龍關戴石高。訊俗已非蠻部落，安邊曾動漢旌旄。天威震聾人崩角，地氣炎蒸土不毛。安得相公堅主戰，朱鳶紅蚌大弓櫜。

天女城

水毀金饞寇盜頻，英雄難得女兒身。麻衣血濺催兵夜，草帶香消饗士晨。南國忠完先刺史，襄陽名儷太夫人。清時天求無征戰，羅綺登城只望春。

白龍菴

游僧終帝帝終僧借近人語，法錫還如大寶承。門啓金川千古怨，人非平子四愁仍。鵑聲淒戾聞滇海，龍氣蒼茫接孝陵。隨筆縱虛遺塚在，青燐遙映佛前燈。

金蟬寺

杜鵑花裹掩僧關，練繞龍髯不是攀。滿冀雉飛陳寶石，從他鵲凍絃干山。西風畫舫沈簫鼓，夜月妝臺冷珮環。怨魄儻聞三世果，不應還嘯有無間。

安阜園

也游麋鹿也棲鴉，何處吳宮問落花。青草雨抛銀屈戌，白楊風誤玉鉤斜。銅臺有賦傳曹植，金屋無緣貯麗華。太息商山鸞影逝，煙波如泛五湖槎。

天威逕

（普鹽憲課二名）

朱　焜

膽破南人驛路開，攻心亦自費奇才。旌旗飛將從天下，笳鼓喧聲動地來。蠻樹迷蹊低鳥度，暮煙橫戍亂山回。如何魚腹同千古，計失吞吳事可哀。

天女城

彈丸地小足藏兵，天女千年溯舊名。代鎮亦能新壁壘，臨邊竟已掃欃槍。蛉弧漫鼓先登勇，巾幗翻將大敵輕。今我南來訪遺跡，短簫吹月上孤城。

白龍菴

祝髮翻投萬里荒，緇衣撲滿斗塵黃。舍身豈有諸臣贖，并命猶傳國士良。大內幾曾迎老佛，窮途祇合識空王。已成四百年前事，破廟煙寒暮色蒼。

251

金蟬寺

荒涼廢寺掩重門，往事談來一斷魂。見説人猶悲帝子，幾疑天欲死王孫。遺書詎阻從龍業，按劍終孤賜爵恩。城北何堪更凝望，灰揚蓮沼至今昏。

安阜園

一怒衝冠志竟成，奇勳底事讓傾城。承恩漫儗藏金屋，有夢何曾到玉京。早識分羹原太忍，似聞繡佛亦相輕。樓臺歌舞都如昨，黃土長埋碧草生。

天威逕

（普鹽憲課三名）

季　珅

丞相南征此駐車，七擒心戰本心書。縱無馬謖工籌策，未必龍關不縛渠。千古名知蠻草木，四山雲護漢儲胥。餘威未許唐臣襲，萬骨全枯計尚虛。

天女城

巾幗英雄信有之，甯州昔禦五苓夷。盤殽熏鼠千夫膳，印紐旋龜一女持。守圍巖媲朱序母，突圍勇過荀崧兒。城中芳草年年綠，留記春風享士時。

白龍菴

匆匆遜國此潛身，瓶鉢蕭然禮世尊。山鳥應悲奈何帝，天龍倏化毗沙門。《四愁詩》和泉都咽，三至人歸雪懶髡。夢裏儻游皇覺寺，孫須憐祖祖憐孫。

金蟬寺

風中鈴語碎金蟬，似話朱波敗績年。驃國餘情留象教，鍾山王氣盡鵑絃。枝頭鵑叫剛三月，井底蛙鳴各一天。至竟吳宮花草歇，樵歌又唱後圓圓。

安阜園

老潩當年游讌地，芙蓉小殿倚虹開。雷輥松嶺宮車出，風動蓮池畫舫回。豈意變雲浮玉壘，從無斷瓦拾銅臺。校量終遜平康妓，猶有詩人表墓來。

天威逕
（普鹽憲課五名）

孫光祖

蘭滄西渡陟崔巍，蜀相勳名曠代希。孟獲七禽宣露布，滇疆萬里懍天威。島夷窺伺龍江險，驃國淪亡象貢違。鐵路若通諸葛逕，九原老淚亦應揮。

天女城

漫天烽燧逼荒城，巾幗將軍出統兵。雉堞笳聲悲草木，蜂屯賊勢黯幢旌。孤忠不數奇男子，滇志猶詳古地名。合作女戎三杰傳，秦家良玉沈雲英。

白龍菴

萬里河山化作塵，白龍菴裏尚遺真。金川門啓悲行腳，石室書成錄致身。帝也何辜墮正統，僧兮無祿賞亡臣。高飛燕子今安在，異代猶思遜國人。

金蟬寺

朱家龍種向南奔，劃卻根株一不存。蜀漢天教亡白帝，滇池日竟墜黄昏。丹宸已定逆臣傳，翠海誰招亡國魂。寺外斜陽頻側耳，秋蟬鳴咽尚聲吞。

安阜園

荒園風雨久飄搖，上下歌吟付牧樵。花木於今成草莽，丹青孰與問山椒。董昌僣號孤唐室，吴濞稱兵負漢朝。遺址凄涼何所有，鴉鳴古樹晚蕭蕭。

天女城

（普鹽憲課六名）

金爲銘

邊州無主勢紛紛，況復孤城困賊氛。老父已爲前刺史，女兒今署大將軍。諸公静聽閨中令，百戰鏖成閫外勳。石柱土司朱序母，古來奇績出紅裙。

白龍菴

金川門啓禍頻仍，萬里投荒獨擔簦。豈有君王甘遜國，可憐天子竟爲僧。紅塵擾擾龍潛野，清夜熒熒佛伴燈。贏得遺蹤留鶴拓，祖孫衣鉢逮相承。

金蟬寺

固圉方期託縉人，窮追逆旅竟何因。將軍無意存三恪，故主難容寄一身。尺組倉皇蕭寺裏，羈魂寂寞瘴江濱。早知巢覆全傾卵，底事奔馳歲幾巡。

天女城
（普鹽憲課七名）

李楷材

天女城開百雉崇，門楣剛猛易雌風。兵韜稟父真遺誠，閫閣平戎亦效忠。唐代冠軍稱粉黛，秦家良玉并英雄。二喬刺繡從人計，巾幗生涯便不同。

安阜園

焦土於今入眼明，當年老濞此游行。色荒竟效陳臨綺，園起偏同李茂貞。頃刻繁華歸逝水，甘將粉黛易平生。英雄未信皆兒女，總帳銅臺劇有情。

天威逕
（普鹽憲課八名）

錢良駿

深入蠻荒地不毛，天威震懾彩雲高。鹽叢逕又龍關闢，象戰人難驃國逃。舊日屯軍留蘚迹，空山遺廟撼松濤。村民種菜懷諸葛，想見南征度羽旄。

天女城

荒城斜日蘚痕丹，疑是當年戰血乾。號比夫人堅鐵甕，軍同娘子擁銀鞍。一州權領蛾眉劍，百雉遙驚賊膽寒。俯瞰五苓餘殺氣，羣鴉飛渡水漫漫。

金蟬寺

華山風雨偪天昏，古柏成圍護短垣。幾杵鐘聲依佛座，半龕燈

255

火掩禪門。射烏竟奏擒王績，啼鳥難招望帝魂。千載弓絃訾老潷，朱波遺憾翠華奔。

白龍菴

獅山秋雨正紛紛，蕭寺寒荒弔建文。寶鼎一時沈夏社，金陵十□唱秋墳。稱尊衮冕拋黃庡，娛老袈裟補白雲。昔日潛龍棲隱處，重搜碑碣認苔紋。

安阜園

荒邱何處覓妝臺，剩有蓮池歲歲開。夜月薜蘿山鬼弔，春風花草野狐哀。漢家英布稱兵叛，唐代懷恩赴鎮來。未去夷光麋鹿走，吳宮遺址委蒼苔。

天女城
（普鹽憲課十五名）

褚煥章

刁斗聲喧白刃橫，從軍疑是木蘭生。莫言哲婦能傾國，誰料夫人竟築城。王氏司徒甘媚虜，晉家天子不如氓。鬚眉底事輸巾幗，石柱猶傳白桿兵。

天威逕
（普鹽憲課二十名）

李熙仁

攻城策豈若攻心，丞相懸軍七縱擒。徑闢龍關知漢大，威宣蠻部入人深。南雲戰蹟留銅鼓，西蜀祠堂有石琴。遺恨中原師未捷，點蒼愁聽杜鵑音。

天女城

豁達居然有父風，羨他巾幗亦英雄。一龍遠隔瑯琊馬，百雉權乘刺史驄。版築甯州終定亂，雨花天女解平戎。木蘭梁氏今何在，先後忠貞事略同。

白龍菴

魚服潛龍昔避荒，一菴茅結亂山藏。祖孫衣缽承皇覺，叔父兵戈入建康。白首天涯忘袞冕，黃冠瓢飲伴星霜。墓田憑弔知何處，錫杖休言返帝鄉。

金蟬寺

咒水忠魂泣國殤，金蟬風雨佛燈涼。不聞周室封三恪，空使秦王殞五將。日月并沈明社屋，河山如故梵宮荒。至今父老談遺事，幾杵疏鐘弔夕陽。

安阜園

生存華屋委山邱，劫火荒燐過客愁。祝髮幸依碧雲寺，捐軀終愧綠珠樓。空餘艷蹟傳銷夏，豈有才人詠杜秋。曩日採蓮池尚在，天陰野樹宿鵁鶄。

中秋夕西山日室玩月放歌
（林府憲課一名）

李 堃

雲華之洞西山嶺，滇流澹演瀦其前。兒時襆被看朝日，塗金塔影浮春瀾。意此玩月當更妙，佳節每爲人事牽。廿年千世終見斥，乃今得結山水緣。峭壁陰森暝煙合，松風謖謖琴停絃。東巖解意噲雲淨，徐吐月波潚四山。老桂未斫清光倍，顧之疑甚旋悽然。大地河山異疇昔，冰鹽簇食桑葉圓。玉斧搖搖四五動，碧難眼見從朱鳶。危哉海鏡此蓄影，誰與呵護無缺殘。城中向夕盡酩酊，更燒銀燭輝歌筵。豈知有人痛至骨，欲憑萬仞呼九乾。力竭聲嘶苦不達，姮娥冷笑山矓顛。金堂石室半生慳，一夢安識瓊樓玉宇高處不勝寒。何如銜杯據梧隨所適，待看落月斜射蛟龍淵。

其二
（林府憲課三名）

朱　焜

斷霞低岸暮濤碧，一天涼雨召飛歌。我來登眺山之巔，須臾波面鋪月色。長風吹袂飄欲仙，欲問今夕是何夕。空明一片湖天澄，上下雙珠弄圓潔。頓塵萬斛崢不飛，遙指翠垣煙樹列。諸峯入畫疑有無，棲鳥驚寒墮明滅。漁人趁夜泛輕舟，風景不殊江南北。憶昔笳鼓□邊秋，月華黯淡波聲咽。定劘銘功鏤巉巖，翹首青天興飛越。幸茲謌舞際承平，碧簫吹瘦紫雲裂。今月古月任茫茫，戰場漫弔骷髏血。吁嘻乎，霓裳偷譜事虛無，跨虹誰段羽衣客。庚庾清韻更奚似，人生頫仰已陳迹。何如倒挽銀河洗甲兵，歲歲月明笙管悅。

其三
（林府憲課五名）

張鴻範

一年明月今宵多，今宵無月如天何。憑欄把盞一昂首，乘興直思問嫦娥。吳剛持斧胡爲者，雲翳何不清天河。我欲上天訴天帝，恨無羽翼凌風過。安得箒長千萬丈，持掃雲翳呈金波。更借魯陽逐日之長戈，雙懸日月照耀西山阿。不辭石室待曉發，狂歌坐看湖波萬頃澄秋羅。

擬尤西堂《詠明史新樂府》
（林府憲課一名）

李 堃

遜國怨

身本商太甲，叔豈周文公。公不利孺子，毀室鴟鴞同。宮中火
起從此逝，法錫還嗣皇覺寺。五蛇願爲逋播臣，羣鳥爭朝奈何帝。
君不見，齊興安宋永熙太孫從子皆誅夷？君猶歸老燕山稱太師，四
愁休和張衡詩。

大禮議

父子豈容易，昭穆豈容亂？廟統世統天淵判，祖禰恒以先後
斷。庶族嗣天子，古祀三出王。立廟稱考稱帝兼稱皇，典禮前後
《漢書》明且翔。濮議偏泥司馬光，一誤再誤新都楊。疏上朝衫碧
血裹，異代騰笑毛大可。

大禮議
（林府憲課二名）

陳 璸

興獻帝，稱皇考，興國后，慈聖表。罔極私恩曲盡好，孝子尊親
義了了。不加宗，名不惑；不祔廟，地不偪。徽稱有殺祀有極，孝宗
心安帝理得。胡爲乎明倫倡璁、萼，典禮議方、霍。發言盈廷聞，浹
縮唯且諾。本生何厚繼何薄，永嘉諸人逢君惡。大禮木成大獄興，
廷和以下斥爲朋。固知天子重希承，如此禮議得未曾。

遜國怨

（林府憲課三名）

朱　焜

託言學周公，竟易成王位。類朕一語眾所聞，御門實啟奪嫡計。寵畀北平權已多，跋扈日深將奈何。早爲之所勿滋蔓，豈終骨肉尋干戈。心寒六尺欺衰邁，讒戮勳舊復不怪。朝士當時口盡箝，或引居昇競相成。翦伐附枝徒罪名，時過轉同蛇足畫。噫吁嘻！襲麻衣，揮血淚，豎儒誠敗乃公事，大書燕篡快人意。君不見，燕燕飛帝都，學啄皇孫遺厥鷇。作俑有後胡爲乎？

大禮議

緣情以制禮，古聖意良精。雖屬天倫關至性，嚚哉璁、萼論空橫。不聞虞舜古大孝，受終文祖垂至教。垂裳無復厚所生，嗣爲人後宜則效。致君堯舜臣之職，胡取漢宋以爲式？伏闕哭聲殷九天，儻亦激昂忠過直。臣也忠，臣也直，得毋忤忠惡直乃君愎。吁嗟乎，忤忠惡直乃君愎，忍沽臣名暴君愆。

遜國怨

（林府憲課四名）

錢良駿

金川門開飛燕來，皇孫啄走胡爲哉！緇衣度牒亦可哀，不殺叔父真禍胎。四年天子等兒戲，未著袈裟先灑淚。出亡居然行腳僧，故物仍擬皇覺寺。孝孺死，程濟留，西南流落四十秋。鬢邊霜雪已白頭，暮年不忘正邱首。南內老佛歸獨後，贏得西山土一坏，年年麥飯并漿酒。

遜國怨
（林府憲課十五名）

席聘士

北平甲，飛渡江，金陵城外紛戈鏦。幽燕蛇，升御座，削藩竟啟強藩禍。革除國事殊混淆，過客爭說建文朝。兵端藉口收吳楚，失計卻恨東市鼂。傷心宗子藩榦列，轉眼同室戈矛操。叔父生不作姬旦，癡兒死孰憐德昭？晉陽士卒靖君側，惡名甘負千秋嘲。九重魚服久行遯，十族瓜蔓仍誅鈔。捫衷此日定含愧，高皇天鑒難倖逃。吁嗟乎，可憐四載明天子，寂寞空山伴老樵。

大禮議

備禮乃成體，嘉靖不信前制禮。考書乃知初，嘉靖未讀前史書。武宗前星既失耀，兄終弟及下明詔。既難隔代考孝宗，又難二統逼武廟。一時議禮集朝堂，共守定陶與濮王。考孝宗，叔興獻，皇帝曰咈朕心傷。獨有待對一舉子，不與漢哀宋英比。考興獻，伯孝宗，皇帝曰俞朕心喜。大禮未成大獄興，撼門一慟震朝廷。狀元謫死永昌戌，百嶧獞獠知典型。君不見始倡邪說誰爲王。璁、萼逢君爲首輔。又不見嚴嵩附和號睿宗，議禮更用李林甫。

遜國怨
（林府憲課十八名）

金爲銘

北來燕，闖入深宮裏。昔聞啄皇孫，今見食龍子。龍子被食高飛起,上不在天,下不潛邸。孑然一身,遠避荒鄙。吁嗟乎,僧爲帝,帝爲僧,兩朝衣鉢親相承。緇衣君,黃冠臣,西南流落四十春。何曾終老歸燕雲,西山大師墓,乃是元僧墳。

大禮議

曲説興,正士靡。百官伏哭左順門,十被廷杖九不起。張桂爾何心?阿諛承帝旨。祇嗣統,不嗣子,爲人之後忍出此?武皇地下髮應指。

山中八詠

(林府憲課一名)

李堃

山家

依巖結構樓層層,茅龍不受朱炎蒸。流水自知就廚竈,偃本爲我留巢檜。春牛四壁古圖畫,野鹿一羣新友朋。吏有催租偶然至,但聞人語雲中應。

山寺

亂峯複沓嵐煙冥,獨語微聞風塔鈴。入谷破禪萬花馥,倚門聽法雙松青。絡籐古佛示衰相,劚藥枯僧通內經。游客多事問時代,磨崖雨泐前朝銘。

山城

連岡迤邐控平楚,女墻高下穿石林。封狐拜月破樓曉,病馬飲冰春澗陰。雪竇雲關劃巖腹,金墉鐵壁捫天心。谷雨最解壯兵氣,爲送門邊吹角音。

山徑

昂首盤盤雲與連，投足窄窄蛇蜿蜒。樹掛狙公臂接臂，道逢馬走肩摩肩。天梯石棧險無匹，竹杖芒鞵新有緣。探發靈怪費鎚鑿，途窮痛哭母乃顛。

山橋

石骨森張瀑布落，山眉顰蹙長橋通。未秋天上駕烏鵲，不雨雲間垂彩虹。帝子揮鞭虎仆澗，仙翁墮履鳧飛空。下方凝睇股爲栗，蛟脊湘妃將毋同。

山市

煙火參差霽後起，塵器尨雜秋來添。谷量牛馬背年貨，簫荷果疏腰月鐮。蠻服小姑市薄酒，虎冠餓隸征零鹽。西崦日影散人影，老鴉伺銜雞骨占。

山驛

巖廠欲欹門半開，門前有路埋蒿萊。堠衝夕燧嶺雲起，鐙擎昏花山鬼來。瘦寒飢怒夜寂寂，荒雞嗁竹霜皚皚。阿誰於此興不淺，浣壁親把松枝煤。

山田

依附雲根種雲稼，刻畫地肺天地毛。丹嶂翠崖犢緣蟻，青簑紅笠人飛猱。閘流碧斷石梯接，堆穀黃爭山木高。終歲橫行峭壁上，農家乃有陳安豪。

山　家

（林府憲課七名）

吳　琨

牽蘿補茅三兩家，晴巖積翠鋪羅紗。人尋古徑碧雲滑，門對飛泉紅樹遮。四壁秋蟲咽荒草，五更春鳥啼落花。夕陽在山牛羊下，閒與老稚談桑麻。

山寺

山藏古寺楓葉深，禪扉久掩無人尋。野猿獻果悟禪性，溪鶴啄花空道心。雲外僧歸月初下，簷端馬還鐘乍沈。無生解釋清淨旨，小憩蘭室消塵襟。

山城

半山夕陽半山雨，百雉羅列雲陸離。乘高據險擅地利，陽開陰閉分天時。密濛巖樹綠連郭，橫亙嶺霞紅上陴。可恨華夷界限毀，雖居要害終何施。

山徑

青山萬丈高踏雲，古徑荒涼橫夕曛。地闢羊腸陡逾曲，人爭鳥道行中分。荷笠樵歸白猿導，采藥僧入青鹿羣。荊榛偪危掃除未，夷險一致師心君。

山市

百家村市高山中，四鄉往來交易同。行人醉臥冷雲碧，溪女插花斜照紅。裹飯午場語雜亂，扶筇亥日煙冥濛。刈薪汲水兩人畫，城市壟斷休稱雄。

山橋

青山中斷木橫跨，流水曲通三岔橋。往來雲端俯鳥背，隱約林杪垂虹腰。石欄霜印板初滑，茅店酒香簾遠招。探梅有人騎驢過，好景欲倩丹青描。

山驛

秋山驛舍霜林深，置郵傳命凌千尋。九闕丹書自天下，一鞭白雲催日沈。蕭條鈴語破殘夢，嗚咽角聲驚客心。可憐滇道險復險，馳驅莫計天晴陰。

山田

青山之畔數畝田，四時獨得天氣先。颼颯時逢雲歸雨，灌溉惟有巖飛泉。茅屋門掩夕陽外，水車聲亂晨風前。野夫開墾亦解事，如梯花好開連阡。

山　家
（林府憲課十四名）

路安衢

茅屋柴門整復斜，傍巖倚石有人家。來城路遠行常怯，識字民稀禮未差。游處無妨偕鹿豕，盤飧偶亦足魚蝦。何須更向桃源住，紅葉霜肩帶暮霞。

山寺

香積深深鎖翠微，疏鐘幾杵曳朝暉。鼯鼪漸共禪心習，蝙蝠時從佛面飛。鎮日林中無客到，斜陽嶺畔有僧歸。上人不識交游好，未許輿車一叩扉。

山　寺
（林府憲課十五名）

席聘士

經霜落葉滿峯頭，杖履閒行古寺幽。僧老已經初劫換，客來曾記少年游。支笻人與鳥爭路，擊磬僮邀雲住樓。夢醒吳淞名利客，一聲鐘動四山秋。

山　徑
（林府憲課十六名）

朱　潤

休説蠶叢蜀道難，憑高闢徑小層巒。終南縱捷無心入，直北雖危駐足看。鐵路凌空夷九折，火車飛度失千盤。荊榛闢盡防衣礙，何似家園步步安。

山驛

驛亭荒絕傍山邱，雲樹蒼茫入望收。從古軍書無寄電，而今棧馬省傳郵。衰周防寇修烽堠，後漢安邊用筆籌。曾否官程置卒守，王公設險貴深謀。

山　家
（林府憲課十七名）

劉　璧

羨煞名山此結茅，梅花萬本竹干梢。迴環螺岫旋於磨，重疊蝸廬小若巢。苔磴滑登紅樹杪,柴門深閉白雲坳。兩三野老扶筇話,遙指炊煙起暮郊。

擬韓昌黎《秋懷詩》十一首
(史憲尊課二名)

李 塈

草間讀書罷,倚檻看落日。返景明幽山,破碎互摧踤。秋氣天西來,萬象歸軋沕。凝睇愴精魂,時變何倉卒。願留須臾佳,繩短繫無術。含生共乘化,盡矣我何恤。

其二

昏鴉有舊巢,乃在北山樹。老鳥常若飢,羣雛亦待哺。啞啞不斷鳴,黯黯天欲暮。飛去難必得,歸來或恐誤。梳翎慰餒族,奈此一宵度。旦明徙江干,覓魚盟寒鷺。

其三

既夕雷雨集,策策甘蕉鳴。盆荷剩破葉,乘間飛秋聲。孤檠誦詩什,聵甚難為聽。駭電燭窗紙,屢壓殘焰明。大陰積慘淡,噫氣方縱橫。入耳恣羣喧,返聽心轉清。

其四

夜永漸趨寂,孤月脫雲表。開門望圓靈,引手撥風篠。古人想斫桂,為嫌清光少。豈知大地影,納此一輪小。瀛海發殺機,中原苦雲擾。珠槃竭衰周,玉斧畫炎趙。徒快前士魂,秋景多且皎。

其五

隱囊倚倦骨,夢游古咸陽。似門漢天子,躬迎谷蠡王。乘雷動

渭涘，騎雲蔽南岡。冠裳雜鱗介，鳳鸞儕犬羊。頗疑帝神武，天弧
威八荒。胡爲屈尊貴，示弱於戎羌。慷慨叩馬諫，倏忽騎龍翔。蘧
蘧我亦醒，窗日遥滄涼。

其六

終歲苦汲汲，晨興籀墳誥。史事知興衰，經義總緊要。客從長
安來，笑我等方鑿。環球五大洲，詎容鼠目眺？奇文先拉丁，新地
悉非奧。故技甘棄捐，前修庶可造。秋風拂華髮，攬鏡猶未到。康
濟如可期，吾亦違吾好。

其七

西北有高樓，眺京而拓邊。京邑任多事，贊畫羣公賢。獨念邊
務棘，委身狼虎前。它族蔓三迤，爾界恢八關。鐵柱欹欲折，綸巾
歸不還。樓兮吾汝懃，虛名何用傳。守卒沿故事，西風懸畫旃。

其八

望極轉愁劇，涉園事翦芟。籬根見叢菊，葉盡枝欲折。雖有孤
蝶抱，已受百蟲螫。呼兒亟搜剔，彼眾我力竭。咄哉東洋產，苞綻
小紅纈。臭味原差池，生滅胡不一。物情尚如此，世事復何說。

其九

陰凝閉天地，始機萌履霜。眾彙與松柏，先後皆凋傷。有谷名
長春，峙岫雪山陽。萬古絕人迹，積素分青蒼。卉木不知悴，四時
見榮光。欲往結茅屋，玉湖不可方。

其十

憂來迫我出，彳亍翠湖曲。微聞朱户中，高歌葉絲竹。故人幸
無恙，疑門喜不速。泛酒山菊香，催盞玉箏促。一醉何須辭，醒時

轉根觸。

其十一

悲歌誠自賊，放浪仍無聊。儒躬集萬貴，息存安所逃。游藝防竟棄，斂華貴崇韜。乾坤許斡轉，敢厭將伯號。文章逐元化，遞嬗無滅消。區區方寸心，冥想千載遙。

擬昌黎《秋懷詩》十一首
（史憲尊課三名）

吳　琨

秋氣苦蕭瑟，秋光愛明靚。陰積初陽微，葉戰晚風勁。山林猿鶴姿。江湖鷺鷗性。物各適其天，人獨囿於命。半生叢百憂，寸心却萬病。滇池山水深，白雲天不贈。經世老亦能，著書古猶鏡。思寄煙霞霏，格門冰雪淨。嗟哉杜陵翁，饑驅成詩聖。

其二

泰西互通商，海疆集島國。籌防五十年，自強苦無策。壬寅寇白門，議和罷兵革。庚申犯燕都，納賄括金帛。癸未越南師，棄藩蹈覆轍。製器與製船，次第見施設。鐵路闢漢津，千萬費不惜。海軍創北洋，一敗轉資敵。徒法難自行，西學效何益？將相倘得人，庶幾國威立。

其三

倭巢東海中，嫚華自隋始。豈有日出處，致書稱天子。五龍遇颶風，元師棄於此。鴛鴦戚家軍，有明殲突豕。秀吉窺高麗，破敵賴劉李。異代事略同，辰韓兵端起。噬吞我藩封，蕩搖我邊鄙。浪子秉國成，喪師復出使。償費二百兆，割地數千里。近愧秦會之，

遠追太宰嚭。顏靦幾日生,心喪千秋死。誰歟不共天?復讎雪
國恥。

其四

時平競言忠,時危競言孝。晨昏託林泉,簪紱謝廊廟。豈知伊
川子,不喜人高蹈。謂盡一日心,可收一分效。太真昔絕裾,小儒
每相誚。奉使奮一行,勤王竟再造。既受國士知,當盡國士報。臣
節著板蕩,大義炳日照。

其五

完顏至淮北,氣已無江東。諸將盡雌伏,孰敢攖其鋒。參謀來
犒師,適當采石衝。草間集潰卒,一戰收全功。書生抗大敵,矯矯
如神龍。養士三十年,愧死劉侍中。才人破萬卷,未必非英雄。燕
雀笑鴻鵠,請看虞雍公。

其六

先機易爲力,進言多見疑。臨事易聽受,已恨不及施。我讀承
祚志,覆轍如相隨。溫侯喜言誤,高順爲之悲。本初違田豐,一敗
勢已摧。景升亦可兒,坐視江漢危。事勢固無極,既失悔莫追。武
侯集眾益,拒諫今爲誰?何當師古人,受言如渴饑。

其七

風波不在廣,一勺能覆舟。顛躓不在遠,十步能摧輈。恩怨不
在多,一語能招尤。人心伏瀺灂,覿面成山邱。歡笑匿鱗甲,咫尺
叢戈矛。封侯有何術,但須曲如鉤。格天與偃月,今古同陰謀。樂
哉華胥國,可惜難再游。

其八

游鱗有涸轍,棲羽有高枝。志士一失足,將貽後世嗤。讀書抱

素尚,望古遥相思。歧路易以惑,素衣易以緇。子雲美新莽,草元徒爾爲。遺山與京叔,遺恨崔立碑。高文豈不貴,非人莫浪施。不見《南園記》,劍南終受訾。

其九

朝看出山雲,遲遲度林麓。雲低不成霖,歸岫一何速。遲速本無心,踪跡勞追逐。白衣幻蒼狗,世變如轉軸。我欲乘天風,扶桑看日浴。雷電鼓重陰,人海難立足。退鷁莫强飛,甘讓晴霄鵠。杜門五華陰,枕書臥山綠。

其十

五滇界兩大,英法叢近憂。陰雨時不待,未事誰綢繆。西藩失驃國,南藩失交州。開門尚揖盜,屯軍空防秋。公卿抱公法,揖讓稱懷柔。積薪久厝火,一發不可收。寄語杜牧之,罪言今請休。

其十一

進賢古所難,受言亦非易。漢文疏賈生,況乃世叔季。閶闔呼不開,百神各酣睡。金母讌瑤池,上帝亦沈醉。共工觸不周,柱折天恐墜。滄海交橫流,下民日憔悴。游仙夢忽驚,一枕秋士淚。休上北闕書,且餐西山翠。

擬昌黎《秋懷詩》十一首
(史憲尊課五名)

季 珅

歸臥北山下,閉門日養病。終夜夢未安,撼枕風力勁。蕭蕭庭樹鳴,颯颯窗紙詠。天明涉東園,落葉埋石磴。草木有榮枯,人事有衰盛。任運委我心,違人自知命。

其二

春前桃李花，映日逞姿媚。朱夏蕡實垂，枝弱時欲墜。一朝天雨霜，頓覺形神異。昔也何爛熳，今也何憔悴。外餘內不足，技窮祇一試。不見陰巖松，萬劫彌翁蔚。

其三

拾級上小阜，柏影猶參差。幹細不容把，凌秋含勁姿。新甫豈不好，部婁來何爲。高榛與大棘，左右交紛披。汝生非其地，汝性本不移。荷鋤爲蓺伐，參霄會有時。莫苦霜雪深，鍊材天所資。

其四

山下有古槐，濃陰三畝園。樹身蔽老莘，喈喈鳴蜩繁。鄰人利薪木，斬伐餘枯根。元精剝不盡，□□蘇其魂。萌櫱日以長，亭毒資厚坤。昨宵小搖落，來歲更廡蕃。苗葉休放花，放花愁肺肝。

其五

日出東南隅，曙光蔽林端。萬木皆蕭條，甘蕉叢孤巒。高枝綴大葉，過雨聲倍酸。怪底疇昔夜，攪起幽人眠。修篁爾何物，壓檐森萬竿。天處高聽卑，及時胡不彈？

其六

負手看西山，回頭見秋菊。眾芳既蕪穢，霜中剩爾獨。早開詎不榮，深恐凋謝速。伶俜兩寒蜨，瘦影抱籬曲。物情猶信芳，過人何不淑。

其七

羲和不停轡，況乃逢深秋。昏鴉漸滿樹，獨鶴聲啾啾。六翮經屢鍛，長喙不自謀。見人未肯近，意恐乞食羞。俛首啄莓苔，呼蹴慵迴眸。

其八

帶月下東坡，隨月入西軒。清光浣几席，取我鳴琴彈。忽聞剝啄聲，有客來敲門。自言能審音，入座心喜歡。一彈神色沮，再彈登榻眠。曲終不見人，望舒窺檐端。今人而古調，索解良獨難。鍾期已宿草，碎軫雙汍瀾。

其九

憂來不可去，入我中心藏。形貌日以槁，身體日以尪。目光日以眊，鬢髮日以蒼。矧茲秋夜深，萬籟含清商。蟋蟀吟東壁，蜈蟍鳴西廂。波濤起木末，萬馬赴敵場。視聽安可閟，觸處增悁傷。不如飲美酒，遁跡棲醉鄉。

其十

宋玉居楚澤，曾作悲秋詞。杜陵寓夔府，獨吟《秋興》詩。人生不稱意，秋至各有思。嗟我有生後，萬事皆數奇。功績非敢望，立言其庶幾。窮愁日著書，抗千載爲期。

其十一

蟫攸爾何虐，燔我廬中書。文章千萬言，一夕收無餘。拜表訴天帝，夜夢游清都。玉女兩行侍，神官白髭鬚。執手慰愁苦，瞑目瞋唉愚。史頡昔首禍，作字窮吾徒。商周逮秦漢，述作追唐虞。孰誨汝滔此，使汝形日癯。閔汝奪汝好，汝胡爲怨予。運變道猶逐，時易文豈殊。汝應自焚稿，守拙存病軀。

秋日病起喜而有作
（史憲尊課五名）

季 珅

歲在戊戌夏之仲，聞君不豫淹衾裯。神明內攝具知覺，運動難與股肱謀。有如叔世棼多卒，羸疲反致朝廷憂。三世之醫竭古法，客來遺以川烏頭。厭病轉思鴆亦好，慨然引滿青甆甌。夜醒徐理鬢拂枕，晨興自卷簾上鉤。妻孥驚起賓客集，盛稱客乃倉公儔。客曰此亦偶然耳，多公能信公乃瘳。醫人醫國豈二理，取譬近事先亞洲。東方大國苦痿痹，《靈樞》《素問》窮探求。陳方無濟出新意，豨苓昌歇紛然投。羣工訌鬥藥闐腹，疾者僵臥須彌留。安得至明奮乾斷，獨標宗旨刊紛糾。妙選國手心置腹，毒草善用功無侔。客言未盡我愁劇，浮雲北望長悠悠。

沐西平浚滇池歌
（堂課六名）

石鏡清

六河置閘三十六，源發於江海歸宿。滿不即納輒倒流，齧隄之根潰隄腹。龍乃打鼓垂其髯，躍入波中一沐浴。高田下田如堂平，可惜來犁時正熟。十家相向九家哭，便是有身已無屋。西平聞之赤雙足，帶水拖泥興脫輻。寒者以衣饑者粥，畚鍤雲興龍根縮。掘去汙淤種種稑，歲仍有秋民受福。龍忘前衄居成功，施施入廟饜酒肉。

擬古樂府《折楊柳》一首
（堂課一名）

李楷材

　　青青堤畔柳，當春好顏色。柔絲千萬丈，行蹤縮不得。折此贈游子，居人淚霑臆。朝發洛水濱，暮宿黃河側。黃河多悲風，波浪莽天黑。豈不念艱險，顧影安可息。男子志四方，焉能終家食。望望一揮手，前路渺無極。

擬古樂府《折楊柳》一首
（堂課二名）

張　璞

　　谷風東來楊柳春，渭城煙雨愁殺人。有客河梁同攜手，欲行不行各斷魂。輕裘匹馬珊瑚鞭，寶劍磨霜弓月圓。行矣勉哉莫回顧，男兒生當出玉門。昨聞虜窺青海灣，羽書火速飛甘泉。願君一別灞陵道，未得平虜休輕還。羌笛吹月西風酸，此時殺賊雙矛盤。長安健兒游俠輩，走馬章臺空等閒。深閨翠蹙蛾眉巔，征衣一著清淚潛。嗚呼行矣謾流連，陌頭春色年復年。

擬古樂府《折楊柳》一首
（堂課三名）

金爲銘

　　青青楊柳枝，欲折還復止。憶日初嫁君，誓願同生死。永老無別離，鶼鶼翼相比。一朝棄妾欲何之，云將從軍到邊鄙。丈夫壯志在封侯，此行肯爲兒女留？手挽君衣勸君往，驪駒已繫陌頭樹。陌頭柳色碧於煙，爲君折取作征鞭。鞭絲柔且長，惹妾恨難量。此去祝君鞭所指，早靖賊氛歸故里。不願馬上作將軍，第願還家對妻子。

擬尤西堂《明史樂府》二首
（堂課一名）

丁庶凝

景秀才

報讎刃，藏懷中，殺氣貫星星見凶。星色怪與緋衣同，日者先有章奏通。空此朝班勤，鞠恭刺不成。瓜蔓抄可憐，攀染非知交。城門械皮欲犯駕，爲鬼忠憤猶不消。君不見秀才早避嚴州妖。

弔南塘

閩越緣海交粵東，殺倭陣盡鴛鴦功。旌旗到處無堅鋒，戚家軍震人寰中。倭既平，狄方悍，北門尤待將軍捍。先陳南兵與北看，悚然軍令肅一旦，狐狸從此不敢叛。太岳死，言官劾，將軍遂忽不宜北。可憐布袍歸故鄉，塞外燒荒弔南塘，不堪回首舊戰場。

景秀才
（堂課二名）

李楷材

滿朝已少故僚佐，大夫委蛇獨朝賀。擬將頸血濺御座，緋衣懷劍殿上來。文曲先兆胡爲哉，坐令新主生疑猜。事之不成有死耳，忍死須臾正爲此，肯事仇讐反顏恥？噫嘻乎！入夢鬼雄尚繞柱，公之忠魂自千古。獻陵荊棘一抔土，彼篡國者何足數？

弔南塘

（堂課三名）

朱 焜

我思陸賈言，時危注意將。繄昔武毅公，千載誰與抗？東倭閩浙江之西，巨寇屢殲鯨與鯢。迨鎮薊門十六載，設防早已誇丸泥。噫吁嘻，南主戰，北主守，才實宜南更宜北，遠略轉毀言官口。君不見盟血未乾釁又開，掩敗受封胡爲來？太息成梁真罪魁。

景秀才

（堂課四名）

蔣 谷

直視桀王媄狐耳，斷胭粉骨何嘗死。豈有從賊景秀才，委蛇不去何爲哉。君不見鐵尚書屍還反背，秀才已死叱王退。嗚呼毅魄今猶在。

弔南塘

南塘在時倭奴平，南塘一去倭奴橫。黑水白水與零丁，颶母張天狂瀾驚。天吳弄奇一至此，萬怪惶惑驚不已。海風翻起羣鴛鴦，當年鴛鴦陣如是。

景秀才

（堂課五名）

席聘臣

北平甲，飛渡江。緇衣宵遁金陵降。景秀才，懷大義，粉骨碎

277

身不敢避。袖中匕首利如犀,搜出左右皆愕眙。皇天陰相白帽兒,呼天不應目如炬。含血噴帝血如雨,恍惚雲旗迓江滸。君不見慶卿劍,留侯錐,祖龍福大身不危,壯士努目裂眥時。又不見子胥誅,孝孺族,一樣忠肝抗不屈,九原相聚鬼雄哭。

九龍池八景詩 五律
(堂課一名)

蔣　谷

春樹曉鶯

圓聲囀何處,樹杪挂晨星。上界春傳到,遼西夢喚醒。金衣麗朝日,簧語接湖亭。有客攜柑酒,晨游意獨惺。

秋窗夜月

涼雨晚來霽,登樓與客俱。開簾見明月,照水滿秋湖。中路帖寒玉,五華胎夜珠。良宵須莫負,滿引且傾壺。

精舍書聲

荷香風裏送,倏爾書聲聆。遙見詁經舍,悠然依蓼汀。蓮舟歌互答,茶舍客時聽。多少蓬萊客,高歌正掩扃。

酒樓燈影

斜陽下玉案,暮靄宿池頭。煙暗雙堤柳,燈明幾酒樓。龍膏分月色,人語雜更籌。何似西湖上,金缸正白浮。

柳營洗馬

池西列營接,洗馬水之湄。碧浪出神駿,銀鞍騰健兒。晚涼動荷芰，斜照晚旌旗。更喜隋堤試，嘶風趁柳絲。

蓮寺觀魚

偶來蓮寺裏，也作惠莊游。臨水亦知樂，觀魚嗟爾休。如斯真活潑，何以獨沈浮。世界荷花外，深淵自可留。

綠楊息陰

息影敝廬久，不知人世炎。偶然間步此，小住喜陰添。風遞荷香挹，衣輕柳絮黏。所欣非惡木，時憩復何嫌。

翠荷聽雨

碧雲暗荷畝，急雨響分明。爲有催詩意，頻聞打葉聲。盤盈珠的爍，玉碎韻瑽琤。憶否巴山道，當年話舊情。

精舍書聲
（堂課二名）

李楷材

講舍闢堂堂，書聲夜未央。抗音聽發越，餘韻入悠揚。宵靜月爲伴，更深燈有光。鄰家機軋軋，何事和偏忙。

酒樓燈影

燈影明紅豆，窗痕透碧紗。酒樓臨岸起，湖水繞堤斜。炬火深宵接。朋儕笑語嘩。向來光景好，還記醉曹家。

柳營洗馬

夾岸柳絲絲，營開萬馬嘶。湖光濃翠裏，天氣晚涼時。四顧空羣出，全呈汗血姿。何當臨絕塞，駿足快奔馳？

緑楊息陰

萬樹緑楊攢，溪邊生夏寒。行人正苦熱，小憩得身安。下馬坐方定，啼鶯聲亦歡。招朋成聚話，閒倚石欄杆。

翠荷聽雨

萬荷戰急雨，入耳最分明。髣髴寒塘漲，蕭條客夢驚。銜枚兵出塞，赴敵馬奔營。奇景如斯意，王維畫未成。

柳營洗馬
（堂課三名）

朱　焜

入望重營外，相隨洗馬過。沙寒斜照遠。水静晚風和。錦脱韉雲麗，珠噴汗雨多。諸軍盡兒戲，伏櫪意云何？

緑楊息陰

裊裊垂楊緑，濃陰卓午圓。樹容生道左，人影動隄邊。暮雨流鶯地，春風繫馬天。晚鐘促歸路，回首暝蒼煙。

秋窗夜月
（堂課五名）

吳　琨

日落碧雲收，龍池淡不流。窗延一輪月，山湧五華秋。影度凝霜徑，光先近水樓。昆池應更好，明夕泛扁舟。

酒樓燈影

入夜湖邊暗，青簾漾不收。燈光紅拂檻，柳色緑侵樓。酒競呼歡伯，人疑伴醉侯。碧荷筒正好，且對短檠浮。

蓮寺觀魚
（堂課八名）

劉 璧

一片蓮華界，觀魚上釣船。却憐花木好，且結水雲緣。解網應知樂，忘筌亦近禪。龍門如可躍，莫戀梵宮天。

蓮寺觀魚
（堂課九名）

錢良駿

寺擅蓮花勝，游魚吸浪香。餘生免鈎餌，奇想寄濠梁。静悟升沈理，應知物我忘。數聲清磬響，惆悵對波光。

柳營洗馬
（堂課十二名）

馬燦奎

萬柳鬱成行，牽來老驌驦。將軍思洗甲，神駿自生光。水色沾新翠，天時趁晚涼。平生髀肉意，對此不能忘。

精舍書聲
（堂課十六名）

劉桂清

四壁覆花陰，高人達旦吟。古書臨人讀，精舍隔林深。側勢依潭水,流音挾暮碪。浩歌殊未已,星斗落胸襟。

蓮寺觀魚

十二欄杆曲,游魚戲水隈。荷花香世界,楊柳翠樓臺。掉尾浮沈上,忘機潑剌來。逍遥吾羨汝,放眼且徘徊。

詠史樂府二首
（堂課一名）

李楷材

田橫客

故主雄圖今已矣,客心已死身未死。不死背主有餘恥,死乃成仁爲志士。一劍銜恩入泉底,九京聚首應悲喜。五百同心有如此,不然養客胡爲耳。君不見夷門監者死知己,臨風刎頸送公子,區區一人安足比？又不見田橫墓下感韓子,知己之難情無已,懷古霑裳良有以。

白衣山人

胡騎縱橫滿帝都,延秋門上夜啼烏。危哉唐宗社幾屋,神器將欹誰與扶？吾家鄴侯真奇士,山人暫爲時艱起,籌畫周詳帷幄裏。兩京復,蜀迎鑾,上皇從此歸長安。功成身退白衣還,未肯金紫羈朝班。衡嶽大矣足徜徉,聊覓仙人辟穀方,不信今無張子房。

田橫客
（堂課四名）

張　璞

嬴亂滔天六王畢,白帝子死赤帝出。七十二城亦已空,海東一島猶孤立。小者乃侯大者王，佳餌何足動肝腸。橫也乘傳雒陽死，五百忠節同殉矣。魚龍寂寞秋潮寒，英氣沈海長風酸。復齊無命作田單，抱劍入地從君彈。此義感激昌黎韓，墓門涕淚雙汎瀾。

田橫客

中原鼎沸，故國已墟。橫兮既到，客兮何圖？孤島垂危不能扶，五百豪傑同日徂。隆準老子徒詐耳，欲以侯王餌奇士。海濱遣使召橫來，橫則不來來則死。嗚呼，天命有歸力難回，劫運莫逃吁可哀。君不見楚項羽，迥不羣，拔山力盡空愴神。八千子弟無一在，何況區區五百人？

田橫客
（堂課五名）

金爲銘

生不受漢家侯與王，死尤不願見高皇。君存與存亡與亡，非弗重功名，非弗念妻子。忘君事仇良可恥，五百之徒同一死。嗚呼，古來烈士報知己，那得捐生盡如此！

白衣山人
（堂課六名）

錢良駿

神仙服，宰相位，角巾白袷天子賜。陪鑾輿，參帷幄，山人寵眷恩獨渥。一表上皇去復歸，一言太子安不危。豈獨郭李供指麾，一出塵氛掃河朔。一去煙霞臥衡嶽，矯如雲龍藏頭角。吁嗟乎山人之中誰有此？宏景以後見之子，塵心洗盡謝青紫。

田橫客
（堂課十名）

李法坤

中原擾擾逐秦鹿，五年亭長居黃屋。假王一來齊城摧，海中孤島坐窮蹙。昔同謀，今亡虜，丈夫恥作折腰舞。好頭顱，誰當斫，三十里閒馳入洛。二客殉主眾客從，風吹海水翻血紅。生則同生死同死，田家養客盡豪士。嗚呼報恩當如此。

白衣山人
（堂課十一名）

路安衢

韋布交，勝朱紫，靈武來見唐天子。功太高，亦太奇，神仙中人帝者師。潼關一敗兵犯闕，乘輿西幸傷播越。閒雲不惜一出山，爲洗乾坤光日月。王侯將相何足貪，掉頭一旦辭朝謁。君不見終南山中多隱淪，芳杜羞顔桂笑人。

詠史樂府二首
（堂課一名）

錢良駿

張良椎

直視祖龍齏粉耳，鐵椎奮擊博浪裏。沙邱未到魂已死，偉哉子房乃奇士。當日愁雲天地晦，霹靂一聲副車碎。擊之不成豈天意，從此亡匿下邳避。吁嗟乎，韓張良，燕荆卿，一生一死殊枯榮。報

284

仇心事同一轍，荊卿胡爲書盜名？

蘇武節

斾頭落盡西風酸，冰天雪窖摧心肝。雪爲飲兮氈爲餐，玉關萬里逃歸難。牧羊待羝長太息，持節不屈幽海北。丈夫鬚眉豈從賊，愧煞陵律少顏色。十九年來雙鬢斑，早拼馬角不生還。歸來圖像麟閣上，茂陵秋草空惆悵。

張良椎

（堂課二名）

李楷材

强秦興，弱韓亡，報韓乃有張子房。子房報韓胡爲者？臣家五世相韓王，不忍安坐觀厥亡。惜哉博浪事不濟，擊之不中皆大意，藉漢終遂亡秦計。嗚呼，子房真英雄，荊卿漸離非所同，鹵莽責備來坡公。文人論古豈其通，紛紛卻笑應聲蟲。盲人黑白偏趨風，安識子房真英雄。

蘇武節

（堂課三名）

孫光祖

胡天漠漠風瑟颸，漢使將氈共雪齏。心似鐵，不可拗，一十九年仗漢節。日牧羝，饞掘鼷，朝朝暮暮對胡妻。鬚髮色改心未改，節斾落盡節猶在。男兒豈肯爲虜臣，留得姓名千萬載。君不見陵與律，無人述。

蘇武節

（堂課五名）

丁庶凝

誓死不爲匈奴臣，苏武牧羊冰海邊。手持漢節節作鞭，羝羊乳日始得還。此生計已無歸年，節旄落盡終不捐，起作坐卧皆依身。一十九載悲胡天，豈料生入玉門關？一區宅，二頃田，六百秩，二兆錢。當時漢賞雖云薄，君不見麒麟繪像至今傳。

蘇武節

（堂課九名）

董國英

孝武窮邊無終極，子卿乘車赴絶域。孰料天驕多反側，漢使堂堂被脅迫。抽刀求死死不得，入窖掘鼠鼠無迹。此時自分生路絶，氈毛爲爾解飢色。無情却是天山雪，一上顛毛永難黑。吁嗟乎，刀環歸日淚不止，手持秃節報天子。窮荒牧羝十九年，老臣幸免辱國恥。故人李陵亦奇士，椎髻窮廬愧欲死。

張良椎

（堂課十四名）

金爲銘

真人采藥海上來，韓客報仇伏草萊。手中奮起三尺鐵，副車雖無亦豪哉。詔君臣，急捕賊，大索十日賊不得，大地風雲齊變色。吁嗟乎，一椎早褫祖龍膽，荆軻不能力士敢。

蘇武節

窮廬開，使者來；被羈留，不得回。十九年，歲月催，牧羝羊，北海隈。手握漢節何崔嵬，節旄雖禿志不摧。志不摧，心獨苦，落日河梁頻弔古。君不見渴嚙雪，餓吞氈，祇在區區一念堅。所恨漢家恩太刻，垂暮歸來典屬國。

蘇武節
（堂課十九名）

席聘臣

北風刁刁大漠寒，胡天萬里愁雲攢。使星墮入雪窖底，絕粒不死摧心肝。投之以利祿，利祿非所好；受之以爵秩，身不習舞蹈。仗節牧羝十九年，稜稜獨著冰霜操。君不見浚稽山前箭如雨，紛紛將帥降北虜。丈夫立志堅不移，此身羞與陵為伍。母喪妻嫁增悲酸，丁年奉詔白首還。麒麟繪像虛貴耳，此節留與羣臣看。

張良椎
（堂課二十一名）

吳　琨

五世相韓痛韓滅，故國泣盡孤臣血。誓求壯士甘破家，一椎覓得未銷鐵。弟不葬，難為昆；仇不報，難為臣。博浪沙中作狙伏，來屠祖龍當逐鹿。讀得一編黃石書，椎不能中計能誅。

讀《桃花源記》感賦一首 七古
（堂課一名）

張　璞

山石㤗頑難鑿空，漁郎幾時曾入洞。先生斯文偶寓言，後人問津真夢夢。吾意栗里歸去來，五柳垂垂宅邊種。柴門雖無車馬喧，菊酒猶勞白衣送。感此避世思桃源，欲與商芝相伯仲。祖龍任使混車書，深山苛政難馳縱。兩漢三國時屢更，亦如雞犬林中鬨。先生記此追風騷，寄託豈屑事譏諷。但願盡作葛天民，逃秦有地復何用。不幸遭時晉猶秦，文似傳奇心自痛。我今入世愧先生，垂耳畢笯受覊鞚。頷珠欲失龍睡酣，將身化雲雲何從。先生嗜酒我亦然，梨花且復開春甕。絃歌難博三徑資，野蔬但求高堂供。一灣門外溪水疏，自與武陵春色共。桃花碧浪無處無，歸矣扁舟好自弄。

其二
（堂課四名）

孫文達

天南夜明弧矢星，鬼聲啾啾黯西溟。倚牕剪燭展陶集，公之寄託工無形。誌異偶篡桃源記，奇想頓覺山有靈。武陵漁人漁爲業，春殘花落隨溪行。洞口誤入忽幽敞，別有天地塵昈醒。田園桑麻戶外長，村舍雞犬籬根鳴。問訊始知避秦法，遁逃世外烽煙平。近千年事那有此，思公寓意悲公情。士生亂離無樂土，蒿目四海空營營。公時我時豈不遠，觀公觀我心爲驚。越裳鑿衢塞邑啟，印度互市藩籬傾。蛇豕噬人亂機伏，虎狼伺變戎心萌。高隱患無首陽蕨，學禪恥作東林僧。懷葛羲皇去已久，我所希者陶淵明。

其三

（堂課五名）

李熙仁

陽翟賈兒亂天常，奄奄六國相繼亡。何處遺黎出湯火，避世乃在雲水鄉。漁舟偶入乾淨地，山川清淑風景異。居人猶是秦衣冠，兩漢不知況晉魏。有客重來問水濱，桃花依舊笑芳春。煙水茫茫古洞香，仙源自此成迷津。即今人寰無間阻，大地幾見神仙府。天台石梁未足奇，崑崙瑤池在何許。譎哉徐市詿祖龍，三千男女渡海東。昔時蓬萊今日本，桃源蹤跡將毋同。海內況多避兵處，絕境豈必神仙住。青城山下老人村，白雲常封迷去路。清沅十里九曲環，萬山深處饒平原。桃花流水幽絕處，應是當年武陵源。吁嗟乎，此日人間多偪仄，仙靈窟化蛟龍國。極目滿地盡荊榛，買山歸臥豈易得。

其四

（堂課六名）

金爲銘

扁舟曾過桃源渡，艷說漁郎問津處。歸來細讀斜川文，如見緣溪花萬樹。樹裏仙人不我嗔，徑前招飲洞庭春。爲言魏晉迥不識，身是秦家避役人。朝出耕兮暮則歇，自食其力常不竭。山中惟記舊春秋，世外那知新歲月。怪底人間別有天，高風無異羲皇前。種桃道士肯招我，願餐桃實終吾年。

其五

（堂課七名）

張崇仁

有客有客頭白頷，秦漢俱忘心何閒。桃花一路塵不入，如在瓊壺蓬島間。余亦不慕首陽死,余亦不慕潁川水。商山黃綺非吾倫,何用高眠尚不起。紛紛世運今極哉,江河日下誰挽回。欲竭駑駑獻奇策,當道既皆賢與才。吁嗟乎,桃源洞,今安在?我欲一往尋奇踪,捕魚舊事已千載。安得碧雞金馬之層巔,高歌無事枕書眠?不聞黜陟與理亂,蒼顏白髮終餘年。

其六

(堂課八名)

張　澍

鞭山驅石乾坤變,頃刻秦風傳禹甸。祖龍盛氣窮八荒,惟有桃源非郡縣。桃源幽渺人不知,靖節先生爲傳之。記言晉代業漁者,掉舟隨水窮幽姿。溪流百轉石徑仄,桃花不作人間色。驀見桑麻映陌阡,千家盡住清涼國。居人云自入山中,幽居不與外人通。溪水常平絕峻響,山英無恙開深紅。憶從漁棹返烟村,洞雲深鎖薜荔昏。一川春水常侵岸,滿地桃花深掩門。我羨桃源多樂意,家門不見催科吏。我羨桃源饒古風,陽春不改歲常豐。我羨桃源無劫燹,婀嬛不辨李斯篆。但得身住桃源間,肯學四皓歸漢辭商山。

其七

(堂課十名)

丁庶凝

桃花源事信荒渺,陶公寓意莫稽考。今世有若陶公時,四裔虎狼逞其狡。西馳已見奇肱車,南顧又失越裳道。門戶大啟羣魑來,且晚狰獰偪城堡。畇町自古多壯夫,忍聽鬼謀弄機巧。萬一遍舉烽火紅,冀剖鬼腹餐鬼腦。玉石焚燬天爲殃,桑梓亂離勢難保。秦人避秦秦可避,我今避地籌亦早。苴蘭苦無桃花源,欲效秦人夢魂杳。瀘水涸濁波滔滔,點蒼陰霾日杲杲。進不能築諸葛營,退不能死田橫島。憂來不寐起徬徨，長夜漫漫失清曉。展誦陶集發浩歌，陶公心事今了了。

秋郊觀稼行
（堂課一名）

張　璞

民生計衣食，稼穡知其難。東作盻有秋，卒歲精力殫。而我事優逸，四時徒游觀。仲夏過隴畝，望雨羣籲天。郊行及晚秋，黃雲已陣阡。造物果孰負，怨咨何獨然？陌上逢田父，相對交言歡。乃云昔歲歉，勉强租稅完。今看苗稼好，處處歌豐年。所慮新霜至，穧長實不全。羨彼海西頭，早獲收禾還。東郊幸亦熟，不在時後先。平疇掠雁鶩，牛臥夕陽邊。野老言已別，稚子推柴關。余亦懷歸志，躬耕梨墅閒。生世無波濤，夢魂終夕安。止此願已足，勞力非所歡。

其二
（堂課二十二名）

劉桂清

我出東門游，秋雲滿場圃。陌上篝車連，百室啓環堵。里胥夜叩門，催農入官府。手把禾黍嘆，此嘆意良苦。年凶恒苦饑，年豐穀如土。商賈貪若狼，吏胥猛於虎。竭彼兒女餐，幾粒登天庾。願作短長謠，艱難告聖主。恤此耕鑿人，無俾匱三鯆。

卷六　經文

不寶遠物，則遠人格；所寶惟賢，則邇人安

錢良駿

寶所當寶，遠至邇安矣。夫惟不寶遠物，是以能寶賢，所由遠格邇安也，太保所以兩決之歟？

且王者撫有中外，豈惟是瑤環西獻、楛矢東來之足重云爾哉？亦惟淡泊盟心。凡絕徼殊方，徵貢不疲於奔命，斯俊乂在位，即瞻雲就日，寰海共慶夫昇平。幣可焚也，而閉關不事，弓可逮也。而前席也尊，所由無遠弗屆，而莫敢不從矣。今日者西旋貢獒。臣以為獒，遠物也；西旅，遠人也。夫欲有以格遠人，必先有以安邇人，則所寶尤當自慎矣。

世主大無外之規，八埏九垓，賓服者蝟集麕至。西鶼東鰈，侈陳闕下奇觀；青弮白環，遙貢廷前方物。一時午蔀迎祥，寅階啟宴。史臣方頌揚盛德，以贊太和翔洽之隆；而宵小曲意逢迎，以為靈貺畢臻矣。於是炫目蕩心，馳觀域外，凡地不被於正朔、語不傳於輶軒者，罔不遣使徵求。而夜光之珠，比翼之鳥，長生之藥，皆欲充牣庭實，駢臻府庫。卒之搜山窮海，黃扉空望蟠桃之遺；鑿險縋幽，白骨僅博葡萄之貢。而且窮兵朔漠，犂庭之烽火頻仍；啟釁邊疆，甘泉之羽檄交遞。如是而遠人有不解體乎？

且夫遠人之向背，雖於君心之嗜好繫之，尤於物繫之也。誠能寡欲清心，舉一切光怪陸離者，皆以為異域之輸，誠不以為深宮之玩好，故航琛輦賮有受之以示懷柔之恩，毀玉焚裘有卻之以杜窺伺之漸。招徠固格，屏斥亦何非格也？

我先公之興也，鞞琫容刀，彝器久傳，家法皮幣事敵，羅列何貴奇珍？王其追戀先德，而寶所當寶哉！國家極盛明之世，群僚百辟，應運者駿譽鴻才。玉篋金臺，從龍無非碩彦；星羅棋布，附驥盡屬偉人。一時風雲會合，霖雨遭逢。識者方形諸詠歌，以見明良喜起之盛。而庸主縱情馳騁，以爲久安無患矣。於是疏賢慢士，般樂宮中。凡聲色犬馬之沈迷，宦官宮妾之侍奉，莫不窮極奢侈，而圭璋之選，瑾瑜之儒，楨幹之才，甚至棄置山林，沈淪耕釣。卒之酒醴疏情，老成方望闕而引去；芷蘭寫怨，國士亦投袂以長征。迨至黼座空虛，宇内盡失蒼生之望；英豪湮没，朝端誰效白璧之留？如是，而邇人誰復傾心乎？

且夫邇人之從違，雖以君上之政教維之，尤賴賢維之也。誠能弓招帛逮，舉一切嶔奇磊落者，皆以爲國家之祥瑞，不以爲草野之庸才。故錫圭擔爵，有尊之以孚四海之心；擁篲迎門，有師之以遂羣黎之願。爵祿之固安寵榮之，亦何非安也？我先王之隆也，菁莪播化，髦士尚美攸宜；棫樸作人，君子曾歌愷悌。王其紹述前光，而寶所宜寶哉。

不寶遠物，則遠人格；所寶惟賢，則邇人安

（崧督憲課三名）

施文顯

以寶不寶清主志，仍玩物玩人之戒也。夫使寶遠物不寶賢，是喪志喪德之尤也。終之曰"遠人格""邇人安"，是申明玩人玩物之訓。

且立國之道，以弭患爲先，然弭外患難，弭内患則尤難。世主

嗜欲一開，設日以外夷之奇技淫巧羅致左右，而朝廷之上反令讒人
高張，賢士無名，特恐四夷觀釁，萬國離心，內外之患迭乘，其弊有
不可勝言者。然非所論於賤貨貴德之主。

　　臣言玩人喪德，玩物喪志。物者何？即遠物是。人者何？即
賢人是。遠物也，賢也。其為遠邇所關繫者甚重也。王亦慎其當
寶不當寶而已矣。絕域以羈縻為善策，髡首鐻耳之豪，雕題鏤身之
士，聖朝懷寬大，概令款附於中區，必曰閉關謝之，恐東規北距之不
憚其煩也。特隩徼既達其迻，而宮掖不嚴其鍵，此豈國家幸哉？

　　艷卉酉之異產，使臣銜命，馳璽書於萬里而遙；圖戎羯之華珍，
邊將邀功，耗國帑於十年以後。甚或韋韝述美，制變冠裳，夷樂擅
奇，聲乘律呂。呈玉琯有書，獻飛車有書，得大鼎，求神馬，皆有書。
窮日際而搜月竁，知遠人之背叛必多矣。

　　王以不寶者杜其萌焉。幽都筋角，會稽竹箭，岱岳魚鹽，華梁
犀象，凡正供之所獻納者，猶且撫圖籍而免貢珍。矧其為輦賫航琛
之外也。嗜尚不取其新，心思仍歸於正。彼編結沮顏，穿胸燋齒之
區，尚有款關不稽顙也哉。

　　官人於選舉有常規，大棟小榱之質，左皋右禹之材，聖主重旁
求，原欲謀諗於下士，如曰弁髦棄之，恐七辟三徵之徒存其典也。
且蒲輪待之有嘉禮，而魚座任之無實心，又豈社稷福哉？正士以忠
言相忤，黃鐘毀棄，瓦釜得以爭鳴；奇才以迂濶見疏，上駟哀嘶，駑
駘因以得志。甚或讒夫弄柄，達士歸田，媚子惑君。仁人遯野，侍
經筵者何人？上封事者何人？籌帷幄、效疆場者又何人？棄道德
而親奇衺，知邇人之流亡有日矣。

　　王以所寶者輔其德焉，虞舜釋褐，大禹析圭，伊尹負鼎，傅說卜
夢。凡先哲之所舉行者，當亦緬音徽而思則傚，況其為闢宇啟籥之
時也。股肱以任其事，心膂以隆其恩，彼攀輪扶杖、擊壤歌衢之眾，
尚有不樂業歸心也哉？召公戒武王如此，其曰"不寶遠物"，非終其

玩物之詞歟？其曰"所寶惟賢"，非終其玩人之詞歟？然而召公之言，至此益深切著明矣。

不寶遠物，則遠人格；所寶惟賢，則邇人安

（崧督憲課五名）

李法坤

賤貨貴德，中外禔福矣。蓋玩物者，啟戎之端；尊賢者，立國之道也。慎不寶以專所寶焉，柔遠能邇之效已如此。

且王者受九州之土地，膺萬國之貢珍，內撫諸夏，外綏百蠻，豈惟是宮庭畜非常之寶？朝野棄希世之珍，遂足冀四海之謳思，誇八方之懾服云爾哉！蓋必絕縑綸之貢，棄雕琢之飾，采英奇於仄陋，宣皇明於巖穴，振鷺之聲充庭，鴻鸞之黨漸階。夫是以率邇者踵武，逖聽者風聲，莫不向仁慕義，以沐浴乎聖化也。而感悅乃遍於人心矣。犬馬非土性不畜，禽獸雖珍奇不育。而斯之時，貉隸所掌，犬馬只供守御，非以侈西鰈東鰊也。庖人所司，禽獸但備膳羞，非以矜鸚慧猩靈也。

其卻飛走之貢，杜玩好之萌，夫固帝典闕者已補，王綱弛者已張，煌煌乎真神明之式已。然而壹引其紀，萬目皆起；壹引其綱，萬目皆張。上垂拱而司契，下緣督而自勸。苟朝多玩物，野有遺賢，而欲六合同文，九圍式化，喁喁如也，不亦惡乎？是故屏嗜好，戒恌淫，聖主所以示懷柔也；招異倫，拔俊茂，明王所以樹風聲也。

不貪為寶，惟善為寶，又古聖人所以控制中外，隆上都而觀萬國也。周自后稷始基生民，十五王而文始平之，十六王而王始君之，臣固知垂統理順易繼也，憲度著明易則也，軌迹夷易易遵也。

湛恩龐鴻易豐也。是在爲之有漸,建之有素。遠物已戒,猶警荒淫;賢才已登,猶防淪隱。治益求治,新又日新。不邇聲色,不殖貨利,斯乃成湯之所以扇巍巍也;所貴在德,所尊在士,斯乃有虞之所以顯翼翼也;萬邦作孚,六州歸化,斯乃我文考之所以遠無不懷、邇無不肅也。願□王體之踵之,繼序其皇之。王欽哉!

　　戒嗜欲心,絕奇淫念,崇圭璋望,深金錫思,無玩物之佚志,得好賢之雅意。行見都都相望,邑邑相屬。其被風濡化者,京師沈潛,甸內匝洽,侯衛屬揭,要荒濯沐;其聞風嚮化者,西盪河源,東澹海涘,北動幽崖,南爍朱垠。聲與風翔,澤從雲游。垓埏景附,境內懽騰。庸羌感化,遣子弟以授經;江河沐風,投干戈而慕德。起視乎遠問,猶有遠人不格者乎? 無有也。起視乎邇問,猶有邇人不安者乎? 無有也。於是海內同悅,域外交懽,曰:吁,聖王之德侯其褘而!

不寶遠物,則遠人格;所寶惟賢,則邇人安

(崧督憲課十名)

孫文達

　　慎不寶而所寶,乃專其效可立睹矣。

　　夫使以遠物爲重,則好賢必不專矣。以遠格邇安勗之,寶不寶之效不可立睹乎? 戒武王曰:曩者后癸之季,妺喜進自有施,終古犇矣,龍逢殺矣,亦越受辛伐有蘇,獲妲己,謌北鄙之音,效北里之舞,時則比干、微、箕諸賢,或殺或囚或去,以故邅邅背叛,鼎遷我周。嗚呼,嗜玩好蔑道惪之機也,尚淫奇棄英才之兆也。重於此必輕於彼,親於彼必疏於此。好貨好惪,不并立夏商之亂,猶然,王如

之何弗鑒？

臣攷職方之掌，揚、荆利金錫丹銀，青、豫利蒲魚林漆，冀、徐利松白布帛，雍、幽利玉石魚鹽，特九州正供，烏得以遠物概之？所謂遠物者，如正南獻象齒、文犀，正東獻鮫瘕、利劍，正北獻騊駼、駃騠，正西獻紕罽、江灑，如是謂之遠物。其庶幾可。然遠矣爲器用所需，爲版圖所載，烏足爲寶者病？且以彼所有易彼所無，甚或厚往薄來，遠人又何自而不格？

豈知遠物之不當寶者，以其不常也。越裳之雉，淮夷之琛，羽畎之翟，肅慎之矢，中國不時至，頒白不能覯，必獲之如拱璧，珍之如太璞，置諸左右，朝夕拂拭，懼將有以芝艸嘉禾、神馬大鼎、飛車玉琯，諸凡不經見之物以逢迎主志者。嗟乎，嗜欲一鑿，百異畢集，萬里之外，有不憚窮山海，立淫祀，求神仙，希符瑞者，伊誰之咎？吾則曰：寶遠物之故。是必恥纖靡而不服，賤瑰麗而不珍，捐金於山，沈珠於淵，然後能屏嘩囂之產，聘席上之珍，而國本乃以不拔。

唐虞之世，詢四岳，闢四門，命禹作司空，命棄作后稷，命契作司徒，命伯夷典禮，命后夔典樂。亮天工熙庶績者，凡二十二人。此二十二人者，視夫崑岡之玉，明月之珠，太阿之劍，纖離之馬，翠鳳之旂，靈鼉之鼓，蓋不啻倍蓰什伯也。時則師師一堂，天下平治。故自古得賢才而興者，惟唐虞稱極盛焉。設也艷卉酉之服，薄黼黻之華，佩戎羯之瑛，擲圭璋之器。黃鐘毀棄，瓦釜雷鳴，讒人高張，賢士無名，此微論離身反踵之君，鬐首貫胸之長，不能委其款附之心，受其羈縻之術。即邦畿之中，四境之內，此也離心，彼也解體，國不其國，可勿深懼？王其慎之哉！

儒者不寶金玉，况天子乎？且象有齒而焚其身，遠人之不格，猶其細也。自今伊始，計惟滌慮寡欲，爲後嗣倡。琛賮填庭，不足貴也；韋毳溢闕，不足希也。所重者蘭芷升於紫廷，椶棟植於珠砌。絕玩物之萌，下求賢之詔。朝拔其尤，暮拔其尤。殊方異類，目睹聖明，屈膝受事，稽顙來賓。其域內元元，猶且攀轅而謌盛治，擊壤而詠太平。我周長治久安之基，詎不自賤貨貴德來歟？吁，盛已！

厥貢璆鐵

（裕撫憲課一名）

李塈

梁牧貢金，雙奇表瑞矣。蓋璆者，鏐之假；鐵者，金之鐺。梁牧修貢，以此先之，非表瑞而何？且王者亘地稱皇，紹天闡繹，藏金示儉，鑄戟歸農，懿鑠哉！

帝者之上儀，聖人之極軌也。顧定三才而登績，無欲益見寅清；而膺萬國之貢珍，降休亦需辛銳。珠旒承祭，必具尊罍黛，耕親耕，亦庤錢鎛。坤維效順，乾始誕精矣。大禹任土作貢，九州若揚若荊。亦既以金三品矣，而梁則何如？梁州為黑水所經，巨浸分流，實表東南之神委，崎沙潭淪，俱燦金光。支澮瀠洄，純作璊色。蓋鏐實產焉。有不同寃之自地，雨之自天者，梁之人檢盡錙銖，瀕長川之清淺，鍊同雲水；藉大冶之陶甄，千灌萬辟之餘，亦可謂先迷後得矣。於以羅典屬，入冬官，備六府之修，咨五材之用。覺狼胱異質，未足比其晶瑩。陽邁奇珍，詎能方茲的爍。

或者謂鏐或從玉，為戛擊之良材，不知攷東序之陳，色原比昊，誌西方之美，字本作球。六書雖有通假之條，九牧實無同琛之玉。又何必執殘文於古鼎，而鰓鰓訂疑哉？

梁州為青黎之壤，羣山竦峙，大異西北之坦平。宮霍見榮，有如蘸赭，礜砆獻寶，宛若置基。蓋鐵實生焉有不同。擷之自淵，剖之自石者，梁之人黃壚鑿坎，象蟻穴之曲穿，頹壤積薪，滕羊頭而并鑠，句鍜季鍊之下，亦可謂先難後獲矣。

於以登計車列庭實，供考工之用，資良冶之需。將鑄作兵鋒，耀采謝鵜膏之淬，制爲農器，深耕兆魚夢之祥。或者謂鐵本名驪，乃馳驅之上駟，不知攷速冬之法駕，鐵固從金，稽代繩之遺文，驖原從馬。華陽雖有渥洼之産，梁使不執鞭弭以朝，又何得屬別解於吉金，而紛紛聚訟哉？然猶不止此。

厥貢璆鐵

（裕撫憲課九名）

吳鴻鈞

紀梁州之貢，璆與鐵其先陳矣。

夫璆，玉之美者也。鐵，金之堅者也。梁州有之，非厥貢之所先乎？且聖人披璇圖而受籙，鳳扆流輝，鑄寶鼎以策勳，龍文啟耀，休哉！美玉呈奇，堅金獻瑞矣。乃黑爲玖，紅爲瓊，午陛慶星陳，百琲大煥裳華之彩，白曰鍇，黃曰鐚，辰居勤日獻，一致亦增冕藻之光。珍則儲珧，球琳并進；鑛則發硎，鍛礪同參。懿鑠乎搏附之盛音，陶鎔之上選已。

梁州向化，厥貢果何所先乎？黃帝之龍圖既啟，玉版同登，青陽之鳳水呈祥，澤銅自溢，朝其爭致奇哉！迺者采現藍田，曷勿采諸精凝黑壤？曷勿求諸寶物貢於皇朝？實足壯紫綬黃裳之色。歐鄧南邦，璃瑁與珠璣并獻；符婁東土，鮫戥與利劍同登。地其不愛寶哉？迺者瑤琨誌美，疇雕之宜，鏐鈹擅奇，疇鍊之宜。珍奇貢於天府，何難增朱弦赤芾之輝？惟璆與鐵，梁州可不先貢乎？

今夫璆，玉之至美者也，楚爲珵，晉爲璘，異彩同呈；白爲琥，赤爲璋,英華露畢,輦以致之。濟濟乎璪冕輝煌,而珠檠焜耀已。今夫鐵,金之最堅者也,電之紫,霜之青,元精燦發;龍之騰,鶴之舞,毓氣燻蒸,車以進之。煌煌乎武庫宏開,而矛鋒胥利已。於是四岳奉璋而進曰:蒲璧輯矣,王其握玉管以調風。羣牧舉鈬而前曰:蘭錡陳矣,王其抱銅盤而承露。球圖并列,斯神鼎增輝,寶器其駢羅哉!

珍供王府,珍藏而色煥珣玕,聿著登筵之潔;鐵備皇家,鎔鑄而光生鼎鼐,更瞻制器之宏。貢之哉!山嶽煥其輝,矛戟資其用也。夫豈僅瑤琭瓂瓐,足稱環寶,鉼鈑錫鈏,堪廣利源歟!

於是秩宗擊玞而言曰:玉律諧矣,王其振簫韶之絕調。太常鳴銅而奏曰:金戈耀矣,王其分茅土於羣侯。彩鳳和聲,斯靈鼉送響。光華其丕著哉!星琁昭異質而珍懸清廟,赫然與鐘簴同登。雲椵煥祥輝而鐵化洪爐,燦然與泉刀并重。貢之哉!皇圖耀其采,丹宸策其勳也,又豈僅琥璜琉玭,出自山川,銑盪美鐐,充於府庫歟!合之銀鏤砮磬,而梁州之貢於是乎全。

遂通道于九夷八蠻

（湯藩憲課五名）

季　珅

絕域道通,蠻夷率服矣。蓋蠻夷之不通中國也久矣。武王因克商而遂通其道,故約其數有八九云。

且我周之興也,王季省山,文王兌道,而昆夷維駾,詩人詠焉。今嗣王新服厥命,觀政於商,次於孟津,不期而會者八百國,而庸、蜀、羌、髳、微、盧、彭、濮人屬焉。大勳既集,王猷以光。闓澤旁流,東漸南暨。懿乎鑠哉！弗可及也已。惟十有三年，王克商，遷鼎於周，封建諸侯，宇内大治。三靈和晏，六幕龕夷，儒館獻歌，廷臣上頌。僉曰：方軒邁嚳，比舜陵嬀。王曰：咈哉，昔者神農氏作則通夙沙，陶唐氏作則通越裳，禹會會稽則通汪芒氏之君焉。湯都有亳，則通奇肱國之使焉。

今九國雖式，八荒不庭，意者袞職有闕乎？或道里遥遠，山川阻深，欲來享而莫由乎？其命所司通之，於是候人爲道，僕人掌次，行人奉使，舌人傳譯。凡所謂泰遠邠國，濮鉛無棣者，胥分道而揚鑣，各入國而問俗。日月既久，開辟漸多，其最遐而最著者，約舉其數，蓋九夷八蠻云。按：東方曰夷，夷，柢也，仁而好生，萬物柢地而出，故天性柔順，易以道御，其地舊稱太平，或曰符婁、仇州、伊慮、漚深，九夷十蠻，越漚鬌文身；南方曰蠻，蠻，慢也，禮簡怠慢，來不距，去不禁，其地舊名丹穴，或曰甌鄧桂國，損子産里，百濮九菌，言人人殊。

然據今通道之使稱，東方之夷，其種有九：曰畎夷，曰于夷，曰方夷，曰黃夷，曰白夷，曰赤夷，曰元夷，曰風夷，曰暘夷。南方之蠻，其種有八：曰天竺，曰咳首，曰僬僥，曰跂踵，曰穿胸，曰儋耳，曰狗軹，曰旁脊，其名又與前説異。究之九州之外，又有九州。星羅碁布，難更僕數，使者但就其所通者言之，非夷祇有九，蠻祇有八也。

昔商先后令東方以魚鞞鮰醬、鮫韍利劍爲獻，南方以珠璣瑇瑁、象齒文犀、翠羽菌鶴、短狗爲獻，今尚未聞，惟西旅先底貢厥獒云。

遂通道于九夷八蠻

（湯藩憲課十五名）

蔣　谷

蠻夷偕來，感而遂通也。夫孟津之役，不期而會者八百國，而九夷八蠻與焉。克商以來，通道蠻夷，實始於此。蓋聞神州而外如神州者九，萬國寓焉。碁布星羅，至哉柔示，大矣坤儀，然八十一域，區分方別，種落紛蕃，風乖俗異，嶺蔽瀛圜，險斷阻絶，蓋神禹之迹所不能周，豎亥之步所不能盡，豈曰天造地設，將終以是隔閡中外耶？何不披我周王會之册，而一溯山海梯航所由來也。

太史氏乃引先經起義之例爲敍事原始之文，執簡而書曰：“惟克商。”繼之曰：“遂通道於九夷八蠻。”玫之孟津之役，諸侯不期而遇者，八百國蠻夷長君與焉。可知通道其自此始乎。

《牧誓》曰：“及庸、蜀、羌、髳、微、廬、彭、濮人，其他俞人、發人、共人、穢人與夫周頭越裳，屠周殷，吾不令支，不屠何？不可一二數。”時時於他編見之，曰“九夷八蠻”云者，統詞也。獨是通道蠻夷，豈先王之意哉？

抑吾嘗讀《山海》之經，覽《方輿》之志，載稽史臣四裔之傳，旁及百家怪誕之書，撑犁何謂？孤塗何名？精夫姎徒斁於菟何指？鳩舌之言，侏離之語，雁鳬之聲音，烏乎通哉？斷髮文身，漆齒貫脊，長耳何欣？縋而垂者三寸，扁頭何貴？押以石於初生，其嗜好更有不可通者。矧夫巢山潛海，何恤何拘？箕踞啖肉，魚皮惟衣，他若交脛長股，深自結胸，啟北之國，一首而三身，奇肱之民，一臂而三目。人其形而鳥獸其性，人其名而鬼蜮其狀者，又多矣。何況頭竟能飛，形稱可解，胸胡以穿，夢安所爲而真？覺奚所見而妄，奇詭倡儻，光怪陸離，更何容著形於光天化日之下，側身於禮樂文治之邦哉？

且道之通也，尤不易探河源而問斗牛。弱水三千，槎客聞而返櫂，況重洋複島，失道知幾經年，而颶母驟張，疇復能乘黑風而破浪。又誰知一葉渺自天末，竟有測海水而來王者？受命其國之黃耇，曰中國有聖人而鬼難風災，猶將恃赫濯聲靈，作迷津之寶筏，琛舶往還，風檣凌厲，可以想聲名播施之隆已。移南厓而祀金碧，身毒杳渺，使者因而迴車，況雪窟冰天，凝閉已經萬古，而蠻煙密布，疇復敢冒瘴癘而乘危，又詎意景光見如車輪，偏有望黃氣而至者？委贄邊疆之守臣曰：今願託宇下而繩行沙度，漸由此斬荆伐木，作雲棧與天梯，真精鼓盪，大化流行，固不數巨雲贔屭之擘已。

雲行雨施，品物流形

（興臬憲課二名）

吳　琨

觀乾德於資始之後，亨之象見矣。夫品物非雲雨則不能流形，乃行施焉，亨之象不可見乎？

考之《小畜》之卦曰：“密雲不雨。”蓋雲，山澤之氣也。其氣不通，則行施無自。《小畜》“互兌”，兌，正秋也，萬物之所説也。然兌爲澤而使任乾也。坎之象未成，故不雨。若以乾之中爻入於坤而成坎，上坎爲雲，下坎爲雨，萋萋祁祁，氣以成形，凡物之各成其品者，咸待澤於乾德之亨矣。

乾元統天，萬物之所以資始也。夫胚胎未分，而渾舉其名，則曰萬物。庶物露生而區別其類，則曰品物。雖然流形者物，而所以流形者非物也。欲觀乾德之亨，舍雲雨之行施不可。今夫天造草昧，則有雲雷之屯。百果草木皆甲折，則有雷雨作之解。然屯第言雲而不言雨，解第言雨而不言雲，蓋剛柔之交，天地之解，必得震以動之，故皆取於雷。有奮發之神，不盡有涵濡之澤，烏足以語乾亨之德乎？

夫以乾之游魂於晉者考之，火地晉上互坎爲雲，晉綜明夷，下互坎爲雨，行之施之，則在乎乾。且乾之初變則爲姤，《姤象》曰：品物咸章。而其象則曰施，令。二變同人，《同人象》曰：乾行。而其象則曰類族辨物。五變大有曰時行，上變夬曰：施禄非。皆行施之象，流形之徵與？更以爻辰考之，初在子，應元，枵虛二星主天下覆藏萬物，見流形之象。又主風雲，見行施之用。二在寅，應析木箕四星，明大而直則五穀熟，亦流形之徵。又箕口斂則雨，開則風，非行施而何？三、四在辰午，應壽星，角二星，主造化萬物，而品物之流形可行。午應鶉火星。七星之北，有軒轅十七星，主雷雨之神。陰陽相感，盛爲雷，激爲電，怒爲風，亂爲霧，凝爲霜，散爲露，聚爲雲，和爲雨，而雲雨之行施益著。

天之懸象著明有如此，且乾爲日月辟卦，外侯卦旅，旅綜爲豐，日雷電皆至，非雷電則雷雨不能油然沛然也。大夫爲師，師之外卦坤，曰品物咸亨。蓋其德合無疆，以坤厚應乾亨，而流形者益廣。卿爲比，比之初，變爲震，則爲水雷屯，曰雷雨之動滿盈。且震爲蒼筤竹爲萑葦，爲蕃鮮，於稼爲反生。坎爲叢棘，爲蒺藜。則品物之流形，見於雲行雨施者如此。

公爲《小畜》，曰“風行天上”。風播於虛，有聲無實；風主於散，有氣無質。故於無能畜之，能畜而後流形者乃可久。是又能助雲行雨施之功於後者矣。何莫非引伸觸類、曲觴旁通以盡乎乾亨之德哉？夫惟聖人體乾之亨，膏澤下民，無論山林宜皁物，川澤宜鱗物，墳衍宜莢物，邱陵宜動物，罔不牲牲坎坎，切瞻雲之忱，樂時雨之降矣。

無曠土，無游民，食節事時，民咸安其居

（堂課一名）

李法坤

更詳土民食事之經，斯民無不安矣。

夫土也，民也，食事也，皆所以安民者也。戒以游曠，示以節時，而民猶有不安乎？粵稽蒼昊生民，歷選厥辟，繩繩繼繼，爲天下君。豈惟是畫井疆，稽户口，垂典章，昭制度，遂足以爲無爲，事無事，永有民以孔安云爾哉？其必殫心於井田之制，留意於林總之儔，加勞於日月作息之常。我疆我理，興樂利焉。爲子爲婦，勤耕鑿焉。一飲一啄，忘醉飽焉。納禾納稼，按期候焉。夫是以感而應之，悅而歸之，粲乎隱隱，各得其所已。地邑民居，既參相得，斯時之民不將自安其居乎？

然而九州四海之大，保無慮不樹無柳，不畜無牲，不耕無盛乎熙來攘往之眾，保無虞舍業而荒，舍稼而嬉，舍己而芸乎？田既治矣，萊盡闢矣，而奢華弗禁，保無有二酺三簋違其制，朝饔夕飱，越其度乎？農負來矣，婦挈檻矣，而詑易無序。保無有于秬舉趾失其修，出作入息愆其期乎？一旦旱魃爲虐，蟊賊橫行，饑饉薦臻，凶荒告警，而睹鱗膌之錯列，地盡不毛，望臚集之繁多，人皆徒手。而且國用愈繁，則帑藏愈竭，力役日增，則民生日病。土曠矣，民游矣，食不節而事不時矣，國至此危矣哉！民至此疲矣哉！於斯之時，問猶能奠厥攸居，無不恒安處之歎者乎？無有也。

是故聖王有作，綜提綱紀，睿發神功，恢張聖理，一時中舊章，

下明詔，命有司興開墾，警偷惰，崇儉德，課農功，正其末者端其本，善其後者慎其先。繇是周赤縣，履黃圖，舉凡西北多山，金石鏐鐵之鑛出焉。南東盡水，魚鹽蜃蛤之利興焉。中原平野，桑麻絲枲、黍稷稻粱之產多焉。凡爲吾土，務盡其利，不使國有石田，野有豐草，而土迺無曠也。然而地大者物博，土廣者人衆，中天下而立者，士農居其一，商賈居其一，百工雜技又居其一，一夫不耕，胡以爲食？一女不織，胡以爲衣？商賈不挾貨，百工雜技不精藝，胡以利用而厚生？凡爲吾民，必盡吾用，而可令其游乎？

夫國無不耕之地，家無不獲之夫，而用之不節，使之不時，亦非所以以儉防豐，以勤防匱也。勤而不儉，譬如漏卮；儉而不勤，若彼石田。開其源，尤宜節其流也。尚其節以制之，時以勉之，爾小民其善體之。斯時之民，誰無父母？誰無室家？田爾田，宅爾宅，其情每欣樂乎？動作思盡力於耕耘，如父戒子，如兄勉弟，靡有督而常勤，莫之課而自勵。家承克讓之風，人詠《康哉》之詩，莫不優游以自得，澹泊而無所忌。守閭閻者食粱茨，爲吏者長子孫，居官者以爲姓號，咸拜手稽首，頌曰：願世世子孫勿望我王之德。